Wilhelm von Humboldt

Über die

Verschiedenheiten des

menschlichen Sprachbaues

Wilhelm von Humboldt: Über die Verschiedenheiten des menschlichen Sprachbaues

Entstanden 1827-1829. Erstdruck in: Gesammelte Schriften, Band 6, Berlin 1907. – Zur Wiedergabe von Humdboldts Wortbeispielen aus fremden Sprachen: Das Längenzeichen wurde grundsätzlich durch den Zirkumflex ersetzt. Über einzelne Zeichen oder Wörter gestellte Ziffern erscheinen vor dem Zeichen oder Wort hochgestellt. In einigen wenigen Fällen konnten diakritische Zeichen nicht wiedergegeben werden.

Neuausgabe mit einer Biographie des Autors
Herausgegeben von Karl-Maria Guth
Berlin 2016

Der Text dieser Ausgabe folgt:
Wilhelm von Humboldt: Werke in fünf Bänden. Herausgegeben von Andreas Flitner und Klaus Giel, Darmstadt: Wissenschaftliche Buchgemeinschaft, 1963.

Dieses Buch folgt in Rechtschreibung und Zeichensetzung obiger Textgrundlage.

Die Paginierung obiger Ausgabe wird hier als Marginalie zeilengenau mitgeführt.

Umschlaggestaltung von Thomas Schultz-Overhage unter Verwendung des Bildes: Pieter Brueghel, Großer Turmbau zu Babel, 1563

Gesetzt aus der Minion Pro, 11 pt

Verlag: Henricus - Edition Deutsche Klassik GmbH
Mörchinger Str. 33, 14169 Berlin, info@henricus-verlag.de
Druck: Libri Plureos GmbH, Friedensallee 273, 22763 Hamburg

Die Ausgaben der Sammlung Hofenberg basieren auf zuverlässigen Textgrundlagen. Die Seitenkonkordanz zu anerkannten Studienausgaben machen Hofenbergtexte auch in wissenschaftlichem Zusammenhang zitierfähig.

ISBN 978-3-8430-9313-2

Bibliografische Information der Deutschen Nationalbibliothek

Die Deutsche Nationalbibliothek verzeichnet diese Publikation in der Deutschen Nationalbibliografie; detaillierte bibliografische Daten sind im Internet über www.dnb.de abrufbar.

Erster Abschnitt: Von der allgemeinen Sprachkunde und dem besondren Zwecke der gegenwärtigen Schrift

1. Die Verschiedenheit des menschlichen Sprachbaues aufzusuchen, sie in ihrer wesentlichen Beschaffenheit zu schildern, die scheinbar unendliche Mannigfaltigkeit, von richtig gewählten Standpunkten aus, auf eine einfachere Weise zu ordnen, den Quellen jener Verschiedenheit und vor Allem ihrem Einfluss auf die Denkkraft, Empfindung und Sinnesart der Sprechenden nachzugehen, und durch alle Umwandlungen der Geschichte hindurch dem Gange der geistigen Entwicklung der Menschheit an der Hand der tief in dieselbe verschlungenen und sie von Stufe zu Stufe begleitenden Sprache zu folgen, ist das wichtige und vielumfassende Geschäft *der allgemeinen Sprachkunde*. Ich sage hier *Sprachkunde*, nicht, wie gewöhnlich zu geschehen pflegt, *Sprachenkunde*. Bekanntlich geht im Deutschen bald der Singular, bald der Plural in die Zusammensetzung über. In einigen Fällen geschieht dies nach zufälligem und gewissermassen willkührlichem Sprachgebrauch, in andren nachsinniger Beachtung des Unterschiedes in der Bedeutung. *Sprach–* und *Sprachenkunde* gehören offenbar zu der letzteren Classe, und ich brauche, obgleich hier immer von mehreren Sprachen die Rede ist, dennoch mit Absicht die erstere dieser Formen, um gleich durch den Ausdruck daran zu erinnern, dass die Sprache eigentlich nur Eine, und es nur diese eine menschliche Sprache ist, die sich in den zahllosen des Erdbodens verschieden offenbart.

144

2. Es bedurfte der Zeit und mannigfaltiger Zurüstungen, ehe nur der Begriff dieser Wissenschaft vollständig aufgefasst werden konnte, von welcher die Alten noch keine Ahndung besassen. Zwar bereiteten die Griechen dasjenige vor, was die nothwendigste und festeste Grundlage derselben ausmacht. Denn die Neueren verdanken ihnen alle wesentlichen und bildenden Ideen der allgemeinen philosophischen Grammatik, von welcher alle Sprachkunde zuerst ausgehen muss. Die besondre, sich, wie ich weiter unten ausführlich zu entwickeln hoffe, vor dem ihr sonst so nahe verwandten Sanskrit auszeichnende Natur ihrer Sprache führte sie von selbst darauf hin. Es kam ihnen jedoch auch die eigenthümliche

Geistesrichtung, in der Bestimmung und Spaltung der Begriffe immer bis an die Gränze der Spitzfindigkeit zu gehen, aber dort, gerade an dem entscheidenden Punkt, von dem Tiefsinn gehalten zu werden, welcher, immer die gediegene Wesenheit der Dinge erfassend, niemals den Begriff in nichts verfliegen lässt, vorzugsweise in einem Gebiete zu Hülfe, auf dem das Gelingen gerade der richtigen und genievollen Verbindung dieser beiden Geistesthätigkeiten bedarf. Noch mehr aber vielleicht wirkten sie auf das Sprachstudium durch die gewissermassen unbewusst in ihnen vorgehende Behandlung ihrer Sprache ein. Jede andre, von irgend einer Seite gleich vollkommene Sprache würde demselben, als ein vorzüglich dankbarer Gegenstand der Forschung, gleich wohlthätig werden. Die Griechen zeichnet aber auch die Eigenthümlichkeit aus, dass die Sprache viel lichtvoller und bestimmter aus dem Wesen des ganzen Volkes zurückstrahlt. Sein lebendiges Gefühl derselben ist sichtbar, und ihr selbst steht auch das Bewusstseyn gegenüber, das sie geweckt hatte. Aus den dichterischen und prosaischen Werken leuchtet die Lebendigkeit und die Richtigkeit des Sprachsinnes der Nation hervor, die wahrhaft künstlerische Liebe und das Geschick, mit welchem sie ein Werkzeug behandelte, das gerade wegen seiner Vollendung grössere Gewandtheit, Sicherheit des Taktes und Zartheit des Gefühles erforderte. Das Volk trug nicht bloss, wie es überall mehr oder weniger thut, die Stärke und Fülle der Sprache in Frische und Lebendigkeit fort, sondern prüfte und richtete auch mit ungewöhnlicher Feinheit des Ohrs und selbst des höheren Geschmacks, ohne dass jene Eigenschaften hierdurch vermindert wurden. Der Sprachforscher sieht also die Erscheinung, die er immer zu verfolgen hat, die Wechselwirkung des Menschen mit der Sprache, bei den Griechen in bestimmteren und leichter erkennbaren Zügen vor sich. Bei aller Stärke, Tiefe und Regsamkeit des Sprachsinnes aber gelangten die Griechen nie zu dem Punkt, auf welchem das Bedürfniss der Erlernung fremder Sprachen, um der Sprache willen, fühlbar wird. Sie erhoben sich zu dem reinen Begriffe derselben; dass es aber ein geschichtliches Studium der Sprache geben könnte, welches auf jenem einseitig verfolgten Wege unerreichbare, allgemeine Uebersichten gewährte, blieb ihnen fremd. Wo sie sich diesem Theile des Wissens nähern, wie wenn sie Wortherleitungen versuchen, zeigt es sich vielmehr, dass sie sich auf einem, ihnen unbekannten Gebiete befinden. Bis es möglich war, auf diesem heimisch zu werden, mussten erst geschichtliche Umwälzungen den Menschen mehr auf den Zustand seines ganzen Geschlechts richten, und hierdurch neue Ansichten auch über die Natur der Sprache eröffnen.

3. Der grösste Theil des Erdbodens musste erst bekannt und mannigfaltig durchstrichen seyn, und die Beschäftigung mit seinen Bewohnern musste ins Einzelne, in ihren häuslichen Zustand, ihre geistige Entwicklung eingehen, um nur das zu dem Studium nothwendige Material zu gewinnen. Immer muss man sich indess gestehen, dass auch im Alterthum ein genügender Theil der Erde und hinlänglich bekannt war, um auch dem Sprachstudium genügende Nahrung darzubieten. Von den frühesten Zeiten an hatten Kriegszüge, Völkerverpflanzungen, und Wissbegierde und Forschungsgeist die Nationen in Berührung mit einander gebracht, und von jedem Punkte höherer Civilisation gieng stärker oder schwächer dämmernde Kenntniss der ihn umgebenden fremdartigen Erdstriche aus. Auch verbreitete sich die Aufmerksamkeit hinlänglich über die oben genannten Gegenstände. Herodot schildert sorgfältig Sitten und Lebensweise, sammelt Sagen und Lehrsätze, forscht ausdrücklich in Aegypten nach dem Ursprunge Hellenischen Wesens, zeigt Begriffe von Sprachverwandtschaft;[1] und täuscht doch alle Erwartung, wenn man nun gewiss glauben sollte, er müsste nothwendig auch in die Sprache, ihre Beschaffenheit, ihre Verschiedenheit von der Griechischen eingehen. Mit Alexander treten die Ideen von Weltherrschaft und Welthandel in die nicht mehr durch Fabeln entstellte Geschichte ein; Aristoteles gründet genauere Naturforschung und grössere Strenge in jeder wissenschaftlichen Behandlung. Durch Rom und Karthago ward, wenn auch das Wissenschaftliche nachstand, alles dies weiter fortgeführt und sicherer befestigt. Dennoch hat uns das ganze Alterthum nur die dürftigsten Nachrichten über Aegyptische Sprache und Schrift hinterlassen; mit dem Persischen und Punischen steht es noch schlimmer; und nur die Komiker der beiden welterleuchtenden und weltbeherrschenden Nationen halten es werth, die fremden Töne von ihrer Bühne herab erschallen zu lassen. Es fehlten also nicht bloss eine Menge von Antrieben zu der Verbindung der Nationen, sondern es waren offenbar auch hemmende Ursachen vorhanden,

4. Ich setze diese vorzüglich in die Abgeschiedenheit, in welche sich im Alterthum, und noch tief bis in das Mittelalter hinein, die Nationen ummauerten, und in eine unrichtige Ansicht von der Natur der Sprache. Die erstere hinderte, sich so angelegentlich mit fremden Nationen zu

1   Niebuhrs Röm. Gesch. S. 37. Anm.

beschäftigen, als es nothwendig aller Sprachkunde vorausgehen muss, die letztere machte, dass auch die hinlänglich bekannten Sprachen so lange, und bis in ganz späte Zeiten hin, für die Wissenschaft unbenutzt blieben. Wenn es eine Idee giebt, die durch die ganze Geschichte hindurch in immer mehr erweiterter Geltung sichtbar ist, wenn irgend eine die vielfach bestrittene, aber noch vielfacher misverstandne Vervollkommnung des ganzen Geschlechtes beweist, so ist es die der Menschlichkeit, das Bestreben, die Gränzen, welche Vorurtheile und einseitige Ansichten aller Art feindselig zwischen die Menschen stellen, aufzuheben, und die gesammte Menschheit, ohne Rücksicht auf Religion, Nation und Farbe, als Einen grossen, nahe verbrüderten Stamm zu behandeln. Es ist dies das letzte, äusserste Ziel der Geselligkeit, und die Richtung des Menschen auf unbestimmte Erweiterung seines Daseyns, beides durch seine Natur selbst in ihn gelegt. Er sieht den Boden, so weit er sich ausdehnt, den Himmel, soweit, ihm entdeckbar, ihn Gestirne umflammen, als innerlich sein, als ihm zur Betrachtung und Wirksamkeit gegeben an. Schon das Kind sehnt sich über die Hügel, die Gebirge, die Seen, die Meere hinaus, die seine enge Heimath umschliessen, und sich dann gleich wieder pflanzenartig zurück, wie das überhaupt das Rührende und Schöne im Menschen ist, dass Sehnsucht nach Erwünschtem und nach Verlorenem ihn immer bewahrt, ausschliesslich am Augenblicke zu haften. So, festgewurzelt in der innersten Natur des Menschen, und zugleich geboten durch seine höchsten Bestrebungen, ist jene wohlwollend menschliche Verbindung des ganzen Geschlechts eine der grossen leitenden Ideen in der Geschichte der Menschheit. Alle solche Ideen, ununterbrochen ihrem Zwecke zueilend, erscheinen, neben ihren reinen Offenbarungen, auch in oft fast unkenntlichen Abarten. Abarten jener sind, ihrem Ursprunge und Zwecke nach, alle aus selbstsüchtigen oder doch, nach dem Ausdruck der Indischen Philosophie, der Irdischheit entnommenen Absichten begonnenen Länder- und Völkerverbindungen, ihrem Principe nach, wenn sie auch das Heiligste vorkehren, die die Freiheit und Eigenthümlichkeit der Nationen gewaltsam, unzart oder gleichgültig behandelnden. Die stürmenden Ländervereinigungen Alexanders, die staatsklug bedächtigen der Römer, die wild grausamen der Mexicaner[2] gehören hierher. Grosse

2   Ich bemerke bei Gelegenheit dieses Namens, dass ich alle Eigennamen, ohne Rücksicht auf die Aussprache, so schreibe, wie es der Gebrauch bei uns mit sich führt, oder wie die Nation sie schreibt, von der wir sie entlehnt haben. Wo es interessant seyn kann, und die Aussprache sehr abweicht,

147

und starke Gemüther, ganze Nationen handelten unter der Macht einer Idee, die ihnen in ihrer Reinheit gänzlich fremd war. In der Wahrheit ihrer tiefen Milde sprach sie zuerst, ob es ihr gleich nur langsam Eingang verschaffen konnte, das Christentum aus. Früher kommen nur einzelne Anklänge vor. Die neuere Zeit hat den Begriff der Civilisation lebendiger aufgefasst und klarer entwickelt, die civilisirten Nationen fühlen das Bedürfniss, die unter ihnen herrschende Verbindung weiter zu verbreiten, auch die Selbstsucht gewinnt die Ueberzeugung, dass sie auf diesem Wege weiter gelangt, als auf dem gewaltsamer Absonderung, und menschenfreundliche Philosophie und weise Gesetzgebung haben den Grundsatz klar und rein aufgestellt. Allein auch die Religion und Civilisation haben Abarten der reinen Idee in der Geschichte aufgestellt. Der Islamismus gebietet ausdrücklich gewaltsame Bekehrung, das Christenthum hat sich in seiner Entartung oft dazu hingegeben, und die Scheinheiligkeit der Civilisation zeigt sich in einem merkwürdigen Beispiel

an den Ländervereinigungen der Incas, die, um Völker menschlicher und gesitteter zu machen, sie mit Krieg überzogen, unterjochten, und ihrer mönchischen Polizei unterwarfen. Die grossen Nationen des Alterthums bildeten, streng genommen, nur die schöne Abgeschlossenheit in der eignen Nationalitaet aus. Ihr unsterbliches Verdienst um die

füge ich sie in Klammern hinzu. *Mejico* zu schreiben oder *Mechico* nach deutscher Aussprache zu sagen, heisst die unrichtige Spanische Aussprache des Namens unter uns zu verpflanzen. *Mexico*, wie man es gewöhnlich ausspricht, ist eine Verdeutschung, die man ebenso beibehalten muss, wie Lissabon, Chili (wie unser *ch* gesprochen), Venedig und so viele andre, ebenso als man die Tiber, und nie ohne Auffallen der Tiber sagt. Alle Sprachen ziehen einen Theil der fremden Namen in ihr Gebiet hinüber. Wie weit das gehen soll, lässt sich theoretisch nicht bestimmen. Man nimmt am besten die Thatsache als Gesetz an, lässt, was einmal so gestempelt ist, unverändert, stempelt aber nicht selbst. Der einheimischen und mithin einzig wahren Aussprache von *Mexico* kommt das Italiänische *Messico* am nächsten, nur dass es mehr wie unser *sch* lauten müsste. Denn weil die Spanier diesen letzteren Laut in ihrer Sprache nicht besitzen, so schreiben sie den zwischen dem scharfen *s* und unsrem *sch* schwebenden Laut der Mexicanischen Sprache in ihrer Verlegenheit sonderbarer Weise mit einem *x*, das dann der allgemeinen Aussprache dieses Buchstabens in ihrer Sprache folgte. Dieselbe widersinnige Orthographie musste sich der *sch*-Laut auch in andern Amerikanischen Sprachen von den Spanischen Missionarien gefallen lassen. Vgl. §. 53. Anm. 1.

Menschheit, das sich forterben wird, solange die Kette der jetzigen Begebenheiten sich fortschlingt, die bewundernswürdige Höhe, auf der sie
standen, gehören einer andren gleich wichtigen Idee in der Geschichte
der Menschheit an. Ihre, eng mit dem Staatswesen verbundene Religion
verschmähte eher die Verbreitung nach aussen, als sie danach strebte,
wenn sie sich auch dem Eindringen fremden Gottesdienstes wenig und
selten widersetzte. Der Gegensatz zwischen Civilisation und Uncultur
war in der alten Welt vorhanden, bekannt und beachtet, aber die Idee
der ersteren war nicht so klar aufgefasst, als unter uns, ward nicht so
lebendig gefühlt, und griff nirgends recht wirksam in das Leben ein. Die
Geringschätzung des Fremden vermischte Rohes und Gebildetes mit
einander. Nur die Griechische Kunst, Wissenschaft und Sprachbildung
zwang den Römern Bewunderung ab, auch wirkte unverkennbare
Stammverwandtschaft mit. Aegyptisches und Punisches liess man in
langsame Vergessenheit sinken, oder zerstörte es mit wahrhafter Rohheit,
ohne es eines ernsteren Studiums zu würdigen.

5. Die Sprache umschlingt mehr, als sonst etwas im Menschen, das
ganze Geschlecht. Gerade in ihrer völkertrennenden Eigenschaft vereinigt
sie durch das Wechselverständniss fremdartiger Rede die Verschiedenheit
der Individualitäten, ohne ihnen Eintrag zu thun. Ich musste daher
ausführlicher des Bestrebens gedenken, welches auf die Schicksale der
Sprachen und die Kenntniss derselben den wichtigsten Einfluss ausübt.
Ich musste besonders der Religion und Civilisation erwähnen, da unter
den vielen, die Brust öde lassenden menschlichen Richtungen sie gerade
das aufsuchen müssen, wozu nur die heimathliche Sprache den Schlüssel
bewahrt. Zwar finden auf allen diesen Wegen auch viele Sprachen den
Untergang, die sich nach der Weise des Alterthums oder in der Abgeschiedenheit der Uncultur länger erhalten hätten. Indess entstehen auch
neue durch Mischung, und vorher abgesonderte werden allgemeiner.
Dies liegt in dem Gange der Natur, Sprachen, wie Menschen und Völker,
kommen und scheiden. Aber die Sprache im Allgemeinen, die ganze
menschliche als Eine genommen, und jede einzelne, welche in diese
höhere Berührung kommt, gewinnen, je grösser die Masse der Gegenstände, der in Sprache verwandelten Welt, wird, und je vielfacher die
in gemeinsames Verständniss tretenden Individualitaeten, diese eigentlich
sprachbildenden Potenzen, sind. Die Sprachkunde bereichert sich nicht
bloss an Masse des Stoffs, sondern es entsteht auch für sie die Möglichkeit neuer und den Geist mehr anziehender Erscheinungen.

150

6. So gewiss aber auch die vollständigere Kenntniss der verschiedenen Sprachen des Erdbodens erst der neueren Zeit aufbehalten bleiben musste, so hätte doch diejenige, welche die Alten, und namentlich die Griechen wirklich besassen, vollkommen hingereicht, sie auf die Idee einer allgemeinen Sprachkunde zu führen, wenn ihnen nicht die dahin einschlagende Ansicht der Sprache gefehlt hätte; oder vielmehr, hätten sie diese besessen, so würde es ihnen leicht geworden seyn, aus der ihnen bekannten Welt eine bedeutende Masse des Stoffs für ein solches Studium herbeizuführen. Das benachbarte Asien besass eine Menge verschiedener Sprachen oder wenigstens Mundarten, Mithridates ist noch heute die sprichwörtliche Bezeichnung linguistischer Polyhistorie, auf der andren Seite war Italien in ähnlichem Falle, auch Sicilien hatte anders redende Stämme, mitten unter den Griechen selbst wohnten solche, von denen es für uns heute von der grössesten Wichtigkeit seyn würde zu wissen, ob sie hellenische früherer Zeit oder wirklich fremde anderen Sprachgebiets waren. So weit gieng die Sorglosigkeit des Alterthums hierin, dass uns die Griechischen Schriftsteller in vollkommenem Dunkel über die Sprache der Pelasger lassen,[3] die Römischen nur dürftige Nachrichten über die Italischen Mundarten enthalten, und wenn sie ausdrücklich Turdetanischer Literatur und Sprache erwähnen, dennoch darüber unbefriedigend und unbelehrend bleiben. Trotz dieser Sorglosigkeit aber liesse sich durch eine genaue Sammlung aller bei den Alten zerstreuten Nachrichten über fremde Sprachen, die eine höchst verdienstvolle Arbeit seyn würde, zeigen, dass die Masse ihrer Kenntnisse auch in diesem Fach nicht unbedeutend war. Es lag also nicht so sehr an dem Mangel des Stoffs, als hauptsächlich an dem Mangel der Idee, die ihn bearbeitet und befruchtet haben würde. Zu sehr in ihren heimischen Sprachen befangen, hatten die Griechen und Römer keinen Begriff davon, dass das Studium einer fremden, zumal wenn es nicht Mittel zur Erlernung ausländischer Weisheit oder Geschichte war, Werth haben konnte. Hat doch auch in neuerer Zeit dasselbe Vorurtheil lange geherrscht, giebt es doch auch jetzt noch viele, welche die Zergliederung von Sprachen uncultivirter Nationen kaum für mehr, als für eine Beschäftigung müssiger Wissbegierde halten, höchstens geeignet, auffallende, aber wenig weiter

---

3   Dies ist um so auffallender, als Herodot (I. 57.) die Einerleiheit der westlichsten und östlichsten Pelasgischen Mundart seiner Zeit ausdrücklich bezeugt, und also mit der damaligen Sprache nicht unbekannt war.

führende Aehnlichkeiten entfernter Sprachen aufzudecken, und Beispiele sonderbarer grammatischer Eigenheiten zu liefern. Daher Werden so oft nur diese herausgehoben, der Zusammenhang des individuellen inneren Baues, gerade das Einzige, was den auf intellectuelle Naturbeobachtung Gerichteten anzieht und entzückt, unbeachtet gelassen. Auch bei uns dankt die allgemeine Sprachkunde die Aufmerksamkeit, die man ihr, etwa seit Leibnitz Zeiten geschenkt hat, weniger ihrem innern Begriff, als dem Streben, die Verwandtschaft der Völker etymologisch aufzufinden, und der Geschäftigkeit der, unbekümmert um den augenblicklichen Zweck, alles Wissbare unermüdet zusammentragenden Gelehrsamkeit. Jenes Streben war in den Alten zwar schon früh sichtbar, aber doch weniger ernst und lebendig, und diese Geschäftigkeit, deren Sorglosigkeit um den nahe liegenden Zweck gewiss nicht Tadel, sondern die höchste Schätzung verdient, war bei ihnen nicht auf diesen Gegenstand gerichtet, so manche andre unbedeutende und spielende ihm auch hätten würdiger Platz machen können.

7. Die Vorstellung, dass die verschiednen Sprachen nur dieselbe Masse der unabhängig von ihnen vorhandenen Gegenstände und Begriffe mit andren Wörtern bezeichnen und diese nach andren Gesetzen, die aber, ausser ihrem Einfluss auf das Verständniss, keine weitere Wichtigkeit besitzen, an einander reihen, ist, ehe er tiefer über die Sprache nachdenkt, dem Menschen zu natürlich, als dass er sich leicht davon losmachen könnte. Er verschmäht das im Einzelnen so klein und geringfügig, als blosse grammatische Spitzfindigkeit Erscheinende, und vergisst, dass die sich anhäufende Masse dieser Einzelnheiten ihn doch, ihm selbst unbewusst, beschränkt und beherrscht. Immer in Objecten lebend, webend und handelnd, bringt er die Subjectivitaet zu wenig in Anschlag, und gelangt schwer zu dem Begriff einer durch die Natur selbstgegebnen, sich allem Objectiven in ihm beimischenden, und es, nicht zufällig, launisch oder willkührlich, sondern nach innern Gesetzen so umgestaltenden, dass das scheinbare Object selbst nur zu subjectiver, und doch mit vollem Recht auf Allgemeingültigkeit Anspruch machender Auffassung wird. Die Verschiedenheit der Sprachen ist ihm nur eine Verschiedenheit von Schällen, die er, gerichtet auf Sachen, bloss als Mittel behandelt, zu diesen zu gelangen. Diese Ansicht ist die dem Sprachstudium verderbliche, diejenige, welche die Ausdehnung der Sprachkenntniss verhindert, und die wirklich vorhandene todt und unfruchtbar macht. Sie war vermuthlich, wird sie auch nirgends ausdrücklich ausgesprochen, bei den

Alten die vorherrschende. Sonst würden aus der Tiefe ihrer Philosophie andre Ideen über die Natur der Sprache, nicht bloss über die logische und grammatische Form der Rede, hervorgegangen seyn, ihre Wissbegierde würde mehr fremden Sprachstoff zusammengetragen, und ihr bewundernswürdiger Scharfsinn ihn bearbeitet haben.

8. Die wahre Wichtigkeit des Sprachstudiums liegt in dem Antheil der Sprache an der Bildung der Vorstellungen. Hierin ist alles enthalten, denn diese Vorstellungen sind es, deren Summe den Menschen ausmacht. Ist aber auch mit diesem Einen Alles ausgesprochen, so wird es klarer, wenn man es einzeln entwickelt. Der Antheil der Sprache an den Vorstellungen ist nicht bloss ein metaphysischer, das Daseyn des Begriffs bedingender; sie wirkt auch auf die Art seiner Gestaltung und drückt ihm ihr Gepräge auf. Indem, bei aller objectiven Verschiedenheit in ihm, sie immer in dem ihr eignen Charakter auf ihn wirkt, giebt sie der ganzen Masse der Vorstellungen eine mit ihr zusammenhangende gleichmässige Gestaltung. Sie steht ebenso der Fügung des Gedanken in innerlicher oder äusserlicher Rede vor, und bestimmt dadurch auch die Verknüpfungsweise der Ideen, die wieder auf den Menschen nach allen Richtungen hin zurückwirkt. Das Verfahren der verschiednen Sprachen ist hierbei sichtbarlich nicht dasselbe, und es kann doch nicht durchaus gleichgültig seyn, da nichts dies ist, und am wenigsten im Gebiete des Intellectuellen, wo auch die leiseste Berührung in den Schwingungen aller Theile vernehmbar wird. Ein sehr grosser Theil der Sprache und ihres Baues kann erkannt werden, ehe man noch zu den einzelnen Lauten herabsteigt, so wenig besteht ihr Wesen in blossen Schällen. Aber diese Schälle sind doch in jeder individuellen die Hauptsache, und ihr Studium darf nicht verschmäht werden. Denn der Mensch kommt nicht nach Art eines reinen Geistes in die Welt, der den fertigen Gedanken nur mit Tönen umkleidet, sondern als ein tönendes Erdengeschöpf, aus dessen Tönen sich aber, nach ihrer wundervollen Natur, durch ein in ihrem scheinbar zufälligen Gewirr ruhendes System alles Grosse, Reine und Geistige entwickelt. Sie sind es also doch, welche auch jenen, ohne sie erkennbaren Theil der Sprache bestimmen und gewissermassen beherrschen, und wenigstens steht alles auf die Sprache Einwirkende in einer Verbindung, deren unzertrennliche Innigkeit jede Verschiedenheit in der Würdigung des Einzelnen von selbst zurückweist. Die Sprache gehört aber dem Menschen selbst an, sie hat und kennt keine andere Quelle, als sein Wesen, wenn man sagt, dass sie auf ihn wirkt, sagt man

nur, dass er sich in ihr nach und nach in immer steigendem Umfang und immer wechselnder Mannigfaltigkeit bewusst wird. Wenn sich aber die Sprache so mit dem Menschen identificirt, so thut sie dies nicht bloss mit dem Menschen, allgemein und metaphysisch gedacht, sondern mit dem wirklich vorhandenen, lebendigen, durch alle die vielfachen örtlichen und geschichtlichen Verhältnisse der Irdischheit enge bedingten, nicht mit dem einzelnen, nicht mit der Nation allein, zu der er sich rechnet, nicht mit der jedesmaligen Generation, sondern mit allen Völkern und allen gewesenen Geschlechtern, die, wie fern und mittelbar die Verknüpfungen gewesen seyn mögen, mit ihm in Sprachberührung gestanden haben. Dadurch wird die Sprache dem einzelnen Menschen und der einzelnen Nation auch zu einer äusserlichen Macht, aber so, dass auch aus dem fremdesten Laut ihm innige Verwandtschaft entgegenklingt. Wie also der Begriff der Sprache richtig gefasst wird, ist auch die Nothwendigkeit *allgemeiner historischer* Sprachkunde gegeben, der Begriff der Wissenschaft unmittelbar mit dem ihres Gegenstandes.

9. Wie erkennbar indes das eben Gesagte auf dem Wege blosser Ideen ist, so waren, um darauf geleitet zu werden, doch vielleicht erst recht auffallende Wahrnehmungen von Sprachverschiedenheit nothwendig; die Kenntniss der Sprachen musste sich nicht nur auf ganz abweichend gebaute verbreiten, sondern es mussten sich auch unter den Sprachen selbst ganz neue geistige Erscheinungen entwickeln. Zwei grosse Fragen, beide geschichtlich und im Einzelnen zu beantworten, bilden den Umfang der allgemeinen Sprachkunde: wie gestaltet sich in dem Menschen die ihm eigenthümliche Sprache tauglich zum Verständniss und zum Ausdruck aller sich ihr möglicherweise in der Vielfachheit der Gegenstände, und der Mannigfaltigkeit der Redenden darbietenden Begriffe und Empfindungen? und wie werden der Mensch und seine Weltansicht durch die ihm eigenthümliche Sprache angeregt und bestimmt? Die erstere dieser Fragen umfasst den Organismus der Sprachen, die letztere bringt ihre Betrachtung mit dem geistigsten aller Einflüsse in Berührung, welchen durch die ganze Geschichte hindurch gleichzeitige Nationen und verschiedne Generationen auf einander ausüben. Die Verschiedenheit des Baues wird, auch wo sie schon wesentlich genug ist, dennoch leicht nicht hinreichend erkannt und gewürdigt, solange man sich mit wenigen, und nicht ganz von einander abweichenden Sprachen beschäftigt. Denn der Organismus aller Sprachen ist doch wieder ein gemeinsamer, und die Verschiedenheit und selbst der Gegensatz dürfen nur innerhalb dieser

allgemeinen Identitaet genommen werden. Sprache kann auch nicht, gleichsam wie etwas Körperliches, fertig erfasst werden; der Empfangende muss sie in die Form giessen, die er, für sie bereitet, hält, und das ist es, was man *verstehen* nennt. Nun zwängt er entweder die fremde in die Form der seinigen hinüber, oder versetzt sich, mit recht voller und lebendiger Kenntniss jener ausgerüstet, ganz in die Ansicht dessen, dem sie einheimisch ist. Die lichtvolle Erkennung der Verschiedenheit fordert etwas Drittes, nämlich ungeschwächt gleichzeitiges Bewusstseyn der eignen und fremden Sprachform. Dies aber setzt in seiner Klarheit voraus, dass man zu dem höheren Standpunkt, dem beide untergeordnet sind, gelangt sey, und erwacht auch dunkel erst recht da, wo scheinbar gänzliche Verschiedenheit es auf den ersten Anblick gleich unmöglich macht, das Fremde sich, und sich dem Fremden zu assimiliren. Das Gemeinsame liegt auch noch weit mehr in dem Menschen, als in den Sprachen selbst. Daher versteht der Mensch den Menschen leicht auch da, wo, genau untersucht, die Sprache keine Brücke des Verständnisses darbietet. Man übersieht daher leicht, ob und welche Andeutungen die Sprache selbst, wirklich und körperlich enthält, worauf es doch hauptsächlich bei ihrem unaufhörlichen Einfluss auf den in seinem ganzen Innern immer sinnlich von aussen erregten, bestimmten und bedingten Menschen ankommt. So erscheint das Verschiedene gleich, das Getrennte gemeinsam. In der That ist dasjenige, was wirklich diesen letzteren Charakter in sich trägt, in der Schärfe vollständiger intellectueller Individualität betrachtet, durchaus eigenthümlich. Man wird aber erst durch die Erscheinung selbst, und nur wo sie recht auffallend ist, darauf geführt.

10. Geistige Wechselwirkung der Sprachen auf einander kann in höherem Grade erst dann eintreten, wann sie, ihrer ursprünglichen Natur augenblicklich verhallender Laute zuwider, sich in bleibenden Worten verewigen. Ueberhaupt ist dies eine nothwendige und die wichtigste Epoche in ihrem Entwicklungsgange. Die Sprachen streben, bewusst und unbewusst, wie der Mensch, theils als Naturkörper, allmälich erstarrend, theils als Wesen der Zeit, die das Höhere über aller Zeit ahnden, in der Begierde, dem flüchtigen Daseyn Dauer zu schaffen, nach Fixation. Der erzeugte Stoff muss zu ruhiger, gesammelter, oft wiederkehrender Betrachtung da liegen, um klar und voll ins Bewusstseyn zu treten, und zu neuen Erzeugnissen befruchtet zu werden. Die erste Epoche dieser Fixation ist das Alphabet, die zweite die Literatur, das Entstehen durch Gedanken- und Empfindungswerth bleibender Werke. Beide gehören

ganz besonders den Sprachen an, weil diese oder jene das Eintreten dieser Epochen mehr oder minder begünstigt. Die Erscheinung des gleichzeitigen Bestehens der Literaturen mehrerer hochgebildeten Nationen neben einander war erst der neueren Zeit aufbehalten, und wurde Jahrhunderte lang durch welthistorische Begebenheiten vorbereitet. Die Nationen mussten erst enge religiöse, politische und sittliche Verbindungen eingehen, sie mussten, ihnen vom Alterthum überliefert, ein allgemeines Sprachverbindungsmittel besitzen, endlich, grösstentheils durch dieses und die Werke der Alten belehrt, geübt und ermuthigt, sich von diesem selbst, als von einer einengenden Fessel losmachen, und es nur beschränktem, willkührlichem Gebrauch vorbehalten. Das Verlassen einer todten Sprache im wissenschaftlichen und literärischen Gebrauch ist unstreitig der wichtigste Schritt im Entwicklungsgange der Sprachen zu nennen. Die Alten kannten die Erscheinung, welche das heutige Europa darbietet, nur auf höchst beschränkte Weise. Bloss Griechische und Römische Sprache traten in geistige Berührung mit einander, und an eine Rückwirkung der letzteren auf die erstere war, ohne dass man die Schuld gerade in der letzteren suchen dürfte, gar nicht zu denken. Es leuchtete daher nicht so klar, wie bei uns an lebendigen Beispielen in die Augen, dass die Vorzüge der Sprachen vor einander grossentheils nur relative sind, und dass selbst den scheinbar und auch wirklich mangelhaften gerade aus dieser Beschaffenheit wieder eigenthümliche Vorzüge erwachsen. Noch weniger liess sich wahrnehmen, wie Nationen, in innigem Bunde mit ihren Sprachen, in Dichtung und Prosa, und in jeder Gattung intellectueller Schöpfung neue Bahnen zu eröffnen vermochten, welche das Nachdenken über die Natur dieser Erzeugungsarten nie entdeckt haben würde. Alles, was Jahrhunderte hindurch auf ein Volk einwirkt, findet in seiner vaterländischen Sprache, die ja selbst dadurch mitgebildet ist, freiwillig erwiedernde Begegnung. Es ist überhaupt die Natur der Sprache, sich an alles Vorhandne, Körperliche, Einzelne, Zufällige zu heften, aber dasselbe in ein idealisches, geistiges, allgemeines, nothwendiges Gebiet hinüberzuspielen, und ihm darin eine an seinen Ursprung erinnernde Gestaltung zu leihen; allein nur der vaterländischen gelingt es, diesem schon in sich mit ihr verwandten Stoffe sein volles Recht zu erhalten, und durch die freiwillige Begeisterung der Brust ihn schärfer, tiefer und eigenthümlicher auszuprägen, als je in einer todten oder fremden möglich ist. Zwar dringt der Mensch in seiner Individualität durch jeden Zwang auch des ihn am mächtigsten beherrschenden

Werkzeugs hindurch. Wie die neuere Latinitaet auch strebt, die Farbe des Alterthums anzunehmen, strahlt aus ihr doch, und dies darf ihr gewiss nicht zum Tadel angerechnet werden, die ihrer Zeit wieder, und gerade in den guten Latinisten der verschiednen Nationen erkennt der irgend Geübte immer ihren nationellen Charakter; es fehlt aber natürlich der freie und volle Erguss und die rein gediegene Eigenthümlichkeit.

Die Sprachen trennen allerdings die Nationen, aber nur um sie auf eine tiefere und schönere Weise wieder inniger zu verbinden; sie gleichen darin den Meeren, die, anfangs furchtsam an den Küsten umschifft, die 158 länderverbindendsten Strassen geworden sind. Das Ineinanderwirken hochgebildeter Nationen hat erst den ganzen Process des geistigen Lebens, welchen die zu vollendeter Entwicklung ihrer Intellectualitaet gelangenden durchgehen, an leuchtenden und deutlich zu erkennenden Beispielen entfaltet. Die Sprache spielt natürlich in demselben die wichtigste Rolle, und das Letzte und Höchste ihrer Wirksamkeit, ihre eigentliche Bestimmung wird erst hieran sichtbar. Sie bezeichnet die Gegenstände, leiht den Empfindungen Ausdruck, besitzt ihr eigenthümliches Lautsystem, ihre Analogieen der Wortbildung, ihre grammatischen Gesetze. Dies ist die breite, schon zu ihrem unmittelbarsten Zweck, dem Verständniss, nothwendige Basis, auf welcher sie ruht, und die das sorgfältigste, strengste, in jede Einzelnheit eindringende Studium erfordert. An dieser Form leitet sie die Nation, aber umschlingt sie auch beschränkend, mit dieser eröffnet sie ihr die Welt, mischt aber der Farbe der Gegenstände auch die ihrige bei. Sie dient den niedrigsten Zwecken und Bedürfnissen des Menschen, führt aber unbemerkt, wie von selbst, alles ins Allgemeinere und Höhere hinauf, und das Geistige kann sich nur durch sie Geltung verschaffen. Sie vermittelt die Verschiedenheit der Individualitäten, heftet durch Ueberlieferung und Schrift das sonst unwiederbringlich Verhallende, und hält der Nation, ohne dass diese sich dessen selbst einzeln bewusst wird, in jedem Augenblick ihre ganze Denk- und Empfindungsweise, die ganze Masse des geistig von ihr Errungenen, wie einen Boden gegenwärtig, von dem sich der auftretend beflügelte Fuss zu neuen Aufschwüngen erheben kann, als eine Bahn, die, ohne zwängend einzuengen, gerade durch die Begränzung die Stärke begeisternd vermehrt. In welchem Grade, welcher Art sie dies thut, steht aber in durchgängiger Verbindung mit dem, was wir eben ihre Basis nannten, und die Forschung der Sprachkunde muss immer auf diesen

Zusammenhang, immer zugleich auf die beiden Endpunkte des Ganges der Sprachen gerichtet seyn.

11. Durch diesen heftenden, leitenden und bildenden Einfluss der Sprache wird auch erst der höhere, und oft wohl nicht deutlich genug erkannte Begriff des Wortes *Nation* sichtbar, so wie die Stelle, welche die Vertheilung der Nationen in dem grossen Gange einnimmt, auf dem sich der geistige Bildungstrieb des Menschengeschlechts seine Bahn bricht. Eine Nation in diesem Sinne ist eine durch eine bestimmte Sprache charakterisirte geistige Form der Menschheit, in Beziehung auf idealische Totalitaet individualisirt. In Allem, was die menschliche Brust bewegt, namentlich aber in der Sprache, liegt nicht nur ein Streben nach Einheit und Allheit, sondern auch eine Ahndung, ja eine innere Ueberzeugung, dass das Menschengeschlecht, trotz aller Trennung, aller Verschiedenheit, dennoch in seinem Urwesen und seiner letzten Bestimmung unzertrennlich und eins ist. Die Sehnsucht in allen concreten Gestalten, die sie in dem ewig untermischt sinnlich und geistig angeregten Menschen annimmt, ist, so wie sie auf Ergänzung des vereinzelten Daseyns geht, Aushauch dieses einen Gefühls. Die Individualitaet zerschlägt, aber auf eine so wunderbare Weise, dass sie gerade durch die Trennung das Gefühl der Einheit weckt, ja als ein Mittel erscheint, diese wenigstens in der Idee herzustellen. Das Menschengeschlecht kann nicht als zu einem Zwecke bestimmt angesehen werden, der, wie ein Werk, oder die Befolgung eines Gebots, die innere Uebereinstimmung mit einer Maxime, einmal seinen Endpunkt erreicht. Es ist zu einem Entwicklungsgange bestimmt, in dem wir keinen endlichen Stillstand an erreichtem Ziele wahrnehmen, der vielmehr jeden solchen Stillstand, seiner Idee selbst nach, zurückweist. Denn tief innerlich nach jener Einheit und Allheit ringend, möchte der Mensch über die trennenden Schranken seiner Individualität hinaus, muss aber gerade, da er, gleich dem Riesen, der nur von der Berührung der mütterlichen Erde seine Kraft empfängt, nur in ihr Stärke besitzt, seine Individualitaet in diesem höheren Ringen erhöhen. Er macht also immer zunehmende Fortschritte in einem in sich unmöglichen Streben. Hier kommt ihm nun auf eine wahrhaft wunderbare Weise die Sprache zu Hülfe, die auch verbindet, indem sie vereinzelt, und in die Hülle des individuellsten Ausdrucks die Möglichkeit allgemeinen Verständnisses einschliesst. Die Sprachen aber werden nur von Nationen erzeugt, festgehalten und verändert, die Vertheilung des Menschengeschlechts nach Nationen ist nur seine Vertheilung nach

Sprachen, und auf diese Weise ist sie es allein, welche die sich in Individualität der Allheit nähernde Entwicklung der Menschheit zu begünstigen vermag. Dasselbe Streben, welches das Innere des Menschen zur Einheit hinlenkt, sucht auch äusserlich sein ganzes Geschlecht (§. 4. 5.) zu verbinden, und so ist sie in allen Beziehungen ein vermittelndes, verknüpfendes, ihn vor der Entartung durch Vereinzelung bewahrendes Princip. Der Einzelne, wo, wann und wie er lebt, ist ein abgerissenes Bruchstück seines ganzen Geschlechts, und die Sprache beweist und unterhält diesen ewigen, die Schicksale des Einzelnen und die Geschichte der Welt leitenden Zusammenhang.

12. In wie undurchdringliches Geheimniss auch alles gehüllt ist, was den Ursprung der dem einzelnen und concreten Menschen inwohnenden Kraft in ihrem Grade und ihrer Art zu erklären vermöchte, so sind doch zwei Dinge nicht zu verkennen: die vorherrschende Gewalt dieser Kraft über alle auf sie eindringende Einflüsse und ihre, nur auf eine uns unerforschliche Weise bedingte Abhängigkeit von der physischen Abstammung. Wie mächtig Natur und Geschichte auf die Nationen einwirken, ist es doch immer jene inwohnende Kraft, welche die Wirkung aufnimmt und bestimmt, und nur dieselben Menschen, nicht Menschen überhaupt, würden unter denselben Umständen zu demjenigen geworden seyn, was wir jetzt an diesem oder jenem Volksstamm erblicken. Ohne die reelle Kraft, die bestimmte Individualität an die Spitze der Erklärung aller menschlichen Zustände zu setzen, verliert man sich in hohle und leere Ideen. Wenn daher oben (§. 11.) die Nationen geistige Formen der Menschheit genannt sind, so war darum der Rückblick auf ihr reales, irdisches Treiben nicht aufgegeben, sondern der Ausdruck nur gewählt, weil dort von der durch vollendete Sprachentwicklung geläuterten Ansicht ihrer Intellectualitaet die Rede war. In der Wirklichkeit sind sie geistige Kräfte der Menschheit in irdischer, zeitbedingter Erscheinung. Alle ihre Wirkungen in dieser Erscheinung finden ihren letzten bestimmenden Grund in der Natur dieser Kräfte, die daher selbst, in Art und Grade, verschieden seyn müssen. Es kann aber bis auf einen gewissen Punkt für uns gleichviel gelten, ob diese Verschiedenheit, wie ich glaube, eine ursprüngliche, oder eine durch die Totalitaet der Einflüsse vom Ursprung an bewirkte ist, da unsre Erfahrung die Nationen immer nur da aufnimmt, wo schon eine Unendlichkeit von Einflüssen auf dieselben gewirkt hat, mithin für uns die Verschiedenheit immer einer ursprünglichen gleichkommt. Dass die menschlich geistige Kraft, die doch wahrhaft in-

161

dividuell nur im Einzelnen erscheint, sich auch in Bildung einer Mittel-
stufe nationenweis individualisiren musste, liegt zwar im Allgemeinen
in dem den Begriff der Menschheit nothwendig bedingenden Charakter
der Geselligkeit, allein ganz bestimmt in der Sprache, die nie das Erzeugniss des Einzelnen, schwerlich das einer Familie, sondern nur einer Nation seyn, nur aus einer hinreichenden Mannigfaltigkeit verschiedner,
und doch nach Gemeinsamkeit strebender Denk- und Empfindungswei-
sen hervorgehen kann. Die Sprache aber dankt selbst dieser Kraft ihren
Ursprung, oder was der richtigere Ausdruck seyn dürfte, die bestimmte
nationelle Kraft kann nur in der bestimmten nationellen Sprache, diesen
Lauten, diesen analogischen Verknüpfungen, diesen symbolischen Andeutungen, diesen bestimmenden Gesetzen innerlich zur Entwicklung,
äusserlich zur Mittheilung kommen. Dies ist es, was wir wohl, aber immer uneigentlich, Schaffen der Sprache durch die Nation nennen. Denn
der Mensch spricht nicht, weil er so sprechen will, sondern weil er so
sprechen muss; die Redeform in ihm ist ein Zwang seiner intellectuellen
Natur; sie ist zwar frei, weil diese Natur seine eigne, ursprüngliche ist,
aber keine Brücke führt ihn in verknüpfendem Bewusstseyn von der
Erscheinung im jedesmaligen Augenblick zu diesem unbekannten
Grundwesen hin. Die Ueberzeugung, dass das individuelle Sprachvermögen (die Verschiedenheit der Sprachen des Erdbodens von der Seite ihrer
Erzeugung aus genommen) nur die sich als Sprache äussernde, den individuellen Charakter der Nationen bestimmende Kraft selbst ist, bildet
den letzten und stärksten Gegensatz gegen die oben (§. 7.) gerügte Ansicht der Sprachen, welche ihre Verschiedenheit nur als eine Verschiedenheit von Schällen und durch Uebereinkunft entstandenen Zeichen
betrachtet. Man begreift nun erst recht, wie die Sprache, obgleich immer
bemüht, zum Gedanken und zur Intellectualitaet hinzuführen, und den
Empfindungen und den Regungen des Wollens eine allgemeinere Form
zu leihen, dennoch innig in den Charakter und die Thatkraft der Nationen verwebt ist, wie jene Empfindungen und Regungen nicht bloss insofern durch sie bedingt werden, dass sie nur in ihr auch ihren inneren
Ausdruck finden, sondern dass sie das sie ursprünglich mitgestaltende
Wesen selbst ist. Wir sahen oben (§. 10.) die Sprachen durch Werke in
die Folge der Zeiten eingreifen, hier sehen wir, dass sie dasselbe durch
Energieen thun. Ihrer innersten Natur nach, selbstzeugende Kräfte
pflanzen sie sich, auch als solche, als Vermögen neuer Spracherzeugung
fort, verknüpfen auch so die Generationen mit einander, und erscheinen

überall als real, lebendig, den Entwicklungsgang des Menschengeschlechts bestimmend, und in alle Schicksale desselben tief und innig verschlungen.

13. Wie in der gesammten Sprachkunde (§. 9.), so muss aber auch hier die im denkenden, empfindenden, handlenden Menschen lebendig mitwirkende Sprache sorgfältig von ihrer gewissermassen todten und verkörperten Form geschieden werden, in welcher sie, als Vorrath von Wörtern und System von Analogieen und Gesetzen, ihm als etwas Fremdes entgegentritt. Die Sprachen müssen daher auch in der Geschichte eine doppelte Berücksichtigung erfahren, die Fäden ihres Zusammenhanges mit der Geistesbildung, dem Charakter, den Einrichtungen, den inneren und äusseren Schicksalen der Nationen müssen aufgesucht, dann aber, ohne Beziehung auf eine solche Mitwirkung, die Erscheinungen des gleichzeitigen und auf einander folgenden, gegenseitig bedingten oder unabhängigen Entstehens der verschiednen Sprachformen dargestellt werden. Aus dem letzteren ergeben sich neue Folgerungen auf die Geschichte der Nationen selbst. Ob diese mehr auf ihre Sprachen, oder ihre Sprachen auf sie selbst einwirken? ist gewissermassen eine müssige Frage, da die Sprachen, im immanenten Sinne genommen, ja nur die in Beziehung auf ihr Vermögen der Gedankenbezeichnung durch Töne betrachteten Nationen selbst sind; allein in anderer Beziehung ist die Sache keineswegs gleichgültig. Das Sprachvermögen hat Grade der verhältnissmässigen Stärke und Lebendigkeit. Es wird vorherrschender seyn, wenn es eine Nation lebendiger durchstrahlt, nachgiebiger im entgegengesetzten Fall, so wie die Nationen selbst in ihrem gesammten Wirken ihren äusseren Schicksalen einen grösseren Einfluss verstatten, oder sie, wie es wohl nirgend so sichtbar, als bei den Römern ist, aus sich heraus selbstherrschend bestimmen. Schon die blosse und einfache Thatsache, ob eine Nation in ihrem Wesen und Thun oft und unwillkührlich an ihre Sprache und diese an jenes erinnert, ist von grosser Erheblichkeit. Ein solcher Zusammenhang liegt bisweilen in Dingen, die gar nicht gerade die geistige Cultur der Nation betreffen, und in Theilen des Sprachbaus, die auch nicht die intellectuelle Auffassung angehen. In keiner Sprache übt der Accent eine so überwiegende Herrschaft aus, als in der Englischen; er wird nicht nur in der Aussprache besonders stark herausgehoben, sondern verändert auch die unter ihm stehenden Sylben und die Geltung ihrer Vocale. Da die Betonung so stark und mit einer Art der Vorliebe angedeutet wird, so erfährt auch dieser Theil der Sprache, als von der Nation immer bearbeitet, in einzelnen Wörtern

häufigere Aenderungen, als andre, dem nationellen Sprachsinn gleichgültigere, und wiederum ist die Aufmerksamkeit der Grammatiker angelegentlicher auf diese Aenderungen gerichtet. Man weiss die Zeit zu bestimmen, wo sich der Accent eines Wortes verändert hat, und nennt diejenigen, welche noch in der Aenderung, dem Uebergehen desselben von einer ihrer Sylben zu der andren begriffen sind. Ursprünglich schreibt sich zwar diese Eigenthümlichkeit aus dem Deutschen Sprachstamme her, welcher auch den Accent über das Zeitmass erhebt, allein durch ihre Herrschaft auch über die Vocalgeltung und ihre grosse, die ganze Aussprache mit sich fortreissende, gewissermassen unruhige Schärfe stellt sich die Englische Betonung der gleichmässigen Ruhe der Deutschen vielmehr als ein Gegensatz gegenüber. Sie steht daher wohl in Zusammenhang mit dem von früher Zeit an auf politische Freiheit gerichteten Streben, dem es vor Allem an der Eindringlichkeit des lebendigen Worts lag, erinnert aber zugleich, da andre hierin im gleichen Fall befindliche Völker ihren Sprachen dies Gepräge nicht aufdrückten, an die rasche Regsamkeit, die rastlose Thätigkeit, die vorzugsweis auf unmittelbar praktische Ausführung gehende Richtung der Nation. Denn die Heftigkeit des Entschlusses, die sich eng daran knüpfende Schärfe des Verstandes in der Aussonderung der vor die Aufmerksamkeit zu führenden Gegenstände, die habituelle Weile der Gedanken und Empfindungen und alle Verschiedenheiten der Nationen in diesen Punkten offenbaren sich in der Sprache vorzüglich in dem Verhältniss der Betonung zu der übrigen Aussprache.

14. Die Nationen, welche in dem uns bekannten, und namentlich in dem nicht erst durch ganz neue Forschungen aufgehellten Theile der Geschichte eine wichtige Rolle spielen, gehören hauptsächlich nur zwei Sprachstämmen an, dem Sanskritischen und Semitischen, also zwei in ihrem Bau nicht so weit, als dies bei andren der Fall ist, abweichenden. Die alten Völker anderer Sprachen erscheinen uns nur gleichsam im Gegenlichte der Griechen und Römer, und sind uns nur durch ihre Nachrichten bekannt. Ueber die innere Asiatische Geschichte, in welcher Völker ganz verschiedener Sprachen in Berührung kommen, haben erst die Untersuchungen ganz neuer Zeit Licht verbreitet. In Europa sind Volksstämme dieser Art nur vorübergehende Erscheinungen, bleibend und auf das Europaeische Staatsverhältniss, jedoch wichtig auch nur periodenweis einwirkend, nur zwei, die Ungarn und Türken gewesen. Sehr lange hat sich daher auch die Sprachkunde nur mit den oben ge-

nannten zwei Sprachstämmen beschäftigt, und zwar mit Sprachen des Sanskritischen bis auf die neuesten Zeiten hin, ohne deutlich inne zu werden, dass sie Eines, und welchen Stammes sie wären. Sie hat sich vorzugsweise auf das ausschliesslich classisch genannte und auf das morgenländische Studium gelegt, dem ersteren hauptsächlich den Namen der Philologie gegeben, und unter dem der Orientalisten eigentlich nur die Kenner der Semitischen Sprachen zusammengefasst.

15. Man muss es, meiner innigsten Ueberzeugung nach, als einen höchst günstigen Umstand für das Sprachstudium ansehen, dass es sich sehr lange Zeit hindurch in dieser Beschränkung gehalten, und wenn es auch längst Wörterbücher und Grammatiken vieler andren Sprachen gab, diese nicht mit in sein Gebiet gezogen hat. In diesem so lange fortgesetzten, gründlichen, scheinbar bis ins Kleinliche gehenden philologischen Studium liegt allein die wahre Bürgschaft, dass die allgemeine Sprachkunde, auch in ihrer weitesten Ausbreitung, nicht seicht und oberflächlich werden wird, wenigstens nicht es zu werden braucht. Wenn ein allgemeines Sprachstudium gelingen soll, so muss erst das Organ dazu geschärft und gebildet werden, und dies zu bewirken ist, philosophisch und historisch, am meisten das philologische Studium fähig, da es, sich nur mit zwei Sprachen beschäftigend, die Forschung bei einem individuellen Sprachbau festhält, dazu gerade die beiden Sprachen wählt, die, meinem Urtheile nach, unter allen bekannten, an sich und durch ihr Verhältniss zu einander dazu am tauglichsten sind, da es sich auf die Arbeiten einer langen Reihe, ihren verschiedenen Richtungen nach, durch Gelehrsamkeit, Tiefe und Scharfsinn ausgezeichneter Männer stützt, und die längst erstorbenen Sprachen doch, soviel als möglich, dadurch in ihrem lebendigen Zusammenwirken auffasst, dass es dieselben eigentlich nur als Mittel zur Wiederherstellung und Erklärung der Werke des Alterthums behandelt. Das philologische Studium erstreckt seinen wohlthätigen Einfluss natürlich über das Gebiet der Sprachkunde hinaus, aber diese bedarf desselben zu einer nothwendigen Vorschule, und nie möchte ich dem philologischen Studium rathen, sich als einen
blossen Theil der Sprachkunde zu betrachten, und der allgemeinen Sprachkunde einen erweiternden, immer nur einen in einzelnen Punkten berichtigenden und vorbildenden Einfluss auf sich zu gestatten.

16. Namen sind, vorzüglich in Bearbeitung der Wissenschaft, niemals ganz gleichgültig, und ich möchte den der Philologie, so wie er unter uns gewöhnlich genommen wird, nicht, nach dem Beispiel des Auslands,

auf das Sprachstudium überhaupt ausdehnen. Seine Bedeutung ist zwar grösstentheils nur historisch und zufällig, allein auch hierin möchte ich sie nicht verrücken, und es lässt sich auch eine wesentlich die Sache angehende damit verknüpfen, ja es liegt dies sogar im wirklichen Sprachgebrauch. Die Philologie ist, wie ich schon im Vorigen (§. 15.) andeutete, ohne sie, in anderer Erweiterung, zur Alterthumskunde zu machen, die auch besser wie eine Hülfswissenschaft von ihr angesehen, als selbst mit ihr vermischt wird, ihrem reinen Begriff nach, auf die alte Literatur, die Sprachkunde auf die Sprachen gerichtet. Zwar ist beides unzertrennlich verbunden, ja sogar Eins, gerade die Philologie hat die tiefste Sprachforschung zum Zweck, und die Sprachkunde muss, auch bei ganz ungebildeten und unliterärischen Nationen, Stücke verbundener Rede aufsuchen; allein bei den geistigen Einflüssen wissenschaftlicher Behandlung ist die Unmittelbarkeit oder Mittelbarkeit der Richtung nicht gleichgültig. Die anhaltende Beschäftigung mit den classischen Schriftstellern führt auf Feinheiten und Eigenthümlichkeiten des Sprachgebrauchs und selbst des Baues, auf welche der nicht so auf Kritik und Hermeneutik gerichtete Sprachforscher nicht gekommen seyn würde; dagegen lenkt die unmittelbare Rücksicht auf die Sprache den Geist unvermerkt von der Strenge der Individualität der Forschung auf philosophisch und historisch Allgemeineres hin. Es liegt auch in dem wohlthätigen Bildungszwecke der Philologie, die man als die grosse Erzieherin des Menschen zu der schönsten und edelsten Humanität betrachten kann, die das in ihn pflanzt, was allem Streben nach Wissenschaft und Kunst Mass, Haltung und innere Uebereinstimmung giebt, dass sie die Sprache nicht sowohl an sich, als gleichsam in dem Spiegel ihrer gelungensten Werke zeige; nur dadurch kann sie bis in das Knabenalter ihres Zöglings hinabsteigen, schaffend und vorbereitend, was ihr im Jüngling und Mann entgegenreifen soll. Ein Anderes ist es, wie die Philologie die allgemeine Sprachkunde wieder als Hülfswissenschaft behandelt, da aus der Sichtung und Erweiterung dieser ihr unläugbar grosser Nutzen erwachsen kann. Auch versteht es sich von selbst, dass die Philologie nicht sich an die Stelle der Sprachkunde stellen, nicht aus der Beschränktheit ihres Umfanges heraus in dieser entscheiden, noch auf das ihr fremde, weitere Gebiet mit stolzer Verachtung herabblicken darf.

17. Die Bearbeitung der gelehrten Sprachen Asiens, des Persischen, Armenischen, Chinesischen, Mandchuischen, gewährte der Sprachkunde

einen reichlichen Zuwachs. Aber die genauere Kenntniss des Sanskrits blieb auf eine auffallende Weise zurück, und war erst den letzten Decennien vorbehalten. Dennoch muss das Sanskritstudium gerade als die wichtigste Epoche für die Sprachkunde angesehen werden. Die Griechische Sprache, die Römische mit allen aus ihr entstandenen, die Deutsche in ihren weit verbreiteten, zum Theil untergegangenen Mundarten, so wie die Skandinavischen und Slavischen, folglich so gut, als alle Sprachen des heutigen Europa, finden die gemeinschaftliche Erklärung ihres grammatischen Baues und grösstentheils auch ihres Wörtervorraths allein vollständig im Sanskrit. Man hatte Jahrhunderte hindurch diese Sprachen einzeln durchforscht und zergliedert und vielfältig Verwandtschaften unter ihnen entdeckt, aber das letzte Glied, zu dem man in der Kette erklärender Ursachen hinuntersteigen konnte, war unbekannt, man hielt sogar bisweilen eine sichtbar auch abgeleitete, die Persische, für den Urstamm. Nun fiel die, unmittelbar aus den reinsten Quellen, den einheimischen Grammatikern und den ältesten Indischen Dichtungen geschöpfte Kenntniss des Sanskrits gerade in die Zeit, wo der Sinn für linguistische Untersuchungen vorzüglich rege und richtig geleitet war, und wo, was man als ein überaus wichtiges Moment hierbei ansehen muss, die Grammatik Jacob Grimm's einen ganz neuen Begriff tiefer und gründlicher Sprachforschung eröffnet, und den Deutschen Sprachstamm, den ergiebigsten in dieser Hinsicht, in allen seinen grossen Verzweigungen zu der Vergleichung mit der neu hervortretenden Stammsprache vorbereitet hatte. Das Studium des Sanskrits warf nun auf einmal auf ein lang ununterbrochen mühevoll und erfolgreich bearbeitetes Feld einen erhellenden und befruchtenden Sonnenblick. Die bessere und tiefere Einsicht in das Sanskrit selbst wurde aber erst durch die vorausgegangne Bearbeitung jener mit ihm verwandten Sprachen möglich gemacht. Der enge Zusammenhang aller hier aufgeführten Sprachen, der sich mit der grössten Bestimmtheit bis in die kleinsten Einzelnheiten hin verfolgen lässt, der Reichthum des, auch von den untergegangenen unter ihnen noch übrigen Stoffes, und die gründlichen über die einzelnen vorhandenen Untersuchungen machen diesen Theil des Sprachgebiets zu dem einzigen, in welchem die Sprachkunde die ganze Gliederung des grammatischen und Wortbaues in allen seinen geheimsten Verbindungen, die Abweichungen desselben in gleichzeitigen, und seine Umgestaltung in auf einander folgenden Mundarten wahrhaft gründlich erforschen und deutlich übersehen kann. Die Sanskritischen

Sprachen sind auch diejenigen, in welchen der Begriff der grammatischen Formen am lichtvollsten hervortritt, und das System derselben am feinsten, am consequentesten und am meisten den sich durch blosses Nachdenken ergebenden Gesetzen der Redeverbindung gemäss ausgesponnen ist. Sie bilden dadurch für die Sprachkunde die wichtigste Classe der Sprachen, und die Eigenthümlichkeit derjenigen, die hierin einen abweichenden Bau besitzen, lässt sich erst von ihnen aus, und nur dann vollkommen erkennen, wenn man mit ihren Formen und der wahren Geltung und Rückwirkung derselben vollkommen vertraut ist.

18. Durch die Kenntniss des Sanskrits wurde es aber zugleich recht sichtbar, auf welchem gleichförmigen Theile des Sprachgebiets sich die ganze Sprachkunde bis dahin eigentlich bewegt hatte. Ich habe schon oben (§. 14.) darauf hingedeutet, dass die ganze heutige gebildete Welt, so wie der Theil der alten, welcher allein wesentlich auf uns eingewirkt hat, unter dem Einfluss von Sprachen desselben Stammes steht. Dieser Umstand ist in der Verknüpfung der Schicksale und Begebenheiten, welche uns als Weltgeschichte gelten, gewiss von dem erheblichsten Einfluss gewesen, und gehört unläugbar zu dem grossen Gewebe der sie leitenden Ursachen. Für die Sprachkunde hat er die Folge gehabt, dass man lange Zeit hindurch die Sanskritische Sprachform, in deren Besitz man sich lange vor der Entdeckung des Sanskrit selbst befand, für die einzig mögliche Form aller Sprache hielt, von ihr abweichenden Sprachbau übersah oder gewaltsam in sie hineinzwängte.

19. Es giebt eine ganze Gattung, gerade in ihrem durchaus abgesonderten Bau merkwürdiger Sprachen, welche bisher so gut als gar nicht in den Kreis gelehrter Sprachforschung gezogen wurden, die Sprachen der sogenannten rohen, uncivilisirten, wilden Völker, der Afrikanischen und Amerikanischen, und einiger uralter, ihre Sprache, wie im Verborgenen forterhaltender Europaeischen Stämme. Man dankte die Kenntniss der aussereuropaeischen dem Eifer der Missionarien, der Europaeischen einem achtungswürdigen, aber auf die unpartheiische Beurtheilung der Sprachen oft nachtheilig einwirkenden Nationalsinn. Dieser mühevoll gesammelte, in seinem ganzen Umfang erstaunenswürdige und in seinen Trümmern noch reichliche Stoff war aber verstreut und unbeachtet, und ein grosser Theil desselben gieng verloren durch Zufall und Sorglosigkeit, aber vor allem durch Eine grosse, diesem Theile der Sprachkunde höchst verderbliche Begebenheit, die Vertreibung der Jesuiten aus Amerika. Die rohe Gewalt, mit der man diese Massregel ausführte, erstreckte sich von

den unglücklichen Schlachtopfern derselben auf das Unschuldigste, was sie in der freundlichen Absicht ihres Berufs, in den ungünstigsten Lagen mühevoll aufgezeichnet und einer dem andren allmälich überliefert hatten. Ein grosser Schatz der Sprachkenntniss gieng so auf einmal verloren. Glücklicherweise versuchten, jedoch leider nicht früh genug nach dem Ereigniss, zwei würdige Männer, in Deutschland und Italien, ohne Verabredung, jeder von nützlichem Sammelgeiste und auf Sprachverschiedenheit gerichtetem Sinn geleitet, die Ueberreste jener Kenntniss zusammenzubringen und zu benutzen. Sie veranlassten die zurückgekommenen Exjesuiten dasjenige aufzuschreiben, was ihnen noch von jenen Sprachen, von welchen einige eine bewundernswürdig ausgedehnte Kenntniss besassen, beiwohnte, und erhielten auf diese Weise Grammatiken, Wörtersammlungen und Proben von Sprachen, von welchen, ohne sie, jede Spur verloschen wäre. Allein auch die Früchte dieses Fleisses der Exjesuiten sind zum Theil wieder verloren gegangen.[4] Vieles ist auch bei dem wenigen allgemeinen Interesse, welches diese Sprachen erwecken, und den Schwierigkeiten der öffentlichen Bekanntmachung bei den Familien der Exmissionarien verborgen geblieben.[5] So wird schon die Einsammlung des Stoffs zu diesem Theil der Sprachkunde schwierig.

4   So, um nur ein Beispiel anzuführen, ein ausführliches Abiponisches Wörterbuch Dobrizhoffers, das ich mich vergeblich bemüht habe, bei seinen Verwandten und Ordensbrüdern aufzusuchen. Der nicht gedruckte Theil der Sammlungen Hervas, welcher ganz grammatischen Inhalts und wichtiger für die eigentliche Sprachkunde ist, als sein Werk, ruht im Jesuitercollegium in Rom, wo die Benutzung mit grosser Gefälligkeit verstattet wird. Ich hatte schon bei dem Leben des verdienten Mannes, während meines Aufenthalts in Rom, eine Abschrift dieser Aufsätze nehmen lassen. Da diese aber nicht gehörig collationirt war, so habe ich mir durch die Güte des Preussischen Ministers in Rom, Herrn Bunsen eine neue, durchaus zuverlässige verschafft. Meine frühere Abschrift hat der verewigte, um die allgemeine Sprachkunde so vielfach verdiente Vater bei dem Mithridates, aber nach dem Zweck dieses Werks, das nur ganz kurze Nachrichten enthalten sollte, nur sehr unvollständig benutzt.

5   So habe ich eine handschriftliche Grammatik und ein solches Wörterbuch der Aravakischen Sprache, die erstere von Schumann, das letztere von Quandt, beides Missionarien der Brüdergemeine, an mich gebracht. Diese Hülfsmittel sind nicht nur, ausser zwei sich in Philadelphia befindenden (*Catalogue of the library of the American Philosophical Society. p.* 224. *nr.* 1578. 521.) handschriftlichen Arbeiten gleicher Art von Theodor Schulz,

20. Der überaus merkwürdige Bau mehrerer dieser Sprachen müsste ihnen die Aufmerksamkeit der Sprachforscher viel früher und anhaltender zugewendet haben, wenn nicht die Behandlung derselben alles gethan hätte, gerade die auffallenden Eigenthümlichkeiten dieses Baues unkenntlich zu machen. Es gehört ein sehr genaues Studium dieser zum Theil sehr ausführlichen Grammatiken dazu, um in dem scheinbar unsren Sprachen ganz ähnlichen System von Declinations- und Conjugationsparadigmen einen in Wahrheit höchst verschiedenen Organismus zu entdecken, und es muss beinahe aus jeder solchen Grammatik erst eine neue, der Natur der Sprache gemässere zusammengetragen werden. Glücklicherweise ist dies bei den meisten möglich, da der beharrliche Fleiss ihrer Verfasser einen bedeutenden Theil des Sprachschatzes darin niedergelegt hat, und fast bei allen diesen Sprachen eine gewisse Masse des Stoffes, dem Zwange der fremden Form siegreich widerstehend, ihn unter allerlei Titeln von Partikeln, Redensarten, Soloecismen u. s. f. einzeln vorzutragen nöthigte, und die wahre Natur der Sprache deutlicher an den Tag legt. Das Verdienst, die Wichtigkeit der Amerikanischen Sprachen für die Sprachkunde gefühlt zu haben, gebührt dem verewigten Schlözer. Er hat wohl überhaupt seit Leibnitz zuerst wieder unter uns den wahren Begriff dieser Wissenschaft aufgefasst. Er las ein Collegium über eine grosse, damals Erstaunenerregende Anzahl von Sprachen, er zog im 31. Theil der allgemeinen Weltgeschichte die ersten Linien zu einer sichreren Sprachkritik, und während seines Aufenthalts in Rom im Jahr 1782. lernte er durch den Abate Gilij zuerst die Amerikanischen Sprachen kennen. Sein warmer und einsichtsvoller Antheil an den Arbeiten dieses Gelehrten über dieselben spricht sich in einem treflichen von Gilij seinem Werke[6] beigefügten lateinischen Briefe aus.[7] Leider

die einzigen ausführlichen über diese Sprache, sondern auch dadurch vorzüglich wichtig, dass sie über den Karibischen Sprachstamm, zu welchem das Aravakische zu gehören scheint, und von dem die Nachriten sehr unvollständig sind, ein helleres Licht verbreiten.

6   *Saggio di storia Americana. T. 3. p. 352.*

7   Schlözer erhielt auf dieser Reise von dem Ex-Jesuiten Camaño in Faenza eine von demselben verfasste Grammatik der Chiquitischen Sprache, die, vorzüglich durch ihre Buchstabenveränderungen, eine der merkwürdigsten unter den Amerikanischen ist, und von der es an allen andren Nachrichten fehlt. Da ich dies aus dem angeführten Briefe ersah, wandte ich mich an den gelehrten Sohn des grossen Mannes, den damals noch in Moskau le-

aber leistete Gilij, mehr bemüht, eine lesbare und anziehende, als eine tief eingehende und gründliche Darstellung der Amerikanischen Sprachen zu liefern, bei weitem nicht das, wozu ihn sein langjähriger Aufenthalt in Amerika, seine genaue Kenntniss des Tamanakischen und Maipurischen und seine Verbindung mit den übrigen zurückgekommenen Exjesuiten in Stand gesetzt haben würden.

21. Gilij stieg nemlich nicht genug in die Individualität einer einzelnen Sprache hinab, sondern wollte aus viel zu flüchtig aufgefassten Eigenthümlichkeiten vieler ein allgemeines Bild entwerfen. Nun aber zeigt es sich auch bei dieser Gattung von Sprachen, dass möglichst erschöpfende Behandlung des Einzelnen einen viel grösseren Werth für die allgemeine Sprachkunde hat, als das Streben, den ganzen Umfang zu umfassen. So wichtig und unentbehrlich Werke über alle bekannten Sprachen, als allgemeine Repertorien der Ethnographik und Linguistik sind, vorzüglich wenn sie von so unermüdlichem und gründlichem Fleisse, wie der Vatersche Theil des Mithridates, zeugen, so leisten sie den höheren Forderungen der Sprachkunde, so wie ich versucht habe, sie hier zu entwickeln, nur einen sehr untergeordneten Nutzen. Ueber den Bau einzelner Sprachen wird, wer selbst Gründlichkeit liebt, sie niemals zu Rathe ziehen, ohne da, wo es ihm möglich ist, auf die einzelnen sichreren Hülfsmittel zurückzugehen. Diejenigen, die wir den Missionarien verdanken, sind gerade darum so vorzüglich, weil diese Männer, die sich die Fertigkeit verschaffen mussten, selbst Vorträge in diesen Sprachen zu halten, genöthigt waren, indem sie sich den ganzen Sprachvorrath zugänglich zu machen versuchten, in das allerindividuellste derselben einzudringen. Welche Vorzüge ein solches Verfahren vor dem entgegengesetzen hat, sieht man recht deutlich bei den Sprachen der Inseln des stillen Meers. So reichliche und schätzenswerthe Nachrichten die Werke der früheren Reisenden über sie enthalten, so ist es doch erst seit dem Erscheinen

benden Etatsrath Schlözer. Durch seine zuvorkommende Güte besitze ich nunmehr Camaño's eigenhändige Handschrift. Er erstreckte seine grosse Gefälligkeit noch weiter, und schickte mir in einer zweiten Sendung noch andre Papiere über Amerikanische Sprachen aus dem Nachlasse seines Vaters, die aber unglücklicherweise in dem Hause in Petersburg, von dem sie an mich besorgt werden sollten, bei der grossen Ueberschwemmung untergiengen.

eigner den einzelnen gewidmeter Schriften[8] möglich geworden, einen bestimmten Begriff von ihnen zu fassen.

22. Ich halte es daher immer für ein glückliches Ereigniss in der Reihefolge meiner eignen Sprachuntersuchungen, dass mich, als ich zuerst das Gebiet der Sprachen, von denen hier die Rede ist, betrat, der Zufall auf ein ganz genaues Studium einer einzelnen, der Vaskischen, führte, dass ich gleich damit begann, das grosse Larramendische Spanisch-Vaskische Wörterbuch in ein Vaskisch-Spanisches umzusetzen und durch ein handschriftliches der Königlichen Bibliothek in Paris zu vervollständigen, und an diese Beschäftigungen einen Aufenthalt in dem Fände selbst knüpfte. Jedes richtig unternommene Studium wirkt, ausser der materiellen Bereicherung, die es an Kenntnissen gewährt, lebendig, ermunternd, erschliessend und leitend, auf den Sinn und den Geist, und dies ist sein wesentlichster Nutzen. Es ist auch der, welcher mir jene, bloss der Sprache wegen unternommene Reise, wenn gleich meine Kenntniss des Vaskischen natürlich unvollständig blieb, vorzüglich wichtig machte. Einige Zeit unter dem merkwürdigen Volke zu verweilen, dem diese Sprache eigenthümlich ist, und das mit leidenschaftlicher Heimathsliebe an ihr hängt, aus dem der nationelle Sinn überall hervorleuchtet, das sich innerhalb einer mächtigen Monarchie durch seine ältere, reinere und ursprünglichere Sprache, und damals auch noch durch Freiheiten und eigne Verfassung in seinen Gränzen selbständig fühlte, dessen kühner Muth und rüstige Thätigkeit sich in dem doppelten, durch seinen Wohnsitz selbst gegebenen Charakter des Bergbewohners und des Seefahrers ausspricht, das, in die fernsten Weltgegenden zerstreut, immer nach dem kleinen Punkte seines Vaterlandes zurückblickt, und wo die am Ende einer langen Laufbahn Zurückkehrenden wetteiferten ihrem Geburtsorte verschönernde Denkmale zu hinterlassen, erschloss mir den Sinn ganz anders, als es sonst hätte geschehen können, für den innigen Zusammenhang zwischen dem Charakter eines Volks, seiner Sprache und seinem Lande. Denn der Reiz des grossentheils von einem weiten und unruhigen Meere bespülten Landes, die Mannigfaltigkeit der nirgends öden, sondern theils bearbeiteten, theils mit Bäumen gekrönten Gebirge, von den anmuthigen Hügeln Vizcayas bis zu den Pyrenaeen

8   Mariner's (herausgegeben durch Dr. Martin), Kendall's (herausgegeben durch Professor Lee) und der Englischen Missionarien über die Tongische, NeuSeeländische und Tahitische Sprache.

hinauf, die Fruchtbarkeit der Thäler, die Frische der Vegetation, das erquickende und milde Klima des Nordens eines südlichen Landes, dem Palmen und Südfrüchte nicht fremd sind, die gesicherte Lage, welche Biscaya gegen Römer und Araber zum Zufluchtsort der zurückgedrängten Bevölkerung der Halbinsel machte, mussten nothwendig zur Bildung des Nationalcharakters mitwirken, und erklären wenigstens auch dem Fremden die Sehnsucht nach einer so eigenthümlich anziehenden Heimath. Vorzüglich aber belehrte mich dieser Aufenthalt auf eine anschauliche Weise über die Geschiedenheit sehr getrennter Dialecte in dem Gemeinsamen einer jetzt auf enge Gränzen zurückgedrängten Sprache. Nirgends habe ich in der festen und treuen Anhänglichkeit an die allgemeine Nationalität einen so rege mit und gegen einander wetteifernden

Geist, wie man ihn sich zwischen den altgriechischen Städten denken muss, an welche das Land überhaupt als gebirgiges Küstenland und in seiner selbstthätigen innern Verwaltung erinnerte, gefunden, als in Biscaya. Dieser sich der allgemeinen Gleichheit entgegensetzende Ortsgeist war auch in der Sprache sichtbar. Von den dialectweise verschiedenen Wörtern für denselben Gegenstand fand man die gleichen eher in von einander entfernten, als in nahen Gegenden im Gebrauch. Nur an Ort und Stelle endlich liess sich wahrnehmen, dass das ganze Land selbst das reichste und sicherste, viele im Gebrauch verloren gegangene Wörter aufbewahrende Wörterbuch ist. Jedes der immer einzeln und nur nach dem Massstabe ihrer Nähe oder Ferne von der Kirche dichter oder weitläuftiger liegenden Häuser trägt von alten Zeiten her seinen Namen,[9] und es bedarf nur einer genauen Aufmerksamkeit auf seine Lage, oder die dasselbe umgebenden Gewächse, um den Grund und die Bedeutung desselben zu finden, die immer aus dieser Einen Sprache genommen ist. Was man daher allerdings auch in jedem andren Lande antrifft, ist hier ungleich vollständiger und deutlicher vorhanden. Zugleich wurde ich in

9 Der würdige Astarloa, von dem ich in den Nachträgen zum Mithridates (Th. 4. S. 319.) gesprochen habe, und der viel wichtigere und nützlichere Sprachuntersuchungen angestellt hatte, als sich aus seinen gedruckten Werken entnehmen lässt, hatte eine sehr grosse Menge dieser Namen gesammelt und erklärt. Seine Papiere befinden sich in den Händen seines Freundes, des nachmaligen Ministers in Madrid, Erro y Aspiroz, und es ist sehr zu bedauern, dass dieser gleichfalls sehr kenntnissreiche Mann noch nicht dazu gekommen ist, dieselben, wie er seit langer Zeit beabsichtet, geordnet herauszugeben.

den so sehr abweichenden Bau dieser Sprache, der sich aus Harriet's und Larramendi's Grammatiken mehr ahnden, als rein erkennen lässt, durch einen einheimischen Sprachforscher eingeführt, der, ohne irgend bedeutende gelehrte Kenntnisse, seine eigne Sprache mit grossem, wenn auch vielleicht zu weit getriebenem Scharfsinn zergliedert hatte.

23. Dieser ersten Erfahrung in diesem Theile der Sprachkunde folgte 176 ich in dem übrigen. Es schien mir auch um so nothwendiger, gerade das Grammatische dieser Sprachen zum Gegenstand der Forschung zu machen, als man sie gewöhnlich nur zu etymologischen Untersuchungen benutzt hat. Die grammatischen jeder einzelnen Sprache sollten aber überhaupt den etymologischen immer vorangehn, da man in den wahren Wortbau erst mit Hülfe der Grammatik eindringt, und erst durch die Einsicht in den ganzen Sprachorganismus die Laut- und Gedankengeltung der Wörter auf eine zu gründlicher Vergleichung genügende Weise kennen lernt. Oft ist es unmöglich, diesen Weg einzuschlagen, in vielen Fällen, vorzüglich bei nahe verwandten Sprachen, ist ein kürzerer, und unvollständigere Einsicht hinreichend; wenn man aber im Allgemeinen die Bedingungen gründlicher und sicherer Etymologie, das Ziel, zu dem die Wissenschaft einmal gelangen muss, aufstellen will, so ist jene Forderung unerlasslich. Der Wunsch zu prüfen, wie weit die Verschiedenheit des menschlichen Sprachbaues gehe, und gewissermassen in ein ganz neues Gebiet versetzt zu werden, führte mich zu den Amerikanischen. Die Sprachen eines Welttheils, der bis auf die letzten Jahrhunderte für uns in geschichtlicher Einsamkeit vereinzelt dasteht, von dessen früherer Verbindung mit andren alle Geschichte schweigt, von dessen Bevölkerung aus der Fremde nur Vermuthungen und immer dunkle Ueberlieferungen herrschen, und von dem wohl schwerlich anzunehmen ist, dass ihm eine eigne und ursprüngliche gänzlich gemangelt hätte, schienen für Forschungen solcher Art vorzugsweise geeignet. Die Reise meines Bruders bot mir in den Hülfsmitteln, die er mitgebracht, den Verbindungen, die er unterhalten hatte, reichliche Materialien dar, und seine in eignen den Sprachen gewidmeten Kapiteln entwickelten Ansichten über sie, ihre Verzweigungen und ihren Zusammenhang mit den Völkern, die sie reden, leiteten dahin, jenen Stoff richtiger zu benutzen. Ich gieng daher so tief, als es mir möglich war, in dies Studium ein, und arbeitete, nach dem vorhin (§. 20.) angedeuteten Plane, eigne Grammatiken der meisten Amerikanischen Sprachen aus. 177

24. Bei der auf diese Gesichtspunkte gerichteten Beschäftigung mit Sprachen so durchaus eigenthümlichen Baues musste es mir auffallend werden, wie dasjenige, was wir in den Sanskritischen Sprachen *grammatische Form* nennen, in diesen so ganz anders gebildet erscheint, wie es in verschiedenen Graden der Festigkeit von fast bloss habitueller Redensart zu der Annäherung an wirkliche Form stoffartig zusammengerinnt, wie man glaubt, es in seiner werdenden Gestaltung zu erblicken. Ich legte meine ersten Erfahrungen und Ansichten hierüber in einer akademischen[10] Abhandlung nieder. Ich habe in dieser die Verschiedenheit der grammatischen Formen als ein Entstehen derselben vorgestellt, allein dieser genetische Begriff, der, wenn er in die Wirklichkeit übergetragen, nicht bloss für das Erscheinen vor uns genommen wird, immer, wo es nicht die Geschichte derselben Sprache gilt, schwer durchzuführen ist, hat weder damals, noch jetzt, wesentlich auf meine Ansicht eingewirkt. Was ich gemeint habe und noch meine, ist nur die Verschiedenheit der Gestaltung der grammatischen Form, und das Verhältniss der verschiedenen Gestaltungen zu dem vollendeten Begriff derselben. Dies Verhältniss druckt sich natürlich in Graden aus, in welchen sich ein stufenartiges Fortschreiten denken lässt, aber nicht nothwendig angenommen zu werden braucht.

25. Durch Umstände, die öffentlich bekannt geworden sind,[11] wurde ich veranlasst, die Chinesische Sprache von diesem Standpunkte aus zu betrachten, und ich hatte längst die Nothwendigkeit gefühlt, wenigstens einigermassen in dies, mit Unrecht für abschreckend und abgelegen gehaltene Studium einzugehen. Die Bearbeitung der allgemeinen Sprachkunde macht es nothwendig, wenn man auch die Unmöglichkeit fühlt, *jede* Sprache tief zu ergründen, sich doch auf gewissen Punkten recht festzusetzen, und nun giebt es in ihr keine so leuchtenden, so die Ansicht des ganzen Sprachgebietes beherrschenden, als das Sanskrit und das Chinesische. Beide Sprachen stellen sich in ihrem grammatischen Bau dergestalt einander gegenüber, dass sie das ganze Feld unter sich theilen,

178

---

10   Ueber das Entstehen der grammatischen Formen und ihren Einfluss auf die Ideenentwicklung. Gelesen 1822., erschienen in den Abhandlungen der Akademie der Wissenschaften in Berlin 1823.

11   In meiner Schrift: *lettre à Monsieur Abel Remusat sur la nature des forme; grammaticales en général, et sur le génie de la langue Chinoise en particulier.* Paris. 1827.

und keine dritte in dieselbe Reihe treten kann. Wenn gründliches Studium des Sanskrits unerlasslich ist, weil man nur aus diesem die letzten Erklärungen des Baues nicht bloss der mächtigsten und am weitesten verbreiteten, sondern auch edelsten und vollkommensten Sprachen schöpfen kann, und weil die Sanskritischen den Begriff der grammatischen Form bis zu seiner grössesten Vollendung ausbilden; so muss man an dem Chinesischen lernen, in welchem unglaublichen Grade eine mit unverkennbaren Vorzügen begabte, von einer reichen philosophischen, geschichtlichen und dichterischen Literatur begleitete Sprache dieses Begriffs zu entbehren vermag. Wenn man sonst nach der Art und Beschaffenheit der Grammatik einer Sprache forscht, so scheint hier die Frage über das Daseyn einer Grammatik überhaupt zu entstehen, und man glaubt in der verknüpften Betrachtung des Chinesischen und einiger der im Vorigen (§. 19.) zusammengefassten Sprachen auf ein Gebiet zu gerathen, das man sich kaum enthalten kann, auch der Zeit nach, als jenseits des Sanskritischen Baues liegend anzusehen, auf ein Gebiet erst werdender Grammatik. Aber auch unter diesen Sprachen steht das Chinesische wieder in gleichsam riesenhafter Vereinzelung da. Indem sie dem Besitz einer Grammatik, zum Theil mühevoll, entgegenringen, hat sich das Chinesische aus dem Mangel einer Grammatik selbst eine eigne, in der gerade dieser Mängel das Charakteristische ist, gebildet. Nur insofern das Chinesische und jene Sprachen die Sanskritische Form entbehren, kann und muss man sie von dem hier gewählten Standpunkte aus zusammenfassen. Sehr wichtige Thatsachen zur Einsicht in diesen eigenthümlichen grammatischen und ungrammatischen Zustand liefern die Inselsprachen des stillen Oceans, mit welchen ich mich später angelegentlich beschäftigt habe, und andre werden sich aus der Untersuchung der Afrikanischen und einiger innerasiatischen ergeben. Denn wenn man in diesen Untersuchungen einmal dafür gesorgt hat, seine Ansicht auf eine so genügende Anzahl von Thatsachen zu gründen, dass man derselben im Ganzen sicher seyn kann; so bleibt nichts übrig, als die Sphäre möglicher Berichtigung, durch immer an Umfang und Tiefe wachsende Kenntniss, allmälich in engere Gränzen einzuschliessen. Nur ob jene im Ganzen gefasste, hernach bloss weiter im Einzelnen anzuwendende Ansicht durch die anzuführenden Thatsachen wirklich begründet, oder ob diese falsch aufgefasst, oder nicht aus ihrem wahren Lichte beurtheilt sind? ist der eigentliche Punkt des Streits und der Untersuchung.

26. Es handelt sich hier um das Wesen des Sprachbaus, ja unläugbar um den ganzen Organismus der Sprache. Denn es kommt auf die Verschiedenheit des Verfahrens an, vermittelst dessen die einzelnen Sprachen die Einheit des Gedanken aus den Elementen des Lautes zusammensetzen, und auf die Unterscheidung dessen, was in der Auffassung dieser Einheit dem Verständniss des Hörenden überlassen, und was der Sprache selbst, bezeichnend oder andeutend, beigegeben ist. Die verbundene Rede, also das Grammatische, ist der unmittelbare Gegenstand der Betrachtung, dies zieht aber nothwendig auch die Bildung der Wörter, das System der Laute und die ganze Bezeichnung der Begriffe mit in den Kreis der Untersuchung. Denn wenn wir gleich gewöhnt sind, von den Lauten zu den Wörtern und von diesen zur Rede überzugehen, so ist im Gange der Natur die Rede das Erste und das Bestimmende. Das Streben des Geistes, welches die Rede erzeugt, individualisirt in demselben Augenblick und mit Einem Schlage Laut, Wort und Fügung, und wird durch die Anlagen individualisirt, die es nach diesen drei Hauptrichtungen der Sprache hin in sich trägt. Sie selbst stehen daher in untrennbarer Wechselbestimmung. An die Darstellung der Beschaffenheit des Sprachverfahrens muss aber die Prüfung des Einflusses desselben auf den Geist und den Menschen überhaupt geknüpft werden, und da der lebendige Mensch eigentlich der allein wahre Träger der sich immer nur in Möglichkeit geistiger Umgestaltung vorübergehend verkörpernden Sprache ist, so wirkt auch ihr Einfluss auf ihn wieder auf sie in ihrer Totalität zurück. Das Sprachverfahren kann auch nicht bloss historisch geschildert werden. Der Mensch erscheint in einer doppelten idealischen d.h. nicht durch die Wirklichkeit zu gebenden Gestalt, einmal ohne Individualität, in seiner allgemeinen, nur durch den Gedanken zu erreichenden Beschaffenheit, in den nothwendigen Bedingungen seines Wesens, dann in der Gesammtheit aller Individualität, als Menschengeschlecht, in der Totalität aller gleichzeitig vergangener, gegenwärtiger und künftiger Zustände. In der Mitte dieser beiden Erscheinungen steht der wirkliche Mensch angegebenem Ort und in gegebener Zeit, und jedes auf ihn gerichtete, aber in sich auf wissenschaftliche Allgemeinheit Anspruch machende Studium muss von der ersteren ausgehen und nach der andren hinblicken. Doppelt nothwendig ist das eine und das andre bei der mit seinem Daseyn gegebenen, und ganz ausdrücklich alle Theile des Erdbodens und alle Zeiten seines Bestehens zu allseitiger Totalität zu verknüpfen bestimmten Sprache. Nur die philosophische

180

Erörterung der allgemeinen menschlichen Natur sichert den Pfad der Untersuchung, und nur die immer gespannte Frage, wie die historisch erkannte Mannigfaltigkeit in dem Bilde des Ganzen Lücken ergänzt, Schroffheiten abschleift, einseitig Starkes in Harmonie bringt, einzeln Allgemeinem Zustrebendes vervollständigt, lässt die Individualität als das ansehen, was sie in ihrer innersten Natur ist, und in der Erscheinung werden sollte, eine in immer mehr rein umschreibender, aber immer minder ausschliessend beschränkender Begränzung einem Alles umfassenden Ideal asymptotenartig zulaufende Bahn. Nur unter der Beherrschung bestimmter Gesetze, und mit dem Blick auf leitende allgemeine Endideen lässt sich die reiche und lebendige Mannigfaltigkeit des historischen Stoffes in jeder Art, ohne Gefahr, dass er sich selbst einseitig beschränke, mit der Strenge wissenschaftlicher Behandlung so vereinigen, dass der realen Vielfachheit kein Eintrag geschieht.

27. Die Frage über die Beschaffenheit der grammatischen Formen, ihren wirklich mehr formalen oder materialen Gehalt und die Abstufungen ihrer in sich gerundeten Vollendung (§. 24.) berührt also die ganze Sprache, und muss zugleich von allen Beziehungen aus, in welchen diese genommen werden kann, betrachtet werden. Sie ist, da sie das Daseyn und die Art der Grammatik in den Sprachen betrifft, die Grundfrage des Baues jeder einzelnen. Wenn sie aber als die höchste angesehen werden muss, zu welcher die historische Untersuchung einer Sprache aufsteigen kann, so ist dasjenige, was sich aus ihrer Beantwortung ergiebt, auch das Elementarische, aus welchem sich die Beschaffenheit der Sprache erklären lässt.

28. Es ist meine Absicht in der gegenwärtigen Schrift, diese Frage vollständiger zu untersuchen, als es mir bisher möglich war, und die hauptsächlichsten zu ihrer Beantwortung dienenden Thatsachen anzuführen, auf die ich in meinen bisherigen Sprachforschungen gekommen bin. Ich werde mich daher über Alles verbreiten, was mit dieser Frage zusammenhängt, da die Meinung, welche man über sie fasst, genau mit den Ansichten über die Natur der Sprache selbst, des Wortes, der Redefügung, über das wunderbare zugleich dem Menschen beiwohnende und doch nicht dem Einzelnen angehörende Daseyn dieser Dinge, über die Wechselwirkung, in der sie mit dem Menschen stehen, ja über ihn selbst, seine Individualität und das Verhältniss derselben zum Menschen überhaupt und zum ganzen Geschlechte in Verbindung steht. Ich werde natürlich nicht jede dieser Beziehungen vollständig verfolgen können,

sondern sogar absichtlich in alle diese Punkte nur soweit und auf die Art eingehen, wie es mir zu meinem besondren Zwecke nöthig scheint. Es schien mir aber nichts desto weniger nothwendig, an den ganzen Umfang der Forderungen zu erinnern, welche diese Frage (§. 26.) an die Untersuchung macht, weil bei jeder der Geist, wie viel oder wenig ihm nun auch zu erreichen gelinge, richtig und fern von beschränkender Einseitigkeit gestimmt seyn muss. Noch weniger werde ich in Absicht der nothwendigen Sprachkenntniss genügende Vollständigkeit zu erreichen vermögen, sondern werde wesentlich bei meiner gegenwärtigen, natürlich beschränkten stehen bleiben müssen. Denn die Ansicht des Sprachbaues, auf die es hier ankommt, kann nur aus längerem Studium der Sprachen, nicht aus mehr oder minder flüchtiger Benutzung der fertigen Hülfsmittel geschöpft werden. Das Ziehen von Resultaten kann aber darum doch in keiner Wissenschaft, und am wenigsten in der allgemeinen Sprachkunde bis zum niemals erscheinenden Augenblick des vollendeten Studiums verschoben werden. Man muss stufenweise das Gesammelte in einzelne Bilder zusammenfassen, und die Vervollständigung der Einseitigkeit, die Verbesserung einzelner Irrthümer der Zeit und glücklicheren Bearbeitern überlassen. Auf dem Gebiete, in dem wir uns hier befinden, führt indess auch schon jede einzelne Untersuchung für sich zu einem einzeln vollendeten Ganzen. Was aus der Prüfung einer einzelnen Sprache über die Beschaffenheit ihrer grammatischen Formen hervorgeht, steht vollendet für sich zu jeder künftigen Benutzung da. Zwar können neue Entdeckungen auch in diesem, historisch richtig Aufgefassten andere Ansichten bewirken, vorher unbekannte oder mangelhaft untersuchte Sprachen auf früher bearbeitete ein ganz neues Licht werfen, wie das Sanskrit namentlich auf das Lateinische und das Verhältniss desselben zum Griechischen gethan hat. Aber gerade um vermittelst des sich immer in der Wissenschaft erweiternden Stoffs die Ansicht zu verallgemeinern und zu berichtigen, muss früher aus dem noch mangelhaften eine gefasst seyn.

29. Dagegen würde ich es wirklich zu früh halten, schon jetzt eine wahre Theorie des menschlichen Sprachbaus, ein Lehrbuch der allgemeinen Sprachkunde, ja nur eine allgemeine Grammatik, die es auch im historischen Sinne seyn sollte, schreiben zu wollen. Auch der wirklich vorhandene Stoff ist dazu bei weitem noch nicht genug im Einzelnen bearbeitet, und die einzelne Bearbeitung muss hier nothwendig vorangehn. Es ist daher vorsichtiger und zweckmässiger, für jetzt diesen Weg

einzuschlagen, und einzelne Bearbeitungen, nach den verschiedensten Richtungen hin, zu versuchen. Als eine solche, aber der Grundidee alles Sprachbaues, wünsche ich, dass der gegenwärtige Versuch betrachtet werden möge. Was darin auf bloss philosophischer Entwicklung beruht, so wie die auf historische Forschung sich gründende Darstellung einzelner Sprachen kann für sich vollständig beurtheilt und gewürdigt werden. Die Untersuchung wird aber in keinem Punkt als geschlossen angesehen, es wird den Folgerungen aus neuen Forschungen und Entdeckungen nicht vorgegriffen. Das grosse Gebäude allgemeiner Sprachwissenschaft, das gewiss einst, wenn gleich spät, zu Stande kommt, wird vorbereitet, aber nicht aus ungenügendem, nicht hinlänglich haltbarem Stoff voreilig aufgeführt. Ich habe daher diese Schrift auch in ihrem Titel nur unbestimmt eine Arbeit *über* die Verschiedenheiten des menschlichen Sprachbaus, nicht Darstellung, Theorie, Zergliederung, Grundzüge oder sonst mit einem Worte, welches auf Erschöpfung des Gegenstandes Anspruch macht, genannt; dagegen über den *Sprachbau*, nicht bloss über die Grammatik und die grammatischen Formen, weil diese wirklich (§. 27.) den ganzen Sprachbau durchdringen, und man sich bei gründlichem Eingehen in ihre Natur den Zugang zu keinem Theile desselben verschliessen darf.

30. Ueberhaupt muss man sich bei Sprachuntersuchungen wohl hüten, zu sehr und zu abschneidend zu trennen. Die Sprache muss immer von der Seite ihres lebendigen Wirkens betrachtet werden, wenn man ihre Natur wahrhaft erforschen, und mehrere mit einander vergleichen will. Eine Sprache ist auch nicht einmal in der durch sie gegebenen Masse von Wörtern und Regeln ein daliegender Stoff, sondern eine Verrichtung, ein geistiger Process, wie das Leben ein körperlicher. Nichts, was sich auf sie bezieht, kann mit anatomischer, sondern nur mit physiologischer Behandlung verglichen werden, nichts in ihr ist statisch, alles dynamisch. Auch todte Sprachen machen hierin keine Ausnahme. Was man in ihnen erforscht, ist der in ihnen festgehaltene Gedanke der Vorzeit, und der Gedanke ist immer Aushauch des Lebendigen, immer nur so in feste Form zu beschränken, dass ihm dadurch selbst seine natürliche Schrankenlosigkeit, seine Freiheit, in andre und andre überzugehen, gesichert wird. Man kann zwar auf der andren Seite nicht umhin, die Sprache auch wieder als einen festen und vollendeten Körper anzusehen, und sie in ihre Bestandtheile zu zerlegen. Allein dies Geschäft muss immer der höheren Rücksicht untergeordnet bleiben: durch welche ursprüngliche

184

Geistes und Tonart, vermöge welcher technischen Mittel, jede Sprache zu welcher individuell modificirten Erreichung des allgemeinen Sprachzwecks gelangt? Die *Bestandtheile* und das *Verfahren* der Sprache (um auf diese kurze Weise den doppelten Weg der vorzunehmenden Untersuchung zu bezeichnen) müssen nach einander durchgegangen und geprüft werden. Indess bleibt, trotz dieses, bloss der Wissenschaft angehörenden Gegensatzes, die Sprache in ihrer Einheit immer der eigentliche Gegenstand der Forschung. Sie wird nur auf dem einen Wege mehr im Einzelnen, auf dem andren mehr in ihrer Gesammtheit betrachtet.

31. Das Letztere aber ist die Hauptsache. Denn jede Sprache besitzt, ungeachtet der Aehnlichkeit der hervorbringenden Ursachen, der technischen Mittel und des Zweckes aller, eine entschiedne Individualität, und diese wird nur in ihrem Zusammenwirken gefühlt. Die Zergliederung ist nothwendig, um dies Gefühl in Erkenntniss zu verwandeln, sie verdunkelt aber allemal in etwas die Anschauung der lebendigen Eigenthümlichkeit, schon dadurch, dass eben jene Verwandlung des Gefühls in Erkenntniss nie ganz vollständig vor sich gehen kann. Es ist daher der bessere Weg, die Prüfung einer Sprache bei ihrem Totaleindruck anzufangen, es verbreitet sich alsdann wenigstens jenes Gefühl auf die ganze Folge der Untersuchung. Kehrt man es um, oder bleibt man gar bei der Zergliederung stehen, so erhält man eine lange Reihe von Analysen von Sprachen, ohne die wesentliche Eigenthümlichkeit einer einzigen derselben zu erkennen oder zu fühlen. Man kann den Plan dieser Zergliederungen nicht einmal jeder besondren Sprachindividualität anpassen, da hierzu diese erst aus andren Quellen bekannt seyn müsste. Man lernt daher sehr vieles über die verglichenen Sprachen, aber nicht das Eine, worauf es ankommt. Jeder, welcher oft mehrere Grammatiken verschiedner Sprachen hinter einander gelesen hat, wird bemerkt haben, wie schwer, ja wie fast unmöglich es ihm fällt, sich aus dem Gewirre so vieler Einzelnheiten heraus ein irgend deutliches Bild der Sprachen selbst zu entwerfen.

32. Was allein geeignet ist, als Leitstern, durch das ganze Labyrinth der Sprachkunde hindurchzuführen, findet auch hier Anwendung. *Die Sprache liegt nur in der verbundenen Rede, Grammatik und Wörterbuch sind kaum ihrem todten Geripp e vergleichbar.* Die blosse Vergleichung selbst dürftiger und nicht durchaus zweckmässig gewählter Sprachproben lehrt daher viel besser den Totaleindruck des Charakters einer Sprache auffassen, als das gewöhnliche Studium der grammatischen Hülfsmittel.

Man findet auf diesem Wege, vorzüglich bei Sprachen sehr abweichenden Baues, auch sehr Vieles, wovon Grammatik und Wörterbuch schweigen, vorzüglich die erstere, und da gern Übergängen wird, was sich nicht in den gewöhnlichen Gang hineinzwängen lassen will, so ist gerade dies das Innerste und Eigenthümlichste der Sprachen. Nach möglichst ausführlichen Sprachproben muss man sich daher zuerst umsehen, und glücklich wenn man bei Völkern, die keine Literatur besitzen, einheimische erlangen kann.[12] Sehr schlimm ist es, dass man sich meistentheils mit von Fremden herrührenden, ja mit Uebersetzungen nach Bacmeisterschen[13] Formeln behelfen muss. Ein grosser Nachtheil auch für die

12 Dies ist leider sehr schwer, allein nur darum, weil die Wichtigkeit, Erzählungen und Reden unmittelbar, aus dem Munde der Eingebornen aufzubewahren, auch von denen nicht gefühlt worden ist, ja noch jetzt nicht gefühlt wird, welche die reichlichste Gelegenheit dazu hätten. Gilij spricht von anziehenden Erzählungen der Maipuren, die ihre alten Ueberlieferungen betrafen, und die er aufschrieb, giebt aber seinen Lesern, als Sprachprobe, einen von ihm verfertigten Aufsatz geistlichen Inhalts. Von den Reden NordAmerikanischer Häuptlinge findet man (z.B. in Morse's *report on Indian affairs. p. 71. App. p. 5. 21. 53. 121. 141. 242.*) höchst interessante Uebersetzungen, nur sehr Weniges aber besitzt man von solchen Reden in der Originalsprache. Ich habe noch vor Kurzem Schritte gethan, um mir mehr davon zu verschaffen. In Mexikanischer Sprache giebt es noch ganze Geschichtsbücher, welche mit unsrem Alphabet bekannte Eingeborne unmittelbar nach der Eroberung der Spanier aufgesetzt hatten. Noch nie aber ist es mir gelungen, nur Eine Seite davon zu erhalten.

13 Ich sage indess dies nicht um diesen Formeln ihr wirklich verdientes Lob zu entziehen. Kurz, einfach und von Vorfällen des gewöhnlichen Lebens hergenommen, passen sie für den Zweck, den man mit ihnen beabsichtete, wenigstens besser, als halb poetische, halbphilosophische Vorträge über religiöse Geheimnisse von Männern gehalten, die doch der Sprachen nicht vollkommen mächtig waren. Von Geistlichen, die für sehr gelehrt in der Chiquitischen Sprache gehalten wurden, sagte ein Eingeborner: ja, ja, die Sprache des Hauses Gottes verstehen sie schon ganz gut. Er unterschied also diese von Fremden gebildete, in ihrem Umfang beschränktere Sprache von der eigentlichen und wahren des Volks. Immer aber sind die Bacmeisterschen Formeln zu dürftig, um mehr als die einfachste Constructionsart daraus kennen zu lernen. Man findet sie in Murr's Journal. Th. 6. S. 202-211. Bacmeister gab sie 1773. in Petersburg mit einer Bitte wegen einer Sammlung von Sprachproben heraus. Katharina die Grosse ertheilte damals dem Sprachstudium einen Anstoss, dessen Absicht man nicht genug preisen

Sprachkunde ist die Abneigung der Katholischen Kirche gegen die Verbreitung des Bibellesens gewesen. Fast überall, wo evangelische Missionarien hingedrungen sind, findet man Uebersetzungen biblischer Bücher oder wenigstens Biblischer Erzählungen.[14] Sind auch einige, gerade vorzugsweise oft übersetzte Bücher der Bibel zur Uebertragung in die Sprachen, von welchen hier hauptsächlich die Rede ist, sehr wenig geeignet, so passt doch kein Buch so gut, als die Bibel dazu, die auf eine wahrhaft wundervolle Weise geschichtliche, dichterische und philosophische Bücher vereinigt, und dadurch für ein Volk an die Stelle einer ganzen Literatur tritt, ohne noch der Treflichkeit und Erhabenheit des Einzelnen, und des Geistes des einfachsten Alterthums zu erwähnen, welcher den Menschen unmittelbar an seinen Ursprung, die Natur und die Gottheit, rückt. Man muss nicht denken, dass jene Sprachen dies auch nur entfernt wiederzugeben unfähig wären. In der Sprache, wie in der menschlichen Brust, liegt ein dichterisches, und wie in noch unerschlossener Knospe mit diesem verbunden, ein philosophisches Streben. Dieser jugendliche Geist verweht erst im Laufe der überentfaltenden Zeit. Man sollte daher nur auf möglichst vollkommene und treue Uebersetzungen und zwar der ganzen Bibel denken, da gerade die Mannigfaltigkeit des Inhalts und Styls der biblischen Schriften so fruchtbar auf das Gemüth wirkt, und sie zugleich zu einem so wichtigen Bildungsmittel macht. In dieser Hinsicht ist der neuerlich von der Englischen Bibelgesellschaft gefasste Entschluss, die apokryphischen Bücher auszuschliessen und diese Ausschliessung auch bei den Bibelgesellschaften andrer Länder zu bewirken, keineswegs zu billigen.[15] Es könnte nur als ein bedenklicher Schritt erscheinen, einen Theil der Bibel willkührlich

kann. Wenn er wenig erfolgreich geblieben ist, so lag es nur daran, dass die Kaiserin nicht von Männern umgeben war, die richtigere und tiefere Ansichten über die Natur solcher Untersuchungen und Sammlungen besassen.

14 Das erstaunenswürdigste Unternehmen dieser Art ist John Eliot's schon 1666. erschienene, und 1680. neu aufgelegte Uebersetzung der ganzen Bibel in die Sprache der Massachusetts Amerikaner.

15 Man lese die ebenso gemässigten, als gründlichen Vorstellungen, welche die Preussische Hauptbibelgesellschaft hierüber der Englischen gemacht hat in dem im Jahr 1827. erschienenen Jahresbericht. *p.* 13-17. Es ist zu hoffen, dass auch andre Bibelgesellschaften dem Beispiele der unsrigen, jenen Beschluss nicht anzunehmen, folgen werden.

dem Volke entziehen zu wollen, wenn nicht glücklicherweise vorauszu-
sehen wäre, dass dieser Versuch doch niemals diesen Erfolg haben wird.
Ein bis jetzt nicht bloss unübertroffenes, sondern ganz einzig dastehendes
Beispiel zweckmässig ausgewählter Sprachproben sind die der Tongischen
Sprache in Mariner's bekanntem Werk über die Tonga Inseln – eine
alte Sage über die erste Bevölkerung des Landes, eine sehr merkwürdige
Rede eines Häuptlings, und ein lieblich wehmüthiger Gesang der eingeborenen Weiber.[16] Es traf hier der seltne glückliche Fall ein, dass ein
einsichtsvoller Herausgeber einen gar nicht gelehrt gebildeten, aber mit
natürlichen Anlagen versehenen Europaeer benutzen konnte, der durch
mehrjährigen Aufenthalt und vertrauten Umgang mit den Grossen des
Landes wie zum gebildeten Eingebornen geworden war. So entstand ein
an geistvoller individueller Schilderung reiches Werk.

33. Die Betrachtung der Verschiedenheiten des menschlichen
Sprachbaus sollte, dem ersten Anblicke nach, zu einer genauen und er-
schöpfenden Classification der Sprachen führen. Versteht man unter
dieser ein Ordnen derselben nach ihrer Stammverwandtschaft, so hat
man dies im Einzelnen oft vorgenommen, es aber durch die ganze
Sprachkunde durchzuführen, möchte schwierig, und vielleicht immer
unmöglich seyn. Allein einer andren und solchen Classification, wo auch
die gar nicht stammverwandten Sprachen nach allgemeinen Aehnlichkeiten ihres Baues zusammengestellt würden, widerstrebt, wenn man den
Begriff genau nimmt, und fordert, dass die zusammengestellten wirklich
als Gattungen in allen wahrhaft charakteristischen Merkmalen einander
ähnlich, und von andren verschieden seyn sollen, die tiefer erörterte
Natur der Sprache selbst. Die einzelnen Sprachen sind nicht als Gattungen, sondern als Individuen verschieden, ihr Charakter ist kein Gattungs-
charakter, sondern ein individueller. Das Individuum, als solches genommen, füllt aber allemal eine Classe für sich. Liessen sich die Sprachen
auf diese Weise classificiren, so müsste dasselbe auch mit der geistigen
Natur des Menschen möglich seyn; nicht einmal aber die Eintheilung
nach den körperlichen Merkmalen der Racen ist bisher vollkommen
gelungen. Der Mensch allein ist der Gattungsbegriff, und zwischen ihm

---

16 *Account of the Tonga Islands.* II. p. 377-383. 2. Auflage, die ich immer allein
    gebrauche. Obgleich in dieser Auflage der grammatische Anhang leider
    nicht paginirt ist, so scheint es mir doch nothwendig die Seitenzahl zum
    Nachschlagen anzuführen.

und dem Individuum giebt es keine so festbestimmten und so durchgreifenden Merkmale, dass sich daraus neue Gattungsbegriffe bilden liessen. Noch viel mehr aber ist dies der Fall mit der Sprache. Es ist nur ein mehr und ein weniger, ein theilweis ähnlich und verschieden seyn, was die einzelnen unterscheidet, und es sind nicht diese Eigenschaften, einzeln herausgehoben, sondern ihre Masse, ihre Verbindung, die Art dieser, worin ihr Charakter besteht, und zwar alle diese Dinge nur auf die individuelle Weise, die sich vollständig gar nicht in Begriffe fassen lässt. Denn bei allem Individuellen ist dies nur mit einem Verluste möglich, welcher gerade das Entscheidende hinwegnimmt. Aus zwei, die ganze Frage abschneidenden Gründen ist daher die so oft angeregte Eintheilung der Sprachen nach Art der Eintheilung der Naturgegenstände ein für allemal und für immer zurückzuweisen. Die Naturkunde hat es nie mit Geistigem und nie mit Individuellem zu thun, und eine Sprache ist eine geistige Individualität. Im Unorganischen giebt es keine Individualität, die als für sich bestehendes Wesen betrachtet werden könnte, und im Organischen steigt die Naturkunde nicht bis zum Individuum herunter. Nur also zum Behuf der Betrachtung oder der Darstellung, nicht um über ihre wahre Natur zu entscheiden, lassen sich Classificationen der Sprachen versuchen, nur in Hinsicht auf einzelne ihrer Beschaffenheiten. Auf diese Weise aber sind sie nothwendig und unschädlich, wenn man nur dabei die jeder wahren und constitutiven Classification widerstrebende Natur der Sprache im Auge behält.

190

Zweiter Abschnitt: Von der Natur der Sprache und ihrer Beziehung auf den Menschen im Allgemeinen

34. Ich nehme hier den geistigen Process der Sprache in seiner weitesten Ausdehnung, nicht bloss in der Beziehung derselben auf die Rede und den Vorrath ihrer Wortelemente, als ihr unmittelbares Erzeugniss, sondern auch in der Beziehung auf ihren Einfluss auf das Denk- und Empfindungsvermögen. Der ganze Gang kommt in Betrachtung, auf dem sie, von dem Geiste ausgehend, auf den Geist zurückwirkt. Ich bleibe jedoch in dem gegenwärtigen Abschnitt nur bei den allgemeinen Begriffen des Menschen und der Sprache stehen, und behalte die Betrachtung der Verbreitung der Sprache über die verschiedenen Individuen einer Nation, und ihre Vertheilung unter mehrere Nationen, mithin in mehrere Sprachen dem nächstfolgenden vor.

35. Die Sprache ist das bildende Organ des Gedanken. Die intellectuelle Thätigkeit, durchaus geistig, durchaus innerlich, und gewissermassen spurlos vorübergehend, wird durch den Ton in der Rede äusserlich und wahrnehmbar für die Sinne, und erhält durch die Schrift einen bleibenden Körper. Das auf diese Weise Erzeugte ist das Gesprochene und Aufgezeichnete aller Art, die Sprache aber der Inbegriff der durch die intellectuelle Thätigkeit auf diesem Wege hervorgebrachten und hervorzubringenden Laute, und der nach Gesetzen, Analogieen und Gewohnheiten, die wieder um aus der Natur der intellectuellen Thätigkeit und des ihr entsprechenden Tonsystems hervorgehn, möglichen Verbindungen und Umgestaltungen derselben, so wie diese Laute, Verbindungen und Umgestaltungen in dem Ganzen alles Gesprochenen oder Aufgezeichneten enthalten sind. Die intellectuelle Thätigkeit und die Sprache sind daher Eins und unzertrennlich von einander; man kann nicht einmal schlechthin die erstere als das Erzeugende, die andre als das Erzeugte ansehen. Denn obgleich das jedesmal Gesprochene allerdings ein Erzeugniss des Geistes ist, so wird es doch, indem es zu der schon vorher vorhandenen Sprache gehört, ausser der Thätigkeit des Geistes, durch die Laute und Gesetze der Sprache bestimmt, und wirkt, indem es gleich wieder in die Sprache überhaupt übergeht, wieder bestimmend auf den

Geist zurück. Die intellectuelle Thätigkeit ist an die Nothwendigkeit ge-knüpft, eine Verbindung mit dem Ton einzugehen, das Denken kann sonst nicht zur Deutlichkeit gelangen, die Vorstellung nicht zum Begriff werden. Den Ton erzeugt sie aus freiem Entschluss und formt ihn durch ihre Kraft, denn vermöge ihrer Durchdringung wird er zum articulirten Laut (wenn es möglich wäre, einen Anfang aller Sprache zu denken), begründet ein Gebiet solcher Laute, das selbständig, bestimmend und beschränkend, auf sie zurückwirkt.

36. Der articulirte Laut oder, allgemeiner zu sprechen, die Articulation ist das eigentliche Wesen der Sprache, der Hebel, durch welchen sie und der Gedanke zu Stande kommt, der Schlussstein ihrer beiderseitigen innigen Verbindung. Dasjenige aber, wessen das Denken, um den Begriff zu bilden, in der Sprache, strenge genommen bedarf, ist nicht eigentlich das dem Ohr wirklich Vernehmbare; oder um es anders auszudrucken, wenn man den articulirten Laut in die Articulation und das Geräusch zerlegt, nicht dieses, sondern jene. Die Articulation beruht auf der Gewalt des Geistes über die Sprachwerkzeuge, sie zu einer Behandlung des Tons zu nöthigen, welche der Form seines Wirkens entspricht. Dasjenige, worin sich diese Form und die Articulation, wie in einem verknüpfenden Mittel begegnen, ist, dass beide ihr Gebiet in Grundtheile zerlegen, deren Zusammenfügung lauter solche Ganze bildet, welche das Streben in sich tragen, Theile neuer Ganze zu werden. Ausser jener Gewalt ist aber auch in dem Geiste ein, sich den Sprachwerkzeugen selbst mittheilender Drang, von ihnen einen solchen Gebrauch zu machen, und auf jener Gewalt und diesem Drange beruht die Erzeugung der Sprache sogar unabhängig von dem Ohre vernehmbarem Geräusch.

37. Dass die Sprache ohne vernommenen Laut möglich bleibt, und insofern ganz innerlich ist, lehrt das Beispiel der Taubstummen. Durch das Ohr ist jeder Zugang zu ihnen verschlossen, sie lernen aber das Gesprochene an der Bewegung der Sprachwerkzeuge des Redenden und dann an der Schrift verstehen, sie sprechen selbst, indem man die Lage und Bewegung ihrer Sprachwerkzeuge lenkt. Dies kann nur durch das, auch ihnen beiwohnende Articulationsvermögen geschehen, indem sie durch den Zusammenhang ihres Denkens mit ihren Sprachwerkzeugen im Andern aus dem einen Gliede, der Bewegung seiner Sprachwerkzeuge, das andre, sein Denken, errathen lernen. Der Ton, den wir hören, offen-bart sich ihnen durch die Lage und Bewegung der Organe, sie vernehmen seine Articulation ohne sein Geräusch. Allerdings wirkt gewiss in ihnen,

wenn auch das äussere Ohr verschlossen ist, der innere Gehörsinn mit; vielleicht sogar wird in ihrer, uns unzugänglichen Vorstellungsweise vor ihrer Phantasie an die Stelle des mangelnden Geräusches etwas andres Sinnliches gesetzt; immer aber geht bei ihnen eine merkwürdige Zerlegung des articulirten Lautes vor. Sie verstehen wirklich die Sprache, da sie alphabetisch lesen und schreiben, und selbst reden lernen, nicht bloss den Gedanken durch Zeichen oder Bilder. Sie lernen reden, nicht bloss dadurch, dass sie Vernunft, wie andre Menschen, sondern ganz eigentlich dadurch, dass sie auch Sprachfähigkeit besitzen, Uebereinstimmung ihres Denkens mit ihren Sprachwerkzeugen, und Drang beide zusammenwirken zu lassen, das eine und das andre wesentlich gegründet in der menschlichen, wenn auch von einer Seite verstümmelten Natur.

38. In diesen Fällen krankhafter Ausnahme ist aber der Ton nur als Geräusch abwesend. Er wird aus Noth auf seine Ursach, die Stimmwerkzeuge, zurückgeführt, bleibt aber demungeachtet immer das allein wirksame Princip. Die Articulation (deren Begriff ich hier nur nach ihrer Wirkung, als diejenige Gestaltung des Lautes nehme, welche ihn zum Träger von Gedanken macht), im Ganzen und Allgemeinen genommen, kann den Ton auch als Geräusch, als auf ein Ohr wirkende Lufterschütterung, nicht entbehren; der Taubstumme kann nur unter Hörenden zur Sprache gelangen. Um aber den articulirten Laut ganz bestimmt von seiner intellectuellen, gleichsam innerlichen Seite zu zeigen, war es nothwendig, ihn, wie wir (§. 36.) gethan haben, für einen Augenblick ganz und gar von demjenigen zu trennen, was er mit dem unarticulirten gemein hat. In der Wirklichkeit ist das Ohr der ausschliesslich für die Articulation bestimmte Sinn. Nie lässt sie sich unmittelbar auf einen andren anwenden. Wo man dies, wie im Alphabete, versucht, erhält man immer nur Zeichen von Tönen. Die unzertrennliche Verbindung des Gedanken, der Stimmwerkzeuge und des Gehörs zur Sprache liegt unabänderlich in der ursprünglichen, nicht weiter zu erklärenden Einrichtung der menschlichen Natur. Die Uebereinstimmung des Tons mit dem Gedanken fällt indess auch klar in die Augen. Wie der Gedanke, einem Blitz oder Stosse vergleichbar, die ganze Vorstellungskraft in Einen Punkt sammelt, und alles Gleichzeitige ausschliesst, so erschallt der Ton in abgerissener Schärfe und Einheit. Wie der Gedanke das ganze Gemüth ergreift, so besitzt der Ton vorzugsweise eine eindringende, alle Nerven erschütternde Kraft. Wie der Verstand eine Reihe von Gedanken in beliebige Einheiten zusammenfassen kann, so ist dies der auf das Gehör

bezogenen Einbildungskraft mit einer Reihe von Tönen möglich. Es beruht dies sichtbar darauf, dass das Ohr (was bei den übrigen Sinnen nicht immer oder anders der Fall ist) den Eindruck einer Bewegung, ja bei dem der Stimme entschallenden Ton einer wirklichen Handlung empfängt, und diese Handlung keine von unmittelbarer Berührung, und in dem hier in Betrachtung gezogenen Fall eine aus dem Innern eines lebenden Geschöpfs, im articulirten Laut eines denkenden, im unarticulirten eines empfindenden, herkommende ist.

39. Es liegt aber in dem Antheile des Tons an der Sprache dreierlei: das intellectuelle Streben nach Aeusserung, das Empfindungsbedürfniss der Hervorbringung des Schalls, und die Nothwendigkeit gesellschaftlicher Wechselwirkung zur Ausbildung des Gedanken. Jedes dieser Stücke führt einzeln zur Hervorbringung des Tons, und die Sprache vereinigt alle im articulirten Laut.

40. Das Denken ist eine geistige Handlung, wird aber durch sein Bedürfniss nach Sprache ein Antrieb zu einer körperlichen. Es ist ein fortschreitendes Entwicklen, eine blosse innere Bewegung, in der nichts Bleibendes, Stätiges, Ruhendes angenommen werden kann, aber zugleich eine Sehnsucht aus dem Dunkel nach dem Licht, aus der Beschränkung nach der Unendlichkeit. In dem, aus zwiefacher Natur in Eins zusammengeschmolzenen menschlichen Wesen geht dies Streben natürlich nach aussen, und findet, durch die Vermittlung der Sprachwerkzeuge, in der Luft, dem natürlichsten und am leichtesten bewegbaren aller Elemente, dessen scheinbare Unkörperlichkeit dem Geiste auch sinnlich entspricht, einen ihm wundervoll angemessenen Stoff, in welchem, bei der menschlichen aufrechten Stellung, die Rede frei und ruhig von den Lippen zum Ohre strömt, der das Licht der Gestirne herbeiführt, und sich, ohne sichtbare Schranken, in die Unendlichkeit ausdehnt.

41. Subjective Thätigkeit bildet im Denken ein Object. Denn keine Gattung der Vorstellungen kann als ein reines Beschauen eines schon vorhandenen Gegenstandes betrachtet werden. Die Tätigkeit der Sinne muss sich mit der inneren Handlung des Geistes synthetisch verbinden, und aus dieser Verbindung reisst sich die Vorstellung los, wird, der subjectiven Kraft gegenüber, zum Object, und kehrt, als solches aufs neue wahrgenommen, in jene zurück. Hierzu aber ist die Sprache unentbehrlich. Denn indem in ihr das geistige Streben sich Bahn durch die Lippen bricht, kehrt das Erzeugniss desselben zum eignen Ohre zurück. Die Vorstellung wird also in wirkliche Objectivität hinüberversetzt, ohne

darum der Subjectivität entzogen zu werden. Dies vermag nur die Sprache, und ohne diese, wo Sprache mitwirkt, auch stillschweigend immer vorgehende Versetzung ist die Bildung des Begriffs, mithin alles wahre Denken unmöglich. Ohne daher irgend auf die Mittheilung zwischen Menschen und Menschen zu sehn, ist das Sprechen eine nothwendige Bedingung des Denkens des Einzelnen in abgeschlossener Einsamkeit. In der Erscheinung entwickelt sich jedoch die Sprache nur gesellschaftlich, und der Mensch versteht sich selbst nur, indem er die Verstehbarkeit seiner Worte an Andren versuchend geprüft hat. Dies liegt schon in dem allgemeinen Grunde, dass kein menschliches Vermögen sich in ungeselliger Vereinzelung entwickelt, worauf wir in der Folge zurückkommen werden. Es lässt sich aber auch aus dem eben Gesagten erklären. Denn die Objectivität wird gesteigert, wenn das selbstgebildete Wort aus dem Munde eines Andren wieder tönt. Der Subjectivität wird nichts geraubt, da der Mensch sich immer Eins mit dem Menschen fühlt; ja auch sie wird verstärkt, da die in Sprache verwandelte Vorstellung nicht mehr ausschliessend Einem Subject angehört.

42. Wenn der unarticulirte Laut, wie immer bei den Thieren, und bisweilen beim Menschen, die Stelle der Sprache vertritt, so entpresst ihn entweder, wie bei widrigen Empfindungen, die Noth, oder es liegt ihm Absicht zum Grunde, indem er lockt, warnt, zur Hülfe herbeiruft, oder er entströmt, ohne Noth und Absicht, dem frohen Gefühle des Daseyns, dem Gefallen am Schmettern der Töne. Das Letzte ist das Poëtische, ein aufglimmender Funke in der thierischen Dumpfheit. Diese verschiedenen Arten der Laute sind unter die mehr oder minder stummen und klangreichen Geschlechter der Thiere sehr ungleich vertheilt, und verhältnissmässig wenigen ist die höhere und freudigere Gattung geworden. Es wäre auch für die Sprache belehrend, bleibt aber vielleicht immer unmöglich, zu ergründen, woher diese Verschiedenheit stammt. Dass die Vögel allein den Gesang besitzen, liesse sich vielleicht daraus erklären, dass sie freier, als alle andre Thiere, in dem Elemente des Tons, und in seinen reineren Regionen leben, wenn nicht so viele Gattungen derselben, gleich den auf der Erde wandelnden Thieren, an wenige einförmige Laute gebunden wären.

43. In die Sprache gehen dieselben antreibenden Ursachen über: Noth, Absicht und Gefallen am Hervorbringen von Lauten. Da aber Alles in der Sprache an dem ihr eigenthümlichen Charakter der Intellectualität Theil nimmt, so ist sie nicht aus einem Drange zum Hervorbringen

blossen Schalles zu erklären. Das Gefallen am Sprechen ist Gefallen an Rede, und mithin auf Gedanken bezogen. Es kommt also in der Sprache noch eine vierte Ursach hinzu, das Bedürfniss geselliger Mittheilung, das ich hier aber nur von der Seite reiner Gesprächigkeit nehme. Es gehört gewiss zu den irrigsten Behauptungen, die Entstehung der Sprachen vorzugsweise dem Bedürfniss gegenseitiger Hülfsleistung beizumessen, und was unmittelbar daraus fliesst, ihnen in einem eingebildeten Naturstande einen bestimmten Kreis von Ausdrücken vorzuschreiben. Der Mensch ist nicht so bedürftig, und zur Hülfsleistung hätten, wie man an den Thieren sieht, unarticulirte Laute ausgereicht. Die Sprache ist, auch in ihren Anfängen, durchaus menschlich, und dehnt sich absichtslos auf alle Gegenstände der sinnlichen Wahrnehmung und inneren Bearbeitung aus. Auch die Sprachen der sogenannten Wilden, und gerade sie, zeigen eine überall über das Bedürfniss überschiessende Fülle und Mannigfaltigkeit von Ausdrücken. Die Worte entquillen freiwillig, ohne Noth und Absicht, der Brust, und es giebt wohl in keiner Einöde eine wandernde Familie, die nicht schon ihre Lieder besässe, denn der Mensch, als Thiergattung, ist wesentlich ein singendes Geschöpf, nur Ideen mit den Tönen verbindend. Ein viel wesentlicherer sinnlicher Entstehungsgrund der Sprache, da einmal hier nach einem solchen gesucht wird, ist das Gefallen am Sprechen, und daher ist es auf die Bildung der Sprachen von so wichtigem Einfluss, wie schweigsam oder geschwätzig ein Volk ist.

44. Man muss den Menschen, auch in seinen edelsten Bestrebungen, immer in seiner ganzen Natur, deren eine Seite er mit der Thierheit theilt, betrachten. Man darf daher auch in der Sprache, will man ihre Natur vollkommen in ihren Elementen durchschauen, nicht den Antheil des blossen Tönens übersehen, durch welches der articulirte Laut sich dem thierischen nähert. Hierhin gehört zuerst, wenn Völker ihrer Aussprache ein gar keiner Articulation fähiges Tönen beimischen, wie das Schnalzen eines Afrikanischen, das von einer Art Schluchzen begleitete Innehalten einiger Amerikanischen Völker ist. Auch jede unreine, den Buchstaben mehr Tönen, als ihre Articulation erfordert, gebende Aussprache, wie sie oft im Munde des Volks gehört wird, muss dahin gerechnet werden. Aber auch wo jeder Consonant bestimmt, jeder Vocal in seinen reinen Gränzen ausgesprochen wird, ist das Verhältniss des Tönens zur Ideenbezeichnung im Ganzen der Sprache zu beachten. Indem die letztere mit grösserem oder geringerem Aufwande von Tönen

und Tonveränderungen zu Stande kommt, zeigt (auch ohne noch irgend von Wohllaut zu reden) eine Nation mehr oder weniger Gefallen an blossen Tönen und Reizbarkeit für dieselben. Die Sprachen sind daher in diesem Stück, bald reicher, bald dürftiger, bald freier von schmetterndem Geräusch, bald mehr damit überladen, machen überhaupt einen üppigeren oder keuscheren Gebrauch von dem Laut. Sie neigen sich daher auch mehr oder weniger zu solchen grammatischen Formen, die, wie die Sylbenverdoppelung, eine Art klingelnden Getönes hervorbringen. Wo die Lautbehandlung in einer Sprache fehlerfrei erscheint, ist sie mit dem Colorit in der Malerei zu vergleichen, das auch stärker oder schwächer aufgetragen wird. Beide sind der sinnlichere Theil, welcher in Allem, was, wie die Sprache und die Kunst, aus dem Ganzen des Menschen hervorgeht, dem reiner intellectuellen oder formalen zur Seite steht. Es geschieht auch, dass Sprachen, überhaupt oder auf gewissen Bildungsstufen, mehr oder weniger ideenloses Tönen der wirklichen Rede beimischen, Sylben und Wörter ohne bestimmte Einwirkung auf den Sinn, fast nur zur Ausfüllung des Tones gebrauchen. Ich könnte von einer NordAmerikanischen Sprache ein sehr merkwürdiges Beispiel hiervon anführen, wenn es nicht gegen meine Absicht wäre, in diesem Abschnitt die Folge der allgemeinen Entwicklung durch Eingehen in Einzelnes zu unterbrechen. Ein gewisses Gefühl mag sich freilich mit allen solchen Partikeln, da diese Wörter nur zu diesem grammatischen Gebiet gerechnet werden können, verbinden. Es ist aber nicht allein ein sehr geringes, oft gar nicht auf Begriffe zurückzuführendes, sondern die blosse Lautgewohnheit bringt diese Wörter auch da wieder, wo das sie allenfalls begleitende Gefühl gar nicht nothwendig eintritt. In diesem Sinne nehme ich, wie sehr sich auch unsre oft zu einseitig rationelle Grammatik dagegen verwahrt, bloss ausfüllende Partikeln in den Sprachen an. Sie werden angebracht, nicht weil der Sinn nicht ohne sie vollständig wäre, sondern weil, der Sprachgewohnheit gemäss, der Klang der Redensart nicht dem Ohr so erscheint. Am deutlichsten zeigt dies die Quichuische Sprache. Durch die Cultur der Sprache fallen solche blossen Klangwörter entweder hinweg, oder werden im günstigeren Fall durch künstlichere Bearbeitung Zeichen feinerer Nuancen der Ideen oder ihrer Verknüpfungen.

45. Wenn man aber auch ganz von der Möglichkeit eines richtigen oder unrichtigen Verhältnisses der Lautbehandlung zur Ideenbezeichnung absieht, muss man in den Sprachen dennoch, auch noch getrennt von

den Wohllautsgesetzen, und den Buchstabenverknüpfungen und Veränderungen, die bestimmte Beschaffenheit ihres materiellen Tones beachten, da allein darin zuletzt die wahre Individualität jeder Sprache und Mundart liegt. Ich meine nemlich hiermit den ganzen Lauteindruck, welchen die Rede in einer Sprache auf das Ohr macht. Was man thun und versuchen mag, die Eigenthümlichkeiten einer Sprache zu schildern, so fliessen die Umrisse des entworfenen Bildes bei mehreren noch immer in einander über. Vieles lässt sich gar nicht, andres nur gradweise unterscheiden, das Ganze ist nicht in geschiedner Einheit darzustellen. In ihrer bestimmten Beschaffenheit, als diese und keine andre spricht sich jede Mundart und Sprache nur selbst durch ihren Klang aus. Obgleich das Alphabet der ganzen Menschheit von gewissen, nicht einmal sehr weiten Gränzen umschlossen ist, so hat doch jedes Volk mit eigner Sprache auch sein eignes Lautsystem in der Ausschliessung gewisser Töne, der Vorliebe für andre, der Bestimmung der verschiedenen zur Bezeichnung verschiedener Begriffe, der Behandlung der Töne in ihren Verbindungen u. s. f. Man kann dies mit dem verschiedenartigen Geschrei und den Tonarten der Thiergattungen vergleichen. Es ist darin, wenn auch die fortschreitende Entwicklung Vieles abschliesst, doch etwas Festes, Stammartiges, tief in den Modificationen der Sprachwerkzeuge und dem Tongefühle Gegründetes. Das Lautsystem hat daher auf die wesentlichsten Theile jeder Sprache den bedeutendsten Einfluss; es ist das erste, worin man sich durchaus fest setzen muss. Freilich führt dies in eine mühvolle, oft ins Kleinliche gehende Elementaruntersuchung, es sind aber auch lauter in sich kleinliche Einzelnheiten, auf welchen der Totaleindruck, der Sprachen beruht, und nichts ist mit dem Studium derselben so unverträglich, als bloss in ihnen das Grosse, Geistige, Vorherrschende aufsuchen zu wollen. Genaues Eingehen in jede grammatische Subtilitaet, und Spalten der Wörter in ihre Elemente ist durchaus nothwendig, wenn man sich nicht in allen Urtheilen über den Bau und selbst über die Abstammung Irrthümern blossstellen will.

46. Die wichtigste Ursach, aus welcher die Sprache, vermittelst des Tones, der Wirkung nach aussen bedarf, ist die Geselligkeit, zu welcher der Mensch durch seine Natur unbedingt hingewiesen wird. Es liegt aber in derselben ein zwiefaches, allein in dem Begriffe der Menschheit Verbundenes: einmal dass alle menschlichen Kräfte sich nur gesellschaftlich vollkommen entwickeln, dann dass es etwas Gemeinsames in dem ganzen menschlichen Geschlechte giebt, von dem jeder Einzelne eine,

das Verlangen nach Vervollständigung durch die andren in sich tragende Modification besitzt. Beides ist gerade in der Sprache besonders wichtig. Denn je grösser und bewegter das gesellige Zusammenwirken auf sie ist, je mehr gewinnt sie unter übrigens gleichen Umständen, und auf jenem eben erwähnten Gemeinsamen beruht die Möglichkeit der Verständigung, so wie es die Mittel der gegenseitigen Ausbildung der Sprachen enthält.

47. Auch die Geselligkeit lässt sich ohne Einseitigkeit nicht aus dem blossen Bedürfnis ableiten. Sie beruht nicht einmal in den Thieren darauf. Keines ist leicht sich so alleingenügend in seiner Stärke, als der gerade vorzugsweise in Heerden lebende Elephant. Auch in den Thieren entspringt daher die bei einigen Gattungen grössere, bei andren geringere Neigung zur Geselligkeit aus viel tiefer in ihrem Wesen liegenden Ursachen. Es ist nur uns unmöglich, dieselben zu ergründen, weil wir uns gar keinen Begriff von der doch nicht abzuläugnenden Fähigkeit der Thiere machen können, wahrzunehmen, zu empfinden und Wahrnehmungen zu verknüpfen. Im Menschen aber ist das Denken wesentlich an gesellschaftliches Daseyn gebunden, und der Mensch bedarf, abgesehen von allen körperlichen und Empfindungsbeziehungen, zum blossen Denken eines dem *Ich* entsprechenden *Du*. Dies ist schon oben (§. 41.) erinnert worden, bedarf aber hier einer weiteren Ausführung. Der Begriff erreicht seine Bestimmtheit und Klarheit erst durch das Zurückstrahlen aus einer fremden Denkkraft. Er wird, wie wir im Vorigen sahen, erzeugt, indem er sich aus der bewegten Masse des Vorstellens losreisst, und dem Subject gegenüber zum Object bildet. Es genügt jedoch nicht, dass diese Spaltung in dem Subjecte allein vorgeht, die Objectivität ist erst vollendet, wenn der Vorstellende den Gedanken wirklich ausser sich erblickt, was nur in einem andren, gleich ihm vorstellenden und denkenden Wesen möglich ist. Zwischen Denkkraft und Denkkraft aber ist die einzige Vermittlerin die Sprache, und so entsteht auch hier ihre Nothwendigkeit zur Vollendung des Gedanken.[17] Es liegt aber auch in der Sprache selbst ein unabänderlicher Dualismus, und alles Sprechen ist auf Anrede und Erwiederung gestellt. Das Wort ist kein Gegenstand, vielmehr den Gegenständen gegenüber etwas Subjectives, dennoch soll

17 Ich habe von hier an bis zu den Worten: *sondern beiden entgegengesetzt.* eine Stelle aus meiner Abhandlung *über den Dualis* aufgenommen, da sie wesentlich hierher gehört, und jene Abhandlung nicht jedem Leser gleich zur Hand seyn möchte.

es im Geiste des Denkenden ein Object, von ihm erzeugt und auf ihn zurückwirkend werden. Es bleibt zwischen dem Wort und seinem Gegenstande eine so befremdende Kluft, das Wort gleicht, allein im Einzelnen geboren, so sehr einem blossen Scheinobject, die Sprache kann auch nur so zur Wirklichkeit gebracht werden, dass an einen gewagten Versuch ein neuer sich anknüpft. Das Wort muss also Wesenheit in einem Hörenden und Erwiedernden gewinnen. Diesen Urtypus aller Sprachen drückt das Pronomen durch die Unterscheidung der zweiten Person von der dritten aus. *Ich* und *Er* sind an und für sich selbst verschiedne, so wie man eines von beiden denkt, nothwendig einander entgegengesetzte Gegenstände, und mit ihnen ist auch Alles erschöpft, denn sie heissen mit andren Worten *Ich* und *Nicht-ich*. *Du* aber ist ein dem *Ich* gegenübergestelltes *Er*. Indem *Ich* und *Er* auf innrer und äusserer Wahrnehmung beruhen, liegt in dem *Du* Spontaneitaet der Wahl.[18] Es ist auch ein Nicht-Ich, aber nicht, wie das *Er*, in der Sphäre aller Wesen, sondern in einer andren, der eines durch Einwirkung gemeinsamen Handelns. In dem *Er* selbst liegt nun dadurch, ausser dem Nicht-*Ich*, auch ein Nicht-*Du*, und es ist nicht bloss einem von ihnen, sondern beiden entgegengesetzt. Dass dieselbe Pronominalform durch alle Sprachen durchgeht, zeigt, dass, nach dem Gefühl aller Völker, das Sprechen in seinem Wesen voraussetzt, dass der Sprechende, sich gegenüber, einen Angeredeten von allen Andren unterscheidet. In einigen Sprachen zeigt sich sogar darin eine besondre Sorgfalt die zweite Person herauszuheben, dass sie auch in der ersten des Plurals durch verschiedene Formen andeuten, ob der Angeredete darunter begriffen, oder ausgeschlossen ist.

48. Das Pronomen in seiner wahren und vollständigen Form wird in das Denken bloss durch die Sprache eingeführt, und ist das Wichtigste, wodurch ihre Gegenwart sich verkündet. Solange man nur das Denken logisch, nicht die Rede grammatisch zergliedert, bedarf es der zweiten Person gar nicht, und dadurch stellt sich auch die erste verschieden.

Man braucht dann das Darstellende nur vom Dargestellten, nicht von einem Empfangenden und Zurückwirkenden zu unterscheiden. Da nun unsre allgemeine Grammatik ganz und gar von dem Logischen ausgeht,

---

18 Bernhardi, den ich bei diesen Materien immer gern zu Rathe ziehe, druckt das Nemliche folgendergestalt aus: *Ich* und *Du* sind entständen durch Sprache, Gespräch, Gegenwart. Anfangsgründe der Sprachwissenschaft. S. 191. 4.

so stellt sich das Pronomen in ihr, die eine Zergliederung der Rede ist, anders, als in der gegenwärtigen Entwicklung, wo wir eine Zergliederung der Sprache selbst versuchen. Hier geht es allem Uebrigen voran, und wird als selbstbezeichnend angesehen, dort folgt es erst der vollendeten Erklärung der Haupttheile des Satzes, und trägt wesentlich, wie auch sein Name besagt, einen repraesentativen Charakter in sich. Beide Ansichten sind nach der Verschiedenheit der Standpunkte vollkommen richtig, zu tadeln ist bloss, dass man auf dem einen oft zu einseitig stehen geblieben ist, da man die wahre und vollständige Geltung des Pronomen, auch in der Rede, doch nur dann wahrhaft einsieht, wenn man seine tiefe Gründung in der innersten Natur der Sprache erkennt. Einen noch grösseren und ganz entschiedenen Einfluss hat aber diese auf die Form und Beschaffenheit des Pronomen in den verschiedenen Sprachen.

49. Was in der philosophischen Entwicklung der Sprache allgemeiner Ausdruck eines *Nicht-Ich* und *Nicht-Du* ist, erscheint in der Rede, die es nur mit concreten Gegenständen zu thun hat, nur als Stellvertreter von diesen. Neben seinem allgemeinen Ausdruck der dritten Person spaltet es sich in die mehr oder minder verschiednen Arten des Pronomen demonstrativum. Man möchte dies aber eher ein Erheben von diesen zum Allgemeinen nennen, da einige Sprachen gar nicht zu dem letzteren gelangen. In diesen ist dies Pronomen auch wirklich nicht sowohl repraesentativ, d. h. im Geist, als etwas andres Gedachtes vertretend, gedacht, sondern vielmehr nur eine von einer augenblicklichen Verhältniss-Eigenschaft (Er liegender, stehender u. s. f.) hergenommene, durch die Geberde vervollständigte Bezeichnung angesehen. Die reinen Begriffe unsrer allgemeinen Grammatik finden sich immer nur in den Sprachen vollendeter Bildung, und auch da nur in der philosophischen Ansicht derselben. Auf ähnliche Weise als das Pronomen der dritten Person sind in der Rede auch die der beiden ersten repraesentativ, weil das bestimmte *Ich* und *Du*, als wahre Substantiva an ihre Stelle treten können. Allein der wesentliche Begriff aller drei Pronomina ist immer der durch die Natur der Sprache selbst gegebene, dass sie die ursprünglichen und nothwendigen Beziehungspunkte des Wirkens durch Sprache, als solche, bezeichnen, und dieselben in Individuen verwandeln. *Ich* ist nicht das mit diesen Eigenschaften versehene, in diesen räumlichen Verhältnissen befindliche Individuum, sondern der sich in diesem Augenblick einem Andren im Bewusstseyn, als ein Subject Gegenüberstellende, jene concreten Verhältnisse werden nur der Leichtigkeit und Sinnlichkeit wegen

dem schwierigeren abgezogenen Begriff untergeschoben. Eben so geht es mit *Du* und *Er*. Alle sind hypostasirte Verhältnissbegriffe, zwar auf individuelle, vorhandene Dinge, aber in völliger Gleichgültigkeit auf die Beschaffenheit dieser, nur in Rücksicht auf das Eine Verhältniss bezogen, in welchem alle diese drei Begriffe sich nur gegenseitig durch einander halten und bestimmen.

50. Obgleich aber das Pronomen unmittelbar durch die Sprache gefordert wird, und obgleich alle Sprachen das dreifache Pronomen besitzen, so ist der Eintritt des Pronomen in die wirkliche Sprache doch von grossen Schwierigkeiten begleitet. Das Wesen des *Ich's* besteht darin, Subject zu seyn. Nun aber muss im Denken jeder Begriff vor dem wirklich denkenden Subject zum Object werden. Auch das *Ich* wird, als solches, im Selbstbewusstseyn zusammengefasst. Es muss mithin ein Object seyn, dessen Wesen ausschliesslich darin besteht, dass es Subject ist. Die grössere Leichtigkeit des Begriffs des *Du* ist nur scheinbar. Denn er besteht ja nur dadurch, dass er auf das *Ich*, das eben beschriebene Subject-Object bezogen wird. Wir bemerken daher an den Kindern, dass sie sehr lange noch an die Stelle der Pronomina Namen oder andre objective Bezeichnungen setzen. Dies hat verleitet zu behaupten, dass das Pronomen sich in den Sprachen überhaupt immer erst spät entwickelt habe. Dass diese Behauptung wenigstens auf diese Weise falsch ausgedruckt ist, beweist die ganze gegenwärtige Entwicklung. Das Pronomen musste in den Sprachen ursprünglich seyn. Ueberhaupt ist, meiner innersten Ueberzeugung nach, alles Bestimmen einer Zeitfolge in der Bildung der wesentlichen Bestandtheile der Rede ein Unding. Was zu ihnen gehört, wird bewusstlos auf einmal von dem Sprachvermögen gegeben, und das ursprünglichste Gefühl, das Ich, ist kein nachher erst erfundener, allgemeiner, discursiver Begriff. Nur das reinere und richtigere Bewusstseyn der Redetheile entsteht allmälich und ist des Wachsthums fähig. Dagegen liesse sich das allerdings denken, dass die Wörter für die Pronomina ursprünglich Substantiva, wie alle andre, gewesen wären, und in der Nation ihnen auch diese Ansicht immer geblieben wäre. Dasselbe Substantivum, sey es Mensch, Seele, Gestalt, immer von jedem zur Bezeichnung seines Ichs gebraucht, würde alsdann in das wahre Pronomen übergegangen seyn, das Verbum hätte nur scheinbar drei, in der That bloss Eine Person gehabt. Hierüber historisch zu entscheiden, halte ich für unmöglich, da keine historische Untersuchung so weit zu führen vermag. Indess sprechen doch mehrere Umstände gegen eine solche

Annahme. Mir ist keine einzige Sprache bekannt, in der es nicht ein oder mehrere Pronomina der ersten beiden Personen gäbe, welche gar keine Spur an sich tragen, eigentlich der dritten anzugehören. Die Malaiische, die leicht am meisten zu Pronomina der 1. und 2. Person gewordene Substantiva besitzt, hat doch für die erste *aku*, was durchaus keinen solchen Ursprung verräth, und einige hierin ähnliche für die zweite. Gerade diese finden sich in den verwandten Südseesprachen wieder, und beweisen dadurch ihre tief alterthümliche Gründung in der Sprache. Denn *aku*,[19] ich, entspricht dem ganz gleichlautenden Neu Seeländischen *aku*,[20] kita, wir, dem Tongischen *gita*, welches zwar dem Singularis angehört, aber abgekürzt in *gi* auch dem Pluralis dient, *kamu*, abgekürzt in *mu*, 2. sing. und plur. dem Tongischen *mo*, 2. plur., und *angkau*, abgekürzt in *kau*, scheint das Neu Seeländische *koe*.[21] Eben so giebt es auch im Chinesischen, wo erste und zweite Person jetzt ganz gewöhnlich durch Substantiva bezeichnet werden, zugleich reine Pronomina, die, allem Anscheine nach, die älteren sind.

51. Wenn man die sinnliche Natur des Menschen bedenkt, den Werth, den er von früh an auf die Unterscheidung des Mein und Dein legt, und der sich auch in der Sprache so mächtig ausdruckt, dass es, namentlich in Amerika, viele giebt, in welchen das Substantiv gar nicht ohne sein Besitzpronomen ausgesprochen werden kann, so halte ich es für ausgemacht, dass, welche Ideenbezeichnung der Mensch auch immer zum Pronomen erhob, er es nie that, ohne derselben gleich auf immer das wahre und wirkliche Gefühl der Ichheit aufzuprägen, und dass er nie von sich, wie von einem Fremden, sprach. Die Annahme des Gegentheils scheint mir durchaus unnatürlich. Auch die Kinder sprechen ihren Namen mit diesem Gefühl aus. Damit ist das Wesen des Pronomen gegeben, und der Unterschied zwischen diesem und allen andren Substantiven festgestellt. Wie weit derselbe hernach an der Sprache selbst sichtbar seyn soll, hängt von der Stärke und Feinheit des Sprachsinns ab. Viel reiner und getreuer, als im Pronomen selbst, ist der demselben zum Grunde liegende Verhältnissbegriff in den Personen des Verbum ausge-

19 Marsden *grammar of the Malayan language. p.* 42. u. f.

20 In diesem gehört zwar nur *ku* dem Pronominalunterschied an, aber auch das Malaiische wird zu *ku* abgekürzt.

21 Da die Tahitische Sprache kein *k* hat, so werden die Malaiischen *ku* und *kau* in ihr zu *u* und *oe*.

druckt. Hier ist keine Verwechslung mehr der Ichheit mit einem andren Substantiv, der ersten und dritten Person möglich. Wenn sich erweisen liesse, dass die Personen des Verbum in einer Sprache wirklich durch Flexion entstanden, und ursprünglich so gewesen wären, so gienge daraus untrüglich hervor, dass diese Nation den reinen Begriff des Pronomen vom Beginnen ihrer Sprache an gehabt hätte. Wo aber der Personenunterschied nur durch offenbare oder versteckter Hinzufügung der Pronomina selbst entsteht, lässt sich hieraus nicht mehr, als aus diesen, schliessen. Die durch das zur Ichheit gestempelte Substantivum gebildete nähert sich da auch nur insofern der wahren ersten Person, als jenes Substantivum dem Pronomen.

52. Aus dem mit dem Pronomen der ersten Person unmittelbar verbundenen, und bei dem der zweiten darauf bezognen Gefühl muss man es auch, glaube ich, herleiten, dass diese Pronomina nicht, wie das der dritten immer, in mehrere Formen nach den Eigenschaften oder Verhältnissen des jedesmaligen *Ich* und *Du* (Ich liegender, stehender u.s.f. §. 49.) auseinandergehen, und dass es in keiner Sprache ein Pronomen demonstrativum einer der beiden ersten Personen zu geben scheint.[22] Denn die sogar, meiner Erfahrung nach, allen Sprachen eigenthümliche, gleichsam innigere Bestimmung der persönlichen Pronomina durch den Zusatz des *Selbst* ist nicht eine Spaltung, sondern eine Verstärkung ihres Begriffs. Das *Ich* und das *Du*, wie schwer auch ihr Wesen in das deutliche Bewusstseyn gelangt, werden doch von dem Menschen immer nur in der Einen Beziehung empfunden, die sie charakterisirt, und daher kann auch ihr Ausdruck nicht mehrfach seyn. Sie werden wirklich innerlich empfunden, das *Ich* im Selbstgefühl, das *Du* in der eigenen Wahl, da hingegen Alles, was sich unter die dritte Person stellt, nur wahrgenommen, gesehen, gehört, äusserlich gefühlt wird. Die hier aufgestellte Thatsache könnte zwar noch zweifelhaft scheinen. Da mehrere Sprachen, namentlich die Sanskritischen, gerade im Pronomen der beiden ersten Personen mehr als Einen Stammlaut haben, so könnte es möglich scheinen, dass diese wenigstens ehemals eine solche verschiedenartige Bedeutung des *Ich* und *Du* gehabt hätten. Es ist dies aber durchaus unwahrscheinlich. Diese Mehrheit der Stammformen entsteht entweder bloss zufällig aus zusammengeflossenen Mundarten, oder, wo sie die

22 Bernhardi a. a. O. S. 199. 2.) 3.) Einen Fall, der dem hier Gesagten zu widersprechen scheint, siehe §. 53. [c.]

Casus obliqui vom Nominativus unterscheidet, aus so verschiedener Ansicht dieses Casusverhältnisses, dass daraus zwei Wörter entstanden. Die Malaiische und Japanische Sprache sind vorzugsweise reich an synonymen Pronominalformen. In beiden giebt der höflichere und gröbere Styl Anlass dazu. Im Malaiischen hat nur die Schriftsprache gleichförmige. Die Volksmundarten besitzen, und oft in kleinen Districten, verschiedne. Im Japanischen sind eigne für Kinder, Greise und Weiber. Dagegen kommt kein wahrhaft gespaltenes doppeltes, näheres und entfernteres *Ich* oder *Du* vor.[23]

53a. Die Auffindung des Ursprungs der Pronominal-Wörter der beiden ersten Personen würde, wie schon das Obige zeigt, auch in philosophischer Rücksicht von der grössesten Wichtigkeit seyn. Man würde alsdann sehen, ob und in welchem Grade der ächte Charakter dieser Pronomina schon in der Bezeichnung selbst liegt, oder ihr nur erst durch den Gebrauch gegeben ist. Soll das Erstere der Fall seyn, so müssen sie einen sinnlichen Ausdruck enthalten, welcher auf alle mögliche Individuen, da jedes zum *Ich* und *Du* werden kann, passt, und doch den Unterschied zwischen diesen beiden Begriffen bestimmt und als wahren Verhältniss-Gegensatz angiebt. Es muss alsdann zur Bezeichnung ein sinnlicher, und doch von aller qualitativen Verschiedenheit abstrahirender Begriff gebraucht werden, welcher das *Ich* und das *Du* in Eine Sphäre umschliesst, innerhalb dieser Sphäre aber eine sich gegenseitig bestimmende Theilung möglich lässt. Ein solcher Begriff ist der Raum, und ich kann zwei Thatsachen anführen, welche deutlich beweisen, dass man den Raum auf den Pronominalbegriff bezogen hat. In dem einen dieser Fälle hat man den Ortsbegriff zu einem so gewöhnlichen Begleiter der drei Pronomina gemacht, dass man sehr oft im Sprechen ihrer nicht mehr zu bedürfen glaubt, sondern bloss ihn ihre Stelle vertreten lässt; doch bleibt er grammatisch sichtbar vom Pronomen geschieden. In dem andren Fall ist er wirklich zum Pronomen geworden, aber auf eine Weise, die eine Vermischung beider Begriffe verräth.

53b. Die Sprache der Tonga-Inseln in der Südsee (die man auch wohl nur als eine Mundart der sogenannten Polynesischen anzusehen pflegt) hat drei Adverbia der Ortsbewegung, die gewöhnlich den Phrasen beige-

---

23   Marsden a. a. O. *Elémens de la gramm. Japonaise par le P. Rodriguez, traduits par M. C. Landresse. p. 9-11. 80-82. Arte de la lengua Japona compuesto por el Herm. Fr. Melchor Oyanguren de Sta Ines. p. 21-24.*

geben werden, wo ein Verbum eine solche Bewegung gegen eine Person oder Sache enthält, jedoch so, dass sehr häufig bald das Verbum, bald das Pronomen ausgelassen wird. Im letzteren Fall entsprechen die drei Adverbien genau den drei Personen des Pronomen. Im Ganzen findet sich das Nemliche auch in andren Sprachen, namentlich im Deutschen. Denn es ist gerade ebenso, wenn bei uns: *komm du her!* zum blossen: *her!* abgekürzt wird. Das Merkwürdige und Eigenthümliche liegt aber in der Stätigkeit des Gebrauchs und ganz besonders in der dreifachen, und genau den drei Personen angepassten Eintheilung der Ortsbewegung.

209 Denn *mei* ist die Bewegung zum Redenden, *atû*[24] vom Redenden zum Angeredeten, *angi* vom Redenden zu einer dritten, nicht angeredeten Person oder einer solchen Sache, und wo das Pronomen gesetzt oder ausgelassen ist, und diese Adverbia dasselbe begleiten oder vertreten, gehören sie den drei Personen in der obigen Folge an, und werden nie oder auf irgend eine Weise verwechselt. Da sie aber bloss die Personen bezeichnen, so bilden sie natürlich keinen Unterschied des Numerus. *Mei* ist sowohl *mir* als *uns*. Diese auf die Personen bezogene Ortsabtheilung ist nicht bloss in mehreren Sprachen, sondern mag überall zum Grunde gelegen haben, wo das Pronomen demonstrativum dreifach ist. Im Lateinischen ist dies auch daran sichtbar, dass, wo der Ort desjenigen, mit dem man redet, oder dem man schreibt, gemeint ist, ausschliesslich

24 Martin, der Herausgeber von Mariners Beschreibung der Tonga-Inseln, schreibt *my* und *atoo*. Ich bediene mich in dieser ganzen Schrift bei allen aussereuropäischen Sprachen immer nur unsrer deutschen Rechtschreibung. Jedes solcher Wörter kann also nach dieser gelesen werden. Von den Buchstaben und Zeichen, die ich werde für uns fehlende Laute gebrauchen müssen, werde ich ein Verzeichniss geben. Wo ich etwa von dieser allgemeinen Regel glaubte, abweichen zu müssen, werde ich es besonders bemerken. Es versteht sich jedoch von selbst, dass ich vor einer solchen Uebertragung in eine eigne Rechtschreibung allemal das ganze Lautsystem der Sprache in seinem Zusammenhange studire, alle in ihr vorkommenden Laute, soviel es die jedesmaligen Hülfsmittel erlauben, feststelle, an der Seite derselben die bisher gebrauchten Orthographieen bemerke, und erst nach diesen Vorarbeiten den Buchstaben wähle, mit dem ich jeden dieser Laute nach sorgfältiger Prüfung bezeichne. Vgl. §. 4. Anm. 1. Das *ei* in *mei* ist ein kurzes, rasch ausgesprochenes. In der Tahitischen und Neuseeländischen Ortspartikel *mai* habe ich das *ai* der Grammatiker dieser Sprachen beibehalten, da es möglich ist, dass diese Mundarten den Ton breiter und gewichtiger halten.

iste gebraucht wird. Es ist offenbar, dass die Sprache hier abermals ihren Urtypus (§. 47.) angewendet hat. Nur unterscheidet sie, da hier nicht dieselbe Vollständigkeit nothwendig war, hier auch willkührlicher bald nur *hier* und *dort, dieser* und *jener. Ich* und *Nicht-ich*, bald aber die drei verschiedenen Oerter und Stellungen, und hält im letzteren Fall den Unterschied fester an das Pronominalverhältniss geknüpft, oder lässt ihn lockrer bloss in Grade der Entfernung ausgehen. Nie, soviel mir bekannt ist, kommen vier Ortsabtheilungen im demonstrativen Pronomen vor. Ich möchte dies indess darum doch nicht als einen strengen Beweis des Vorherrschens der Pronominalansicht ansehen. In sich zwar liesse die Rücksicht auf die Entfernung vier und noch mehr Grade zu. Allein der Mensch giebt überhaupt gern, und in der Sprache sehen wir dies an den Steigerungsgraden der Adjective, zwei bestimmt aufgefassten Unterschieden bloss einen dritten, als ein angenommenes Aeusserstes bei, wenn dies Aeusserste auch noch eine gewisse Breite hat. Wenn vom *Geben* die Rede ist, braucht die Tongische Sprache jene Ortsadverbien so ausschliesslich allein, dass jenes Verbum durch diese unaufhörliche Auslassung in der Sprache ganz untergegangen zu seyn scheint. Denn in Martins Wörterbuch findet sich ein solches Verbum gar nicht, das die andren beiden nahe verwandten Sprachen, die Neu Seeländische und Tahitische doch besitzen. Beispiele der hier erwähnten Wortfügungen sind folgende: *mei ia giate au, her dies zu mir*, gieb mir dies;[25] *tëû*[26] *atû*

---

25 Bei allen in dieser Schrift erklärten Stellen fremder Sprachen, bei welchen es auf die grammatische Fügung ankommt, befolge ich die von Abel-Remusat im Tschoung Young beobachtete Methode. Zuerst steht der Text der fremden Sprache. Dann kommt eine Uebersetzung oder Erklärung jedes Wortes desselben ohne Ausnahme, und in der nämlichen Folge, in welcher es steht. Ist die Uebersetzung nicht mit Einem Worte zu geben, so sind die mehreren mit Strichen verbunden, ist ein weiterer Zusatz oder eine Erklärung nöthig, so steht alles das Wort Betreffende in einer Parenthese. Die wörtliche Erklärung enthält also immer genau so viel Wörter, Wortverbindungen oder Parenthesen, als Wörter im Text vorhanden sind. Auf sie folgt, wo es nothwendig ist, eine treue, doch auch Deutsch verständliche Uebersetzung in gewöhnlicher Schrift.

26 Ich setze bei auf einander folgenden, aber getrennt ausgesprochenen Vocalen die *puncta diaereseos* bald über den ersten, bald über den zweiten Vocal, je nachdem es die Deutlichkeit des Drucks rathsam macht. Dasselbe beobachte ich bei Setzung des Accents über Diphthongen.

ia giate koi, werde-ich hin dies zu dir, ich werde dir dies geben; *tëû ofa angi giate ia, werde-ich lieben dorthin zu ihr,* ich werde sie lieben; *bea behe mei he tûnga fafine, als sprachen her die mehreren Weiber,* als sie zu uns sprachen,[27] *nëû ikéi abé lea atu fukkalotoboto, habe-ich nicht vielleicht gesprochen hin weise-sinnvernünftig,* ich habe vielleicht nicht auf vernünftige Art zu euch gesprochen.[28] Man hängt auch diese drei Ortsadverbia an Verba an, und die Auslassung der Endvocale dieser, wo Hiatus entstehen würde, und der veränderte Accent beweisen, dass aus dieser Verbindung Ein Wort wird, so dass das Verbum seine Richtung in sich einverleibt trägt, die aber, zum Unterschiede von unsren mit Adverbien verbundenen Verben (hingehen, herfahren), im Sinne des Volks genau eine auf die drei Personen gerichtete ist. Aus *tála,* erzählen, wird *talaméi,* mir oder uns, *talátû,* dir oder euch, *talángi,* ihm, ihr oder ihnen erzählen.[29] In allen diesen Fällen rückt der gewöhnliche Accent von *tála* auf die betonte Sylbe des Adverbium, auch da, wo diese Betonung der allgemeinen Regel, wie in *talaméi* widerspricht. Denn in Wörtern von drei Sylben ist eigentlich die mittlere die betonte. Martin schwankt, ob er diese Wörter defective Verba, die zugleich Hülfsverba sind, oder Praepositionen nennen soll, und führt sie beim Pronomen und Adverbium gar nicht an. Sie sind aber offenbar auf die drei Personen des Pronomen bezogene Ortsadverbien. Indess stehen sie in keiner Polynesischen Sprache in etymologischer Verbindung mit dem Pronomen,[30] und ihre Verwechslung mit demselben ist bloss Folge elliptischer Redeab-

---

27   Mariner. II. 379.

28   Mariner. II. 382.

29   *l. c.* Wörterbuch.

30   Wenn man bedenkt, dass das Neuseeländische Pronomen 1. sing. *ahan* (Tong. *an,* Tahitisch *van*) wohl sichtbar mit dem Sanskritischen *ahan* zusammenhängt, und dass *atû* oft in *tu* abgekürzt wird, so könnte es denen, die gern etymologisiren, einfallen *mei* und *atû* mit den Sanskritischen Pronominal-Stammsylben *ma* und *tu* zu verbinden. Ich möchte aber so gewagte Herleitungen keineswegs begünstigen. *Ma* hat wahrscheinlich einen andren, eigentlichen Pronominalursprung. Auch im Japanischen (Landresse. §. 76. *p.* 81.) giebt es ein Pronomen 1. pers. *mi.*

kürzung. Noch weniger sind sie, wie Martin zu glauben scheint, das Verbum *geben*.[31]

53c. Die Japanische Sprache hat für die dreifache Ortsbezeichnung bei dem Redenden, bei dem Angeredeten und ausserhalb der Stelle beider die drei Wörter *ko, so, a*, die aber nicht in dieser Einfachheit, sondern als *ko-no, so-no, a-no, ko-re, so-re, a-re* vorkommen, indem *no* und *re* affigirte Sylben sind.[32] Nun findet man als Pronomen 2. pers. *sonata*, und dies (dem ein *konata* und *anata* entspricht) ist zusammengesetzt aus dem abgekürzten *sono* und dem Stamm der Praeposition *ata-ri*, nahe. *Sonata*, du, heisst also, wörtlich übersetzt: *der bei der Stelle dort*, dies Wort, wie das Lateinische *istic*, genommen.[33] Dieser Ausdruck ist aber so in das Pronomen übergegangen, dass, mit völligem Vergessen des Ursprungs, die Praeposition noch einmal hinzugesetzt und *sonata atari*, bei dir, euch, gesagt wird.[34] Auch wird *sonata* mit allen Casuszeichen verbunden und declinirt. Man hat also hier ein wahres Pronomen 2. pers., ein *Du*, welchem, ohne dass es der Sprachgebrauch jetzt mehr zu ahnden scheint, ein Ortsbegriff zum Grunde liegt. In vollkommener Analogie hiermit ist *konata*, der bei der Stelle hier, Pronomen 1. pers. Allein hier geht nun die Verwirrung an. Denn *konata* wird auch, ganz gegen den wahren Begriff, unter den Pronominalformen der 2. Person aufgeführt, und da als eine Benennung eines Vornehmeren bezeichnet. Man hat also hier scheinbar ein *Du hier*, und *Du dort*, was dem oben Gesagten (§. 52.) widerspricht. Vermuthlich aber verhält sich die Sache anders und folgendergestalt. *Konata* und *sonata* scheinen, da man sie ausdrücklich mit unsrem Titel Excellenz vergleicht, als Pronomina 3. pers., die man der zweiten anpasst, gebraucht zu werden, obgleich sich dies nicht genau sehen lässt, da das Japanische Verbum die Personen nur vermittelst des Pronomen unterscheidet. Auf diese Weise können sie nie der ersten Person angehören, und sind eine der ursprünglichen Bedeutung der Ortsentfernung nach unterschiedene doppelte Form der dritten, obgleich im Gebrauch auf die zweite angewandt. Zugleich bedient

---

31 Man sehe über diese Wörter Mariner. II. 359. 365. 366. und im Wörterbuch unter ihnen selbst und unter *give* und *towards*.

32 Oyanguren. 23. Landresse. §. 21.

33 *sonata, la, de essa parte.* Oyanguren. 23.

34 *cerca de vos.* Oyanguren. 23. Ganz ähnlich sagt man bisweilen im Italiänischen *con meco*.

man sich aber derselben beiden Formen, nach Oyangurens ausdrücklichem Zeugniss,[35] auch als gemeiner Pronomina unter Leuten gleichen Standes, und dann ist, dem Ortsbegriff genau entsprechend, *konata*, das *hier*, erste, *sonata*, das *dort*, zweite Person. So begreift es sich, wie *konata*, nie aber *sonata*, zur ersten und zweiten zugleich gerechnet werden kann.

Doch muss man gestehen, dass Rodriguez und Oyangurens Sprachlehren soviel Spuren der Unvollkommenheit an sich tragen, und so wenig mit einander übereinstimmen,[36] dass man sich des Wunsches nicht erwehren kann, erst das Factische über diesen Punkt sicherer und bestimmter festgestellt zu sehen.

53d. In durchgängiger Verbindung aber mit den Ortsbegriffen stehen die Armenischen Pronomina. Ihre ursprünglichen Laute sind nach der Reihe der Personen *ss*, *²t*, *n*, wie aus den Affixen zu sehen ist. Danach lauten die selbständigen persönlichen Pronomina *jes*, ich, *²tu*, du, *¹inku*, er.[37] Diesen drei Personen entsprechen genau drei verschiedene Demonstrativ-Pronomina, die auch von den Grammatikern Demonstrativa der 1. 2. 3. Person genannt werden, und sich durch dieselben ursprünglichen

---

35   *p. 21. pronombre comune, p. 22. con iguales.*

36   Rodriguez erwähnt *konata* als Pronomen 1. pers, gar nicht. Nach seiner wunderbaren Eintheilung, wo die einzelnen Pronomina theils im etymologischen, theils im syntaktischen Theil aufgeführt werden, hat er *sonata* (übersetzt bei Landresse *Vous*) im ersteren als einziges Pronomen 2. pers. Im letzteren kommen unter mehreren Formen *konata* und *sonata* (verglichen mit *Votre excellence*) als *termes honorifiques* vor. §. 18. und 76. *p.* 81. Nach Oyanguren ist *konata* gemeines Pronomen der ersten Person, dagegen vornehmes der zweiten und in dieser ist ihm *sonata*, als unter Gleichen geltend, entgegengesetzt, *p. 21. 22.* Sie widersprechen sich also über *sonata* geradezu. An einen möglichen Zusammenhang dieser Pronomina mit den Ortsbezeichnungen scheint keiner von beiden gedacht zu haben.

37   Cirbied (*Grammaire de la langue Arménienne. 207.*) übersetzt diese 3. Person *il*, aber Villotte (*Dictionarium Latino-Armenicum. hh. vv.) ipse, se.* Sie hat also immer eine Beziehung auf das Selbst. Ich habe bei allem aus dem Armenischen Angeführten immer genau Villotte mit Cirbied verglichen, und die Abweichungen sorgfältig bemerkt. Der in das *Journal Asiatique* (II. 297-312.) eingerückte Brief des Doctors Zohrab muss jedem, der sich mit dem Armenischen beschäftigen will, gerechtes Mißtrauen gegen Cirbied's Grammatik einflössen.

Pronomina unterscheiden. Sie heissen *ssa*, der bei mir (Villotte *hic*) (Cirbied *ce, celuici, la personne la plus proche*), *²ta*, der bei dir, bei dem Angeredeten (Villotte *iste*) (Cirbied *celui là, la personne un peu éloignée),* *na*, der bei ihm, bei dem Dritten (Villotte *ille*) (Cirbied *celui là, la personne la plus éloignée*). Die beiden Begriffe,[38] der nach der Stellung der beiden Redenden bestimmte Ort, und der des Grades der Entfernung verbinden sich nicht nur in den drei Demonstrativ-Pronominen, sondern auch in den Affixen, die, nach Massgabe des Zusammenhanges und Bedürfnisses der Rede, bald nur allgemein und im Ganzen den letzteren, bald zugleich bestimmt den ersteren bezeichnen. Das Ortsadverbium der ersten Person hat gleichfalls den Pronominallaut derselben, *asd*, hier. Dagegen scheint die 2. und 3. Person nur ein und eben dasselbe Adverbium *²ant* zu haben.[39] Aus dem hier Gesagten erhellet, dass genau dieselben Consonanten das Personen- und Raumverhältniss andeuten. Die Adverbia scheinen abgeleitet zu seyn. Aber die Demonstrativa und die beiden ersten der persönlichen Pronomina sind einfache Verbindungen Eines Consonanten mit Einem Vocal. Es giebt daher kaum einen etymologischen Grund, die einen mehr, als die andren für Primitiva zu halten.

54. Diese beiden Beispiele zeigen, wenn auch das Ortsverhältniss in dem ersten gar nicht zum Pronomen gemacht, und in dem zweiten nicht rein zu demselben geworden ist, deutlich, wie leicht ein Volk seine Pronomina aus diesen Ortsadverbien hernehmen könnte. Es hat mir dies um so wichtiger geschienen, als es ein Beweis mehr ist, wie die reinen Formen der Anschauung, Raum und Zeit, vorzugsweise geeignet sind, die in der Sprache so häufig vorkommende Uebertragung abgezogner oder schwer zu versinnlichender Begriffe in concrete zu vermitteln. Ein Ausdruck der Neuseeländischen Sprache kommt der Bezeichnung des *du* auf eine schöner anschauliche Weise sehr nahe, und enthält eine sinnliche Analogie, die in andren Sprachen zur Bildung dieses Pronomi- nallauts hätte dienen können. Diese Sprache bildet bei mehreren Wörtern den Vocativus nicht so, dass sie den ihm eigenthümlichen Anruf *e* vor den Nominativus setzt, sondern braucht ein ganz eignes Wort für denselben. So ist *matûa* der Vater, *tâma îne* die Tochter, aber o Vater *e pâ*, o Tochter *e kô*. Es ist dies ein in die Sprache übergegangener höchst

---

38   Cirbieds Grammatik. 554. 555.

39   Villotte führt zwar dies Adverbum nur bei *illic*, bei *istic* aber *antr* [an]. Ich halte aber das End-*r* für keinen Wurzellaut des Pronomen.

natürlicher Redegebrauch. Der Vocativus tritt gänzlich aus der Reihe der übrigen Casus heraus. Indem diese zur objectiven, aus dem Subject hinausgestellten Rede dienen, verbindet er durch eine Handlung des Willens, oder durch eine Empfindung unmittelbar das Subject mit dem Gegenstand, er kann zugleich in den meisten Fällen als der Casus der zweiten Pronominalperson betrachtet werden. Es begreift sich daher leicht, dass man für ihn innigere Ausdrücke, wie *pâ*, oder kürzere, wie *kô* (eigentlich *Mädchen*) ist, braucht. Will man nun einen Menschen überhaupt, für den man keine besondre Benennung hat, anreden, so giebt es dafür ein eignes, in der Beziehung auf Menschen, allein im Vocativ gebräuchliches Wort *mâra*. Nach Lee's Erklärung[40] heisst dies eine demjenigen, der sie anredet, gegenüberstehende Person. *E mâra*, gebraucht wie unser rufendes *du, ihr*, heisst also wörtlich o *gegenüber*. Zugleich aber, und dies ist sichtlich der ursprünglichere Begriff, heisst *mâra* ein offener, der Sonne ausgesetzter Platz, und ist dasselbe Wort mit *mârama*, hell, erleuchtet, Licht. Diese Metapher ist also hier auf das im Gegenüberstehen frei entfaltet da liegende, entgegenleuchtende menschliche Gesicht angewendet. Wir könnten es ganz treu durch o *Antlitz!* übersetzen. Der Ortsbegriff hat damit nur mittelbar zu schaffen.

Diese Abschweifung über die Natur des Pronomen schien mir nothwendig, weil die ursprüngliche Stellung, welche dasselbe wirklich in der Sprache einnimmt, durch die ihm in unsren Grammatiken angewiesene gewissermassen verdunkelt wird. Ich nehme nun wieder den Hauptfaden unsrer Untersuchung auf.

55. Wir haben gesehen, dass der Begriff der Geselligkeit nicht entbehrt werden kann, wenn man den einfachen Act des Denkens zu zergliedern versucht, dasselbe wiederholt sich aber auch im geistigen Leben des Menschen unaufhörlich; die gesellige Mittheilung gewährt ihm Ueberzeugung und Anregung. Die Denkkraft bedarf etwas ihr Gleiches und doch von ihr Geschiedenes. Durch das Gleiche wird sie entzündet, durch das von ihr Geschiedne erhält sie einen Prüfstein der Wesenheit ihrer

---

40 Wörterbuch, *p.* 176. *A person fronting another who addresses him.* Lee übersetzt *e mara* gewöhnlich durch *sir*, und giebt es im Paradigma der Declination *p.* 10. als Vocativ von *rânga tîra, einer aus dem vornehmsten Stande der NeuSeeländer*, an. Man könnte es daher auf diesen Stand beschränkt und unsrem *Durchlaucht* ähnlich halten. Es wird aber in den bei ihm vorkommenden Gesprächen (*p.* 100. 101.) ganz allgemein und bei ganz niedrigen Handarbeitern gebraucht.

innern Erzeugungen. Obgleich der Quell der Wahrheit, des unbedingt Festen für den Menschen nur in seinem Inneren liegen kann, so ist das Anringen seines geistigen Strebens an sie immer mit Gefahren der Täuschung umringt. Klar und unmittelbar nur seine veränderliche Beschränktheit fühlend, muss er sie sogar als etwas ausser ihm Liegendes ansehn, und das mächtigste Mittel ihr nahe zu kommen, seinen Abstand von ihr zu messen, ist die gesellige Vereinigung mit Andren. So ist die Sprache ein nothwendiges Erforderniss zur ersten Erzeugung des Gedanken, und zur fortschreitenden Ausbildung des Geistes.

56. Die geistige Mittheilung setzt, von dem Einen zum Andren übergehend, in diesem etwas ihm mit jenem Gemeinsames voraus. Man versteht das gehörte Wort nur, weil man es selbst hätte sagen können. Es kann in der Seele nichts, als durch eigne Thätigkeit vorhanden seyn, und das Verstehen ist ebensowohl, als das Sprechen, selbst eine Anregung der Sprachkraft, nur in ihrer innern Empfänglichkeit, wie dieses in seiner äusseren Thätigkeit. Es ist daher dem Menschen auch so natürlich, das eben Verstandene gleich wieder auszusagen. Die Sprache liegt mithin in jedem Menschen in ihrem ganzen Umfange, was aber nichts anders sagen will, als dass jeder ein durch eine bestimmt modificirte Kraft, anstossend und beschränkend, geregeltes Streben besitzt, die ganze Sprache, wie es äussere oder innere Veranlassung herbeiführt, nach und nach hervorzubringen, und hervorgebracht zu verstehen. Diese modificirende Kraft ist, wie jede, natürlich eine individuelle, aber nach allen den Gattungsbegriffen individualisirt, vermöge welcher jede Gattung gegen eine allgemeinere höhere als Individuum genommen werden kann. Sie ist mithin die allgemeine Sprachkraft, bestimmt durch den Völkerstamm, die Nation, die Mundart, dann in ihren Lautzeichen feststehend, ferner in der Art des Gebrauches bestimmt durch alle inneren Beschaffenheiten und äusseren Zufälligkeiten, die das Gemüth mächtig genug ergreifen, um die Wirkung in der Sprache fühlbar zu machen, zuletzt bestimmt durch die in keine allgemeinere Kategorie mehr zu bringende Individualität. Jede dieser bis zum Allgemeinsten aufsteigenden Stufen bildet eine Sprachsphäre, die durch das allem unter ihr Begriffenen Gemeinsame, und durch das von dem ausser ihr Befindlichen Verschiedne abgegränzt wird. Die factische Sprachuntersuchung kann in diesen verschiedenen Sphären nur von den untersten zu den höheren aufsteigen. Aber die allgemeine betrachtende muss an dem so gesammelten Stoff auch den umgekehrten Gang versuchen, bei den verschiedenen in Betrachtung

kommenden Punkten, z.B. beim Alphabet, die sich factisch ergebenden Gränzen der menschlichen Sprache überhaupt abstecken, in diesem weiten Gebiete die kleineren, wieder einander untergeordneten Sprachgattungen absondern, und überall darauf sehen, ob und wie die Eigenthümlichkeiten jeder von diesen sich unter einen Begriff fassen lassen. Denn aufzusuchen, wie das Besondre in seinem geschichtlichen Daseyn ein durch die Idee gegebenes Ganzes bildet, ist der Zweck jeder historischphilosophischen, vorzüglich aber der Sprachuntersuchung.

57. Jede Vielfachheit des in sich Gleichartigen führt diese Aufgabe mit sich, und sie wird zu einem doppelt dringenden Bedürfniss da, wo die Untersuchung, wie bei der Sprache, nicht bloss dahin leiten soll, zu erkennen und darzustellen, sondern zugleich und hauptsächlich bildend zurückzuwirken. Den allgemeinen Zusammenhang der Sprachen erklärt nun zwar allerdings die Gleichartigkeit der menschlichen Natur, in der ähnliche Kräfte nach gleichen Gesetzen wirken. Eine tiefere Untersuchung und vollere Würdigung der Sprache scheint mir aber noch viel weiter und auf einen Punkt zu führen, zu dem ich bis jetzt nur durch leichtere Betrachtungen den Weg habe bahnen wollen, und auf dem keine weitere Erklärung möglich ist, wie denn keine metaphysische d.h. auf die Ergründung des Seyns an sich gehende Untersuchung weiter als an das Ende des zu Erklärenden zu leiten vermag. Mir nun – denn ich spreche dies lieber in dem Tone innerer Ueberzeugung, als mit der Zuversicht allgemeiner Behauptung aus – scheint das Wesen der Sprache verkannt, der geistige Process ihrer Entstehung (nicht der an sich, sondern auch der im jedesmaligen Sprechen und Verstehen) nur scheinbar erklärt, und ihre mächtige Einwirkung auf das Gemüth unrichtig gewürdigt zu werden, wenn man das Menschengeschlecht als zahllose zu Einer Gattung gehörende Naturen, und nicht vielmehr als Eine in zahllose Individuen zerspaltene betrachtet, eine Ansicht, zu der man auch in ganz andren Beziehungen, als in der der Sprache, und von ganz anderen Punkten aus gelangt. Die Verschiedenheit der beiden einander gegenübergestellten Behauptungen ist einleuchtend, da die innere Verwandtschaft des Menschengeschlechts nach der letzteren auf der Einheit des Wesens desselben, nach der ersteren nur auf der Einheit der Idee beruht, welche dasselbe, betrachtend oder schaffend, zusammenfasst.

58. In der Art dieser Verwandtschaft liegt das Geheimniss der menschlichen Individualität verschlossen, das man zugleich als das des menschlichen Daseyns ansehen kann. Es ist der Punkt, in dem sich in

einem auf den irdischen folgenden Zustande vorzüglich eine Verschiedenheit erwarten lässt, die dann, wenn Bewusstseyn beide Zustände verknüpfte, zugleich eine durchgängige Umänderung aller bisherigen Ansichten hervorbringen würde. Erklären und ergründen lässt sich dies Geheimniss nicht, aber zur richtigen Erklärung der Erscheinungen und zur Richtung des intellectuellen Strebens muss man sich hüten, das wahre Wesen jener Verwandtschaft der menschlichen Individualität zu verkennen, es bloss aus logischen und discursiven Begriffen schöpfen zu wollen, statt es in der Tiefe des inneren Gefühls, und in einem die Untersuchung bis zu ihren Endpunkten verfolgenden Nachdenken aufzufassen. Man gewinnt daher schon, wenn man die im Vorigen als die richtige angegebene Ansicht auch nur in der Form geahndeter Möglichkeit als eine warnende stehen lässt, sich nicht in die entgegengesetzte zu verschliessen.

59. Was für mich am überzeugendsten für die Einheit der menschlichen Natur in der Verschiedenheit der Individuen spricht, ist das oben Gesagte: dass auch das Verstehen ganz auf der inneren Selbstthätigkeit beruht, und das Sprechen mit einander nur ein gegenseitiges Wecken des Vermögens des Hörenden ist. Das Begreifen von Worten ist durchaus etwas Andres, als das Verstehen unarticulirter Laute, und fasst weit mehr in sich, als das blosse gegenseitige Hervorrufen des Lauts und des angedeuteten Gegenstandes. Das Wort kann allerdings auch als untheilbares Ganzes genommen werden, wie man selbst in der Schrift wohl den Sinn einer Wortgruppe erkennt, ohne noch ihrer alphabetischen Zusammensetzung gewiss zu seyn, und es wäre möglich, dass die Seele des Kindes in den ersten Anfängen des Verstehens so verführe. So wie aber nicht bloss das thierische Empfindungsvermögen, sondern die menschliche Sprachkraft angeregt wird (und es ist viel wahrscheinlicher, dass es im Kinde keinen Moment giebt, wo dies, wenn auch noch so schwach, nicht der Fall wäre), so wird auch das Wort, als articulirt, vernommen. Nun aber ist dasjenige, was die Articulation dem blossen Hervorrufen seiner Bedeutung (welches natürlich auch durch sie in höherer Vollkommenheit geschieht) hinzufügt, dass sie das Wort unmittelbar durch seine Form als einen Theil eines unendlichen Ganzen, einer Sprache, darstellt. Denn es ist durch sie, auch in einzelnen Wörtern, die Möglichkeit gegeben, aus den Elementen dieser eine wirklich bis ins Unbestimmte gehende Anzahl anderer Wörter nach bestimmenden Gefühlen und Regeln zu bilden, und dadurch unter allen Wörtern eine Verwandtschaft, entspre-

chend der Verwandtschaft der Begriffe, zu stiften. Die Seele würde aber von diesem künstlichen Mechanismus gar keine Ahndung erhalten, die Articulation ebensowenig, als der Blinde die Farbe, begreifen, wenn ihr nicht eine Kraft beiwohnte, jene Möglichkeit zur Wirklichkeit zu bringen. Denn die Sprache kann ja nicht als ein daliegender, in seinem Ganzen übersehbarer, oder nach und nach mittheilbarer Stoff, sondern muss als ein sich ewig erzeugender angesehen werden, wo die Gesetze der Erzeugung bestimmt sind, aber der Umfang und gewissermassen auch die Art des Erzeugnisses gänzlich unbestimmt bleiben. Das Sprechenlernen der Kinder ist nicht ein Zumessen von Wörtern, Niederlegen im Gedächtniss, und Wiedernachlallen mit den Lippen, sondern ein Wachsen des Sprachvermögens durch Alter und Uebung. Das Gehörte thut mehr, als bloss sich mitzutheilen, es schickt die Seele an, auch das noch nicht Gehörte leichter zu verstehen, macht längst Gehörtes, aber damals halb oder gar nicht Verstandenes, indem die Gleichartigkeit mit dem eben Vernommenen der seitdem schärfer gewordenen Kraft plötzlich einleuchtet, klar, und schärft den Drang und das Vermögen, aus dem Gehörten immer mehr und schneller in das Verständniss hinüberzuziehen, immer weniger davon als blossen Klang vorüberrauschen zu lassen. Die Fortschritte geschehen daher auch nicht, wie etwa beim Vocabellernen, in gleichmässigem, nur durch die verstärkte Uebung des Gedächtnisses wachsendem Verhältniss, sondern in beständig sich selbst steigerndem, da die Erhöhung der Kraft und die Gewinnung des Stoffs sich gegenseitig verstärken und erweitern. Dass bei den Kindern nicht ein mechanisches Lernen der Sprache, sondern eine Entwicklung der Sprachkraft vorgeht, beweist auch, dass allen menschlichen Kräften ein gewisser Zeitpunkt im Lebensalter zu ihrer Entwicklung angewiesen ist, und dass unter den verschiedenartigsten Umständen alle Kinder ungefähr in demselben, nur innerhalb eines kurzen Zeitraums schwankenden Alter sprechen und verstehen. Wie aber könnte sich der Hörende bloss durch das Wachsen seiner eignen sich abgeschieden in ihm entwickelnden Kraft des Gesprochenen bemeistern, wenn nicht in dem Sprechenden und Hörenden dasselbe, nur individuel und zu gegenseitiger Angemessenheit getrennte Wesen wäre, so dass ein so feines, aber gerade aus der tiefsten und vollsten Natur desselben geschöpftes Zeichen, wie der articulirte Laut ist, hinreicht, beide auf übereinstimmende Weise, vermittelnd, anzuregen?

60. Indem die Absonderung und Vermischung der Nationen die Menschen aus einander oder zusammen rückt, tritt die Trennung der

Individualität mehr oder weniger der Einheit des Wesens entgegen. Aber die Einheit der menschlichen Natur überhaupt beweist sich auch darin, dass Kinder jedes Volkes, vom Mut terschoosse in jedes fremde versetzt, ihr Sprachvermögen in dessen Sprache entwickeln. Da die Unmöglichkeit eines mechanischen Erlernens der Sprache im Vorigen bewiesen ist, so kann diese Erscheinung nicht gerade umgekehrt als ein Beweis angeführt werden, dass die Sprache bloss ein Wiedergeben des Gehörten sey, und ohne Rücksicht auf Einheit oder Verschiedenheit des Wesens vom Umgang abhange. Ihr Grund liegt allein darin, dass der Mensch überall Eins mit dem Menschen ist, und die Entwicklung des Sprachvermögens daher an jedem andren gegebenen, in seinem Erzeugniss noch so verschiedenen geschehen kann. Gerade aber die Vertheilung in Nationen beweist die gar nicht äusserliche, sondern ganz innerliche Natur der Sprache, indem sie die Gewalt der Abstammung auf sie zeigt. Der Einfluss dieser auf die Stimmwerkzeuge ist von selbst klar, da sie doch individuell und der Sprache der Völker gemäss modificirt seyn müssen, und nun im Aneignen und Widerstreben diese Modification jeder Wirkung auf sie beimischen. Nichts aber steht so vereinzelt im Menschen, und auch das intellectuelle Sprachvermögen kennt gewiss eine solche stammartige Anlage. Auch in jenen ausserordentlichen Fällen früher Versetzung in ganz fremde Nationen würde feinere Beobachtung die Wirkungen dieses Einflusses nicht verkennen. Achtete man nur hinlänglich auf Erscheinungen dieser Art, so liessen sich selbst in dem feinsten und geistigsten Gebrauche der Sprache, in der Literatur der Nationen, Individuen aufweisen, die, von Kindheit an ihrer Sprache, die sie nicht einmal erlernten, entfremdet, doch immer im Gebrauche der angeeigneten verriethen, dass ihre ursprüngliche Bestimmung zu einer andren, gegen die Natur ihres Wesens, verrückt worden war. Der innige Zusammenhang der Sprache mit der physischen Abstammung, und dadurch ihr Ursprung aus der Tiefe des Wesens und die durch die Abstammung bedingte Einheit der menschlichen Natur gehen auch aus den gewöhnlichen Thatsachen hervor, dass die vaterländische Sprache für die Gebildeten und Ungebildeten eine viel grössere Stärke und Innigkeit besitzt, als eine fremde, dass sie das Ohr, nach langer Entbehrung, mit einer Art plötzlichen Zaubers begrüsst und in der Ferne mit Sehnsucht berührt, dass dies gar nicht auf dem Geistigen in derselben, dem ausgedruckten Gedanken oder Gefühle, sondern gerade auf dem Unerklärlichen, dem Individuellsten, auf ihrem Laute beruht, dass es ist, als wenn man mit dem heimischen einen Theil seines Selbst vernähme.

61. Ich habe im Vorigen (§. 31-60.) die Sprache als Organ des Denkens dargestellt, und mich bemüht ihr in der Thätigkeit ihres Erzeugens zu folgen. Ich wende mich jetzt zu dem durch das Sprechen, oder vielmehr durch das Denken in Sprache Erzeugten. Auch hier findet sich, dass die Vorstellungsart, als thue die Sprache nicht mehr, als die an sich wahrgenommenen Gegenstände zu bezeichnen, weit entfernt ist, ihren tiefen und vollen Gehalt zu erschöpfen. Ebensowenig als ein Begriff ohne sie möglich ist, ebensowenig kann es für die Seele ein Gegenstand seyn, da ja jeder äussere Gegenstand nur vermittelst des Begriffes für sie Wesenheit erhält. In die Bildung und den Gebrauch der Sprache geht nothwendig die ganze Art der subjectiven Wahrnehmung der Gegenstände über. Denn das Wort entsteht ja aus dieser Wahrnehmung, und ist nicht ein Abdruck des Gegenstandes an sich, sondern des von diesem in der Seele erzeugten Bildes. Da aller objectiven Wahrnehmung unvermeidlich Subjectivitaet beigemischt ist, so kann man schon unabhängig von der Sprache jede menschliche Individualität als einen eignen Standpunkt der Weltansicht betrachten. Sie wird aber noch viel mehr dazu durch die Sprache, da das Wort sich, der Seele gegenüber, auch wieder selbst zum Object macht, und eine neue, vom Subject sich absondernde Eigenthümlichkeit hinzubringt, so dass nunmehr in dem Begriffe ein Dreifaches liegt, der Eindruck des Gegenstandes, die Art der Aufnahme desselben im Subject, die Wirkung des Worts, als Sprachlaut. In dieser letzten herrscht in derselben Sprache nothwendig eine durchgehende Analogie, und da nun auch auf die Sprache in derselben Nation eine gleichartige Subjectivitaet einwirkt, so liegt in jeder Sprache eine eigenthümliche Weltansicht. Dieser Ausdruck überschreitet auf keine Weise das Mass der einfachen Wahrheit. Denn der Zusammenhang aller Theile der Sprache unter einander, und der ganzen Sprache mit der Nation ist so enge, dass, wenn einmal diese Wechselwirkung eine bestimmte Richtung angiebt, daraus nothwendig durchgängige Eigenthümlichkeit hervorgehen muss. Weltansicht aber ist die Sprache nicht bloss, weil sie, da jeder Begriff soll durch sie erfasst werden können, dem Umfange der Welt gleichkommen muss, sondern auch deswegen, weil erst die Verwandlung, die sie mit den Gegenständen vornimmt, den Geist zur Einsicht des von dem Begriff der Welt unzertrennlichen Zusammenhanges fähig macht. Denn erst indem sie den Eindruck der Wirklichkeit auf die Sinne und

die Empfindung in das, als Organ des Denkens eigen vorbereitete Gebiet der articulirten Töne hinüberführt, wird die Verknüpfung der Gegenstände mit den klaren und reinen Ideen möglich, in welchen der Weltzusammenhang ans Licht tritt. Der Mensch lebt auch hauptsächlich mit den Gegenständen, so wie sie ihm die Sprache zuführt, und da Empfinden und Handlen in ihm von seinen Vorstellungen abhängt, sogar ausschliesslich so. Durch denselben Act, vermöge welches der Mensch die Sprache aus sich herausspinnt, spinnt er sich in dieselbe ein, und jede Sprache zieht um die Nation, welcher sie angehört, einen Kreis, aus dem es nur insofern hinauszugehen möglich ist, als man zugleich in den Kreis einer andren Sprache hinübertritt. Die Erlernung einer fremden Sprache sollte daher die Gewinnung eines neuen Standpunkts in der bisherigen Weltansicht seyn, da jede das ganze Gewebe der Begriffe und der Vorstellungsweise eines Theils der Menschheit enthält. Da man aber in eine fremde Sprache immer mehr oder weniger seine eigne Welt- ja seine eigne Sprachansicht hinüberträgt, so wird dieser Erfolg nie rein und vollständig empfunden.

224

62. Ich habe bisher mehr von dem Sprechen, als von der Sprache gehandelt. Aus dem Sprechen aber erzeugt sich die Sprache, ein Vorrath von Wörtern und System von Regeln, und wächst, sich durch die Folge der Jahrtausende hinschlingend, zu einer von dem jedesmal Redenden, dem jedesmaligen Geschlecht, der Nation, ja zuletzt selbst von der Menschheit in gewisser Art unabhängigen Macht an. Wir sind im Vorigen darauf aufmerksam geworden, dass der in Sprache aufgenommene Gedanke für die Seele zum Object wird, und insofern eine Wirkung auf sie ausübt, die ihr fremd ist. Aber wir haben das Object vorzüglich als aus dem Subject entstanden, die Wirkung als aus demjenigen, worauf sie zurückwirkt, hervorgegangen betrachtet. Jetzt tritt die entgegengesetzte Ansicht ein, nach welcher die Sprache wirklich ein fremdes Object, ihre Wirkung wirklich aus etwas andrem, als worauf sie wirkt, hervorgegangen ist. Denn die Sprache muss nothwendig (§. 47.) zweien angehören, und gehört in der That dem ganzen Menschengeschlecht an, da sie nun auch in der Schrift den schlummernden Gedanken dem Geiste erweckbar erhält, so bildet sie sich ein eigenthümliches Daseyn, das zwar immer nur in jedesmaligem Denken Geltung erhalten kann, aber in seiner Totalitaet von diesem unabhängig ist. Die beiden hier angeregten, einander entgegengesetzten Ansichten, dass die Sprache der Seele fremd und ihr angehörend, von ihr unabhängig und abhängig ist, verbinden sich wirklich

in ihr, und machen die Eigenthümlichkeit ihres Wesens aus. Es muss dieser Widerstreit auch nicht so gelöst werden, dass sie zum Theil fremd und unabhängig und zum Theil beides nicht sey. Die Sprache ist gerade insofern Object und selbständig, als sie Subject und abhängig ist. Denn sie hat nirgends, auch in der Schrift nicht, eine bleibende Stätte, sondern muss immer im Denken aufs neue erzeugt werden, und folglich ganz in das Subject übergehen; es liegt aber in dem Act dieser Erzeugung, sie gerade ebenso zum Object zu machen; sie erfährt auf diesem Wege jedesmal die ganze Einwirkung des Individuums, aber diese Einwirkung ist schon in sich durch das, was sie wirkt und gewirkt hat, gebunden. Die wahre Lösung jenes Gegensatzes liegt in der oben (§. 57.) angeführten Einheit der menschlichen Natur. Was aus dem stammt, was eigentlich mit mir Eins ist, darin gehen die Begriffe des Subjects und Objects, der Abhängigkeit und Unabhängigkeit in einander über. Die Sprache gehört mir an, weil ich sie hervorbringe. Sie gehört mir nicht an, weil ich sie nicht anders hervorbringen kann, als ich thue, und da der Grund hiervon in dem Sprechen und Gesprochenhaben aller Menschengeschlechter liegt, soweit Sprachmittheilung ohne Unterbrechung unter ihnen gewesen seyn mag, so ist es die Sprache selbst, von der ich diese Einschränkung erfahre. Allein was mich in ihr beschränkt und bestimmt, ist in sie aus menschlicher, mit mir innerlich zusammenhangender Natur gekommen, und das Fremde in ihr ist daher nur meiner augenblicklichen individuellen, nicht meiner ursprünglichen wahren Natur fremd.

63. Der fremde Einfluss, welchem der Mensch im Gebrauche der Sprache unterliegt, ist aber, ausser demjenigen, welchen sie selbst ausübt, bei ihrem engen Zusammenhange mit seinem ganzen übrigen Wesen auch noch der, welchen dieses durch Abstammung, umgebende Lage, und Art des gemeinsamen Lebens erfährt. Muss man sich daher auf der einen Seite hüten, eine Sprache ganz aus den auf die Nation einwirkenden Umständen zu erklären, so darf man auf der andren nicht vergessen, dass auch eine geschichtlich unläugbar überkommene Sprache durch die Nation unglaublich scheinende Abänderungen erleiden kann. Mit dieser zwiefachen Reihe verketteter Wirkungen hat man es bei Sprachuntersuchungen überall zu thun. Denn wie alle das Menschengeschlecht geschichtlich betreffende, versetzen sie immer nur in eine Mitte der Dinge, und einen Anfang sich denken, oder gar erklären zu wollen, würde auf leere Voraussetzungen führen. Auch da, wo weder Geschichte noch Ueberlieferung von einem früheren Zustand Kenntniss geben, und

einen allgemeineren Zusammenhang zeigen, muss man es daher doch immer als eine Aufgabe für die überall hin gerichtete Aufmerksamkeit ansehen, irgend einen zu finden.

64. Wenn man bedenkt, wie auf die jedesmalige Generation in einem Volk Alles das bindend einwirkt, was die Sprache desselben alle vorigen Jahrhunderte hindurch erfahren hat, und wie damit nur die Kraft der einzelnen Generation in Berührung tritt, und diese nicht einmal rein, da das aufwachsende und abtretende Geschlecht untermischt neben einander leben, so wird klar, wie gering eigentlich die Kraft des Einzelnen gegen die Macht der Sprache ist. Nur durch die ungemeine Bildsamkeit der letzteren, durch die Möglichkeit, von der ich weiter unten reden werde, ihre Formen, dem allgemeinen Verständniss unbeschadet, auf sehr verschiedene Weise aufzunehmen, und durch die Gewalt, welche alles lebendig Geistige über das todt Ueberlieferte ausübt, wird das Gleichgewicht wieder einigermassen hergestellt. Doch ist es immer die Sprache, in welcher jeder Einzelne am lebendigsten fühlt, dass er nichts als ein Ausfluss des ganzen Menschengeschlechts ist. Nur weil doch jeder einzeln und unaufhörlich auf sie zurückwirkt, bringt demungeachtet jede Generation eine Veränderung in ihr hervor, die sich nur oft der Beobachtung entzieht. Denn die Veränderung liegt nicht immer in den Wörtern und Formen selbst, sondern bisweilen nur in dem anders modificirten Gebrauche derselben, und dies letztere ist, wo Schrift und Literatur mangeln, schwieriger wahrzunehmen.

65. Die Rückwirkung des Einzelnen auf die Sprache wird noch einleuchtender, wenn man, was zur scharfen Begränzung der Begriffe nicht fehlen darf, bedenkt, dass die Individualität einer Sprache (wie man das Wort gewöhnlich nimmt) auch nur vergleichungsweise eine solche ist, dass aber die wahre Individualität nur in dem jedesmal Sprechenden liegt. Erst im Individuum erhält die Sprache ihre letzte Bestimmtheit, und dies erst vollendet den Begriff. Eine Nation hat freilich im Ganzen dieselbe Sprache, allein schon nicht alle Einzelnen in ihr, wie wir gleich im Folgenden sehen werden, ganz dieselbe, und geht man noch weiter in das Feinste über, so besitzt wirklich jeder Mensch seine eigne. Keiner denkt bei dem Wort gerade das, was der andre, und die noch so kleine Verschiedenheit zittert, wenn man die Sprache mit dem beweglichsten aller Elemente vergleichen will, durch die ganze Sprache fort. Bei jedem Denken und Empfinden kehrt, vermöge der Einerleiheit der Individualitaet, dieselbe Verschiedenheit zurück, und bildet eine Masse aus einzeln

Unbemerkbarem. Alles Verstehen ist daher immer zugleich ein Nicht-Verstehen, eine Wahrheit, die man auch im praktischen Leben trefflich benutzen kann, alle Uebereinstimmung in Gedanken und Gefühlen zugleich ein Auseinandergehen, Dies wird nur da nicht sichtbar, wo es sich unter der Allgemeinheit des Begriffs und der Empfindung verbirgt; wo aber die erhöhte Kraft die Allgemeinheit durchbricht, und auch für das Bewusstseyn schärfer individualisirt, da tritt es deutlich ans Licht.

So wird niemand abläugnen, dass jeder bedeutende Schriftsteller seine eigene Sprache besitzt. Zwar lässt sich entgegnen, dass man unter Sprache nur eben jene Allgemeinheit der Formen, Wörter und Regeln versteht, welche gerade verschiedenartiger Individualitaet Raum erlaubt, und diese Bestimmung des Begriffs ist allerdings in vielfacher Hinsicht zweckmässig. Wo aber von ihrem Einfluss die Rede ist, kommt es doch auf ihre wahre, wirkende Kraft an, und da muss sie in der ganzen Individualität ihrer Wirklichkeit genommen werden. Die angeregte Ansicht lässt sich daher nicht aus dem Gebiete auch der allgemeinsten Sprachuntersuchung verbannen. Es giebt mehrere Stufen, auf denen die Allgemeinheit der Sprachformen sich auf diese Weise individualisirt, und das individualisirende Princip ist dasselbe: das Denken und Sprechen in einer bestimmten Individualität. Dadurch entsteht die Verschiedenheit in der Sprache der Einzelnen, wie der Nationen. Es ist überall nur ein Mehr oder Weniger. Man muss daher bis zur letzten Stufe herabsteigen. Man könnte zwar die Gränze da finden wollen, wo die Sprache, wenn auch individuell nuancirt, sich doch derselben Wörter bedient. Aber auch dies ist schon bei den verschiedenen Classen einer Nation nicht ganz der Fall, und selbst der Einzelne braucht einige vorzugsweise, bedient sich andrer, gleichsam als ihm fremder, schliesst noch andre ganz aus, und bildet sich dadurch, auch ausser den Abweichungen in der Bedeutung, sein eignes Wörterbuch.

66. Die Modificirung der Sprache in jedem Individuum zeigt eine Gewalt des Menschen über die Sprache, so wie wir im Vorigen ihre Macht über ihn dargestellt haben. Diese letztere kann man (wenn man den Ausdruck auf geistige Kräfte anwenden will) als ein physiologisches Wirken ansehen, jene erstere, von ihm ausgehende, ist ein rein dynamisches, in dem auf ihn ausgeübten Einfluss liegt die Gesetzmässigkeit der Sprache, in der aus ihm kommenden Rückwirkung das Princip ihrer Freiheit. Denn es kann im Menschen etwas aufsteigen, dessen Grund kein Verstand in den vorhergehenden Zuständen aufzufinden vermag,

und man würde die Natur der Sprache verkennen, und gerade die geschichtliche Wahrheit ihrer Entstehung und Umänderung verletzen, wenn man die Möglichkeit solcher unerklärbaren Erscheinungen von ihr ausschliessen wollte. Ist aber auch die Freiheit an sich unbestimmbar und unerklärbar, so lassen sich doch ihre Gränzen innerhalb eines gewissen Spielraums auffinden, und die Sprachuntersuchung muss die Erscheinung der Freiheit erkennen und ehren, aber ihren Gränzen sorgfältig nachspüren, um nicht in den Sprachen durch Freiheit für möglich zu halten, was es nicht ist. 229

Dritter Abschnitt: Von der Sprache in Beziehung auf die Vertheilung des Menschengeschlechts in Nationen

67. Die Vertheilung des Menschengeschlechts in grössere und kleinere Haufen hat einen doppelten Ursprung: einen irdischen in dem körperlichen Bedürfniss, dem blossen Naturtrieb und äusseren Umständen, und einen in dem Zusammenhang seines ganzen Daseyns ruhenden, den inneren, dem Menschen selbst nicht immer verständlichen Drang nach dem höchsten durch seine Natur Erreichbaren. Wie die Verzweigung des Menschengeschlechts in Nationen das mächtigste Mittel hierzu ist, habe Ich schon im Vorigen (§. 10-12. 46.) hinlänglich ausgeführt. Geschichtlich muss man dieser Verzweigung zuerst in dem nachgehen, was die nächste und sichtbarste Veranlassung dazu ist, in der physischen Beschaffenheit der Erde. Hier muss die Geographie der Geschichte und der Sprachkunde den Boden vorbereiten, die Vertheilung des Festlandes und der Gewässer, die verschiedenartige Abdachung der Gebirgszüge von den höchsten Gipfeln bis zu den niedrigsten Ebnen, die klimatischen und andren physischen Verhältnisse, kurz die ganze feste und unveränderliche Beschaffenheit des Erdbodens schildern, nach welchen sich die verschiedenen Wohnsitze des Menschengeschlechts umschreiben, und in welchen sich Einflüsse auf die Schicksale der einzelnen Völkerhaufen aufsuchen lassen. Denn der Schauplatz, auf dem er auftritt, die Luft, die er einathmet, der Boden, der ihn ernährt, der freundlichere, ihm aus der Ferne zuwehende Hauch, die von der öderen Höhe erblickte reichere Fülle der Ebne, die ihn anlocken, bestimmen zunächst seinen Entschluss bei der Beibehaltung eines Wohnplatzes und der Wahl eines neuen. Die festen Beschaffenheiten des sich seit Jahrtausenden wenig mehr verändernden Erdkörpers werden auf diese Weise sehr oft bleibende Veranlassungen zu gleichen Begebenheiten. Von denselben Gebirgen steigen durch ganze Zeiträume der Geschichte hindurch Völker herab, und verbreiten sich über die Ebne. Dieselben Gegenden bleiben Strassen wandernder Horden. Dieselben Ebnen, dieselben festen Stellungen führen in ganz verschiednen Jahrhunderten feindliche Heere zusammen. Ein Theil der Schicksale des Menschengeschlechts ist dadurch ganz eigentlich

an den Ort gebunden. Die Sprachkunde muss daher immer zuerst diesen örtlichen Verhältnissen ihre Aufmerksamkeit zuwenden, das Gebiet jeder Sprache, ihren Sitz und ihre Wanderungen, und die Verschiedenheit der Sprachen in jedem geographisch abgesonderten Theile des Erdbodens zu bestimmen versuchen, und nicht wähnen, auch wo es bloss grammatische Untersuchungen gilt, die Sprache von dem Menschen, und den Menschen von dem Boden losreissen zu können. Boden, Mensch und Sprache sind untrennbar in Eins verwachsen.

68. Wir kennen geschichtlich oder auch nur durch irgend sichre Ueberlieferung keinen Zeitpunkt, in welchem das Menschengeschlecht nicht in Völkerhaufen getrennt gewesen wäre. Ob dieser Zustand der ursprüngliche war, oder erst später entstand, lässt sich daher geschichtlich nicht entscheiden. Einzelne, an sehr verschiednen Punkten der Erde, ohne irgend sichtbaren Zusammenhang, wiederkehrende Sagen verneinen die erstere Annahme, und lassen das ganze Menschengeschlecht von Einem Menschenpaare abstammen. Die weite Verbreitung dieser Sage hat sie bisweilen für eine Urerinnerung der Menschheit halten lassen. Gerade dieser Umstand aber beweist vielmehr, dass ihr keine Ueberlieferung und nichts Geschichtliches zum Grunde lag, sondern nur die Gleichheit der menschlichen Vorstellungsweise zu derselben Erklärung der gleichen Erscheinung führte, wie gewiss viele Mythen, ohne geschichtlichen Zusammenhang, bloss aus der Gleichheit des menschlichen Dichtens und Grübelns entstanden. Jene Sage trägt auch darin ganz das Gepräge menschlicher Erfindung, dass sie die ausser aller Erfahrung liegende Erscheinung des ersten Entstehens des Menschengeschlechts (in die sich das Nachdenken vergeblich vertieft, da der Mensch so an sein Geschlecht und an die Zeit gebunden ist, dass sich ein Einzelner ohne vorhandnes Geschlecht und ohne Vergangenheit gar nicht in menschlichem Daseyn fassen lässt) auf eine innerhalb heutiger Erfahrung liegende Weise und so erklären will, wie allerdings in Zeiten, wo das ganze Menschengeschlecht schon Jahrtausende hindurch bestanden hatte, bisweilen eine wüste Insel oder ein abgesondertes Gebirgsthal mag bevölkert worden seyn. Ob daher in dieser weder auf dem Wege der Gedanken, noch der Erfahrung zu entscheidenden Frage wirklich jener angeblich traditionelle Zustand der geschichtliche war, oder ob das Menschengeschlecht von seinem Beginnen an völkerweise den Erdboden bewohnte? darf die Sprachkunde weder aus sich bestimmen, noch, die Entscheidung anderswoher nehmend, zum Erklärungsgrunde für sich

brauchen wollen. Dass die Aehnlichkeit, welche man in allen bisher bekannt gewordenen Sprachen antrifft, und von der sich unbedenklich annehmen lässt, dass auch keine erst zu entdeckende abweichen wird, keinen irgend zulänglichen Beweis auch nur für die Abstammung von Einem Volke abgiebt, muss jedem klar seyn, der über die Natur der Sprache und das Fragmentarische unsrer Geschichte nachdenkt, in welcher auch die älteste Kunde von dem Urbeginn durch einen Abstand getrennt ist, welcher einer unbestimmbaren Menge von Begebenheiten Raum giebt. Die Abstammung von Einem Volke ist aber noch etwas ganz Andres, als die von Einem Menschenpaare, da wir, wenigstens aus der Erfahrung, gar keinen Begriff von der Möglichkeit einer Sprache zwischen zwei Menschen allein besitzen.[41]

69. Dagegen ist die für die Sprachkunde fruchtbare Thatsache die durch alle Geschichte gegebene, dass die Vertheilung des Menschengeschlechts in Nationen beständig Veränderungen erfahren hat, und noch immer erfährt. Diesen forschend nachzugehen ist das Geschäft der Ethnographie, welche die Vereinigung der Geschichte mit der Sprachkunde nothwendig macht. Denn es ist ein Irrthum, wenn man annimmt, dass die Sprachkunde allein über die Einerleiheit oder Verschiedenheit der Nationen entscheiden könne. Sie bedarf vielmehr sogar ganz auf ihrem eignen Gebiet, bei der Prüfung der Verwandtschaft der Sprachen, der Geschichte oft zur Begründung und immer zur Berichtigung ihres Unheils. Man muss es selbst als leitenden Grundsatz annehmen, dass bei nicht ganz nahe verwandten Sprachen die Einerleiheit auch mehrerer Laute und die Aehnlichkeit des grammatischen Baues für sich keinen Beweis gleicher Abstammung abgeben, wenn nicht auch geschichtlich wenigstens die Wahrscheinlichkeit vorhanden gewesener Verbindung feststeht. Erst auf diesen Grund kann die Sprachkunde mit Sicherheit fortbauen. Die Ethnographie hat auch insofern ein andres Gebiet, als die Sprachkunde, als sie die Einerleiheit der Stämme auch da noch verfolgt, wo sie ihre ursprünglichen Sprachen gegen andre vertauscht haben.

70. Der Begriff der Nation ist schon oben (§. 11. 12.) bestimmt worden, allein nach seiner tiefsten geistigsten Bedeutung, welche der gewöhnlichen Ansicht vielleicht fremd erscheint. Er ist auch dort, als ganz mit dem der Sprache zusammenfallend geschildert worden. Beides erfordert

41 Man vergleiche hiermit, was Niebuhr (Römische Geschichte. I. 55.) über die Unzulässigkeit der Sprachableitung von Einem Menschenpaare sagt.

hier noch einige Aufklärung. Wenn man die Wörter *Volk, Nation* und *Staat*, als durch feste Gränzen von einander geschieden ansieht, so bezieht sich das erste auf den Wohnsitz und das Zusammenleben, das zweite auf die Abstammung, das letzte auf die bürgerliche Verfassung. Allein die beiden ersten leiden, dem Sprachgebrauch nach, keine so scharfe Begränzung, und der Begriff des letzten mischt sich sehr oft beiden bei. *Nation* aber gilt vorzüglich als Bezeichnung derjenigen Völkereinheit, auf die alle verschiedenartigen Umstände einwirken, ohne dass man gerade darauf sieht, ob Abstammung oder Sprache innerhalb dieser Einheit dieselben sind, oder sich nicht noch über dieselbe hinauserstrecken. So redet man von der französischen Nation, ohne auf das in Sprache abgesonderte Völkchen der Nieder-Bretagne, von der Spanischen, ohne auf die Vasken, Valencianer und Catalanen zu sehen, von der Schweizerischen, ungeachtet Abstammung und Sprache ihnen mit den Deutschen gemeinschaftlich sind. Dann aber nimmt man das Wort auch wieder in einem viel allgemeineren über ganz verschiedene Wohnplätze und Staaten gehenden Sinn von der Germanischen, Slavischen u.s.w. Nation, obgleich da schon der Plural gebräuchlicher ist.

71. Insofern die Sprachkunde und die Untersuchung des Einflusses der Sprache auf ein Volk, und der Beziehung, in welcher die Völker zu dem Entwicklungsgange der Menschheit stehen, des Begriffes der Nation bedürfen, muss er auf eine zu der oben gegebenen Bedeutung passende Weise genommen werden. In diesem Sinne ist eine Nation ein solcher Theil der Menschheit, auf welchen so in sich gleichartige und bestimmt von andren verschiedene Ursachen einwirken, dass sich ihm dadurch eine eigenthümliche Denk-, Empfindungs- und Handlungsweise anbildet. Insofern ist der Begriff auch ein relativer, da es mehrere unter einander begriffene Sphären der Eigenthümlichkeit geben, und Völker, die in einer beschränkteren einander als verschiedene Nationen entgegenstehen, in einer weiteren zu der nämlichen gehören können. Die wirkliche Verschiedenheit prägt sich allemal auch in Verschiedenheit der Sprache, wäre sie auch nur eine der Mundart, aus, und in der Einerleiheit können verschiedene Sprachen nur insofern zusammenstossen, als der Mensch sich gewöhnen kann, sich mehrerer zugleich, als seiner eignen zu bedienen. Da die Mundarten und getrennt da stehende Volkssprachen allemal der Bildung weichen, so giebt es bisweilen in demselben Volksstamm nationenartige Verschiedenheiten. Der gemeine Nieder-Bretagner oder Gascogner ist in einem andren Sinne Franzose, als der gebildete. Was

nun die Nationen im Grossen gestaltet, lässt sich auf allgemeine Punkte zurückführen. Obenan stehen in diesen Einwirkungen Abstammung und Sprache. Dann folgen das Zusammenleben und die Gleichheit der Sitten. Die dritte Stelle nimmt die bürgerliche Verfassung ein, und die vierte die gemeinschaftliche That und der gemeinschaftliche Gedanke, die nationelle Geschichte und Literatur. Der durch diese gebildete Geist tritt nicht sowohl zu den übrigen Einwirkungen hinzu, als er vielmehr alle zusammenschliessend vollendet. Eine Nation wird erst wahrhaft zu einer, wann der Gedanke es zu wollen in ihr reift, das Gefühl sie beseelt eine solche und solche zu seyn. In Masse, wie einzeln, ist es der Gedanke, in dem der Mensch sich zusammenfasst, seine Naturanlagen sichtet, läutert und ins Bewusstseyn bringt, und sich seine eigenthümliche Bahn bricht. Das Streben, dies Nationalgefühl zu wecken und zu leiten, ist der Punkt, wo die bürgerliche Verfassung in den Entwicklungsgang der Menschheit eingreift; wo es in ihr mangelt oder verfehlt wird, sinkt sie bald selbst zu roher Gewalt oder todter Form hinab.

72. Die Individualitaet und die Nationalitaet, die letztere in dem hier entwickelten Begriff, sind die beiden grossen intellectuellen Formen, in welchen die steigende und sinkende Bildung der Menschheit fortschreitet. Im Bunde mit der alles Menschliche leitenden Macht beherrschen sie die Schicksale des Menschengeschlechts, und bleiben, ist auch diese ihre ursprüngliche Verknüpfung unerforschlich, der wichtigste Erklärungsgrund derselben. Die Sprache lebt und webt in der Nationalität und das Geheimnissvolle ihres Wesens zeigt sich gerade darin vorzüglich, dass sie aus der scheinbar verwirrten Masse von Individualitaeten hervorgeht, unter welchen keine sich gerade einzeln auszuzeichnen braucht. Sie erhält ihre ganze Form aus diesem dunkeln Naturwirken bewusstlos zusammenstimmender Anlagen, da was aus einzelner, noch so richtig berechneter Absicht hervorgeht, sie in sichtbarer Ohnmacht nur gleichsam umspielt. Eine Sprache lässt sich daher nur in Verbindung mit einem Volke denken, und so einfach und bekannt dieser Satz erscheint, so wird die Folge bald zeigen, wie reich er an Folgerungen, und wie oft er übersehen worden ist.

73. Wie sich aber der Mensch an Allem versucht, so hat es auch nicht an Bemühungen gefehlt, wo Einzelne neue Sprachen zu schaffen unternommen haben. Der grosse Leibnitz selbst fasste die Idee einer zu erfindenden Universalsprache. Die Pasigraphie und Pasilalie, deren Kindischheit man glücklicher Weise bald einzusehen anfing, hatten eine ähnliche

Tendenz, da, was nur ihre Erfinder nicht gehörig einsahen, sie sich gar nicht innerhalb der Schranken einer blossen allgemeinen Schrift und Rede für die besondren Sprachen erhalten liessen. Von welcher Art die von einem Araber erfundene Sprache gewesen seyn mag, verdiente eigene Untersuchung. Allein auch unter uncivilisirten Nationen finden sich solche Versuche. Der sowohl durch kühne Eroberungen, als durch innere wohlthätige Einrichtungen bekannte König der Sandwich-Inseln Tammeamea wollte bei Gelegenheit der Geburt eines Sohnes eine neue Sprache unter seinem Volke einführen. Sie war rein von ihm ersonnen, und soll, was aber wohl nicht buchstäblich zu nehmen seyn wird, mit gar keinen Wurzeln der bis dahin geltenden Sprache zusammengehangen haben, und auch in den grammatischen Partikeln ganz abweichend gewesen seyn. Der Unmuth, den ein so widersinniger Einfall erregte, bewog einige Häuptlinge, das Kind mit Gift aus dem Wege zu räumen, und so sank die neue Sprache wieder in Vergessenheit zurück.[42] Was aber hier Tammeamea unternahm, war nichts, als eine im stolzen Uebermuth der Herrschaft ersonnene Erweiterung einer beschränkter schon bestehenden Volkssitte. Auf Tahiti, und bei der Gleichheit vieler Sitten der Südsee-Inseln herrschte vermuthlich Aehnliches auf den Sandwich-Inseln, wurden beim Antritt eines neuen Regenten und bei ähnlichen Gelegenheiten Wörter aus der gemeinen Sprache gänzlich verbannt und neue angenommen. Da in diesen Sprachen, mehr als in andren, in den Namen die Appellativa kenntlich sind, aus denen sie bestehen, ja es kaum ein Appellativum giebt, das nicht zum Namen würde,[43] so schien es vermuthlich eine Entweihung der Königswürde, den Namen des Königs beständig im Munde des Volkes zu lassen. Bei dem Regierungsantritt des Königs *Po-mare (Nacht-Husten)* wurden diese beiden Wörter aus der Sprache verbannt, und in der Benennung des Wassers ist aus ähnlichen Gründen *wai*[44] dem heutigen *pape* (spr. *pæpe*) gewichen. Jetzt ist dieser Gebrauch

236

42   *v.* Chamisso in Kotzebues Entdeckungsreise. Th. 2. S. 46.

43   In Lee's NeuSeeländischem Wörterbuch, und es lässt sich in diesen Dingen immer von einer dieser Sprachen auf die andere schliessen, führt der bei weitem grössere Theil der Wörter die Angabe bei sich, dass sie auch als Personen- oder Ortsnamen dienen.

44   Adrian Balbi's *introduction à l'Atlas ethnographique*. p. 262., wo aber fälschlich *vae* gedruckt ist. *A grammar of the Tahitian dialect.* In der 1821. erschienenen Uebersetzung des Evangeliums Johannes kommt wirklich nur *pape* vor.

in Tahiti abgeschafft. Von den Abiponen erzählt man einen ganz ähnlichen. Bei dem Tode eines Abiponen wird das seinen Namen ausmachende Wort (wenn es noch in der Sprache bedeutsam ist) oder auch das Wort des Gegenstandes, welcher seinen Tod, wenn er ein zufälliger war, veranlasst hatte, verbannt und ein andres, dafür gewähltes, feierlich ausgerufen. Die Bestimmung und der Ausruf der neuen Wörter geschieht durch alte Frauen. So wurde bei dem Tode eines jungen Mannes, der an einer Verwundung durch einen Dorn starb, das damals gebräuchliche Wort *hana* mit *nichirenkate* vertauscht.[45] Wie jede Sprache theils provincielle, theils veraltete sinnverwandte Wörter besitzt, und dies, bei der Vertheilung in viele kleine Stämme, leicht noch mehr bei den Sprachen, von denen hier die Rede ist, der Fall seyn mag; so ist es klar, dass hier bei solchen Gelegenheiten solche Wörter in den Gebrauch hervorgeholt, an die Stelle der bisherigen gesetzt werden, und sich dann mit mehr oder weniger Glück im Munde des Volkes erhalten. Es schien mir aber nothwendig dieser Fälle hier zu erwähnen, wo der Ideengang mich überhaupt auf absichtliche Spracherzeugung führte.

74. Die wahre und ächte ist immer nur die freiwillig und scheinbar zufällig aus den Bedürfnissen und dem innern Drange eines Volkes hervorgehende. In ihr prägt sich die nationelle Eigenthümlichkeit aus, und die Sprache ist so mit dem Volke verwachsen, dass es ein vergebliches Bemühen seyn würde, genau abzusondern, wo sie bestimmend oder Bestimmung empfangend ist. Allein oder vorzüglich durch die Sprache also werden die grossen sich in der Menschengeschichte bewegenden Einheiten bezeichnet. Unter ihnen aber giebt es wieder noch grössere, durch das natürliche Streben des Menschen gegebene, und in dem Entwicklungsgange der Menschheit nothwendige Verbindungen, und auch in diesen ist die Sprache von mehr oder minder grosser Bedeutung. Ich habe gleich im Anfang dieser Schrift (§. 4. 5.) des auf Einheit gerichteten Strebens der Menschheit und seines Verhältnisses zur Sprache erwähnt. Die Völkervereine, welche daraus entstehen, haben verschiedene Ursachen und wirken auf die Sprache in doppelter Art. Unter den wirkenden Ursachen steht die Religion an der Spitze; der Buddhismus, das Christenthum und die Mahumedanische Religion geben grosse Beispiele welthistorischer religiöser Vereine. Der Gottesdienst wählt sich oft eine eigne, alterthümliche oder fremde Sprache, wie die Alt-Slavische Liturgie der

45   Dobritzhoffer's *historia de Abiponibus.* T. 2. p. 199.

Russen und die lateinische der Römischen Kirche. Auch bei nicht civilisirten Völkern kommt dies vor, namentlich auf den Inseln der Südsee.[46] Hier aber rede ich vorzüglich von der Verbreitung derselben Religion über mehrere Nationen und bei dieser besteht die Wirkung auf die Sprache hauptsächlich in dem Uebergange derselben Erzählungen, Ueberlieferungen und Ideen und der mehr oder weniger gleichen Geistesbildung. Sie äussert sich daher theils äusserlich in der religiösen und liturgischen Terminologie, theils innerlicher in dem Wortgehalte der Sprache überhaupt. Das ganze südwestliche Asien bietet einen fruchtbaren Stoff zu diesen Untersuchungen dar, da der grübelnde Tiefsinn der in ihm herrschenden Religion sich ganz eigenthümliche, von der natürlichen Denkweise abweichende Bahnen geöffnet hat. Die andre Art der oben erwähnten zwiefachen Einwirkung auf die Sprache üben die durch sie selbst bewirkten Völkervereine aus. Eine Sprache verbreitet sich nämlich im gemeinsamen Verkehr als Hülfs- oder Nebensprache dergestalt über mehrere Nationen gänzlich verschiedner, dass in diesen nun jeder mehr oder weniger sich zwei verschiedener bedient. So entsteht für diese Sprache ausser ihrem natürlichen, geographischen Gebiet ein zweites zufälliges und historisches. Die Ursachen dieser für die Sprachkunde sehr wichtigen Erscheinung können verschiedener Natur seyn, zu allen wirkt aber unläugbar ein den Menschen natürlich inwohnender Hang mit, die Sprachverschiedenheit, welche sie trennt, auf irgend eine Weise auszugleichen. Denn diese Fälle sind gleich häufig unter civilisirten und uncivilisirten Nationen. Unter jenen darf ich nur an die Allgemeinheit der Französischen Sprache in Europa, der Englischen in Asien, der Spanischen in Amerika erinnern. In diesem letzteren Welttheil ist eine solche Verbreitung Einer Sprache über grosse Länderstriche verschiedener vorzüglich sichtbar. Längst vor der Eroberung zeigte sie sich an der Mexicanischen und Peruanischen Sprache, und gewiss auch aus alter Zeit stammt die grosse Verbreitung der Guaranischen in Süd-, der Delawarischen in Nord-Amerika her. In kleinerem Masse kehrt dieselbe

238

46 Vielleicht stehen mit dieser Sprache die Trauergesänge in Verbindung, welche bei Begräbnissen auf den Tonga Inseln üblich sind. Sie werden in der Volksclasse welche sich diesem Geschäfte widmet, von Vater zu Sohn überliefert, ohne dass sie irgend einer versteht oder ihren Ursprung kennt. Da man deutlich Tongische Wörter darin erkennt, so sind sie vermuthlich in einem veralteten Dialect dieser Sprache gedichtet. Mariner's *account*. Th. 2. *p*. 217.

Erscheinung bei mehreren Amerikanischen Sprachen, z.B. bei der Maipurischen wieder. Es findet sich überhaupt oft in Amerika, dass die Eingebornen mehrere einheimische Sprachen zugleich und mit gleicher Fertigkeit sprechen, was bei der grossen Zerspaltung in kleine Völkerstämme Bedürfniss wird, wozu aber auch eine gewisse Gleichförmigkeit des Baues aller Amerikanischen Sprachen grössere Leichtigkeit darbietet. Die Missionarien haben diesen Umstand und die Verbreitung einzelner Sprachen über mehrere Nationen häufig benutzt, um die grosse Anzahl verschiedener Sprachen für ihren Gebrauch auf eine kleinere zurückzubringen. Sie haben dadurch die Alleinherrschaft einiger befestigt, es ist aber offenbar irrig, sie als die Urheber derselben anzusehen. Das tiefe Eindringen der Arabischen Sprache in Afrika ist an der Hand der Religion, aber der erobernden, sich gewaltsam eindrängenden gegangen, und hat dadurch wohl mehr auf die äussere Civilisation, als die innere Geistesbildung gewirkt. Eine gemeinschaftliche Sprache neben besonderen unterdrückt sehr häufig diese, oder stellt sie in den Schatten, sie bringt auch wohl verwirrende und verunreinigende Vermischungen hervor. Dies ist die äussere, gröbere Wirkung, die ich oben von der inneren, feineren unterschied. In anderen Fällen ist sie, wenigstens scheinbar, gleichgültig, die sich berührenden Sprachen nehmen gegenseitig nichts von einander an, und auch in dem Geiste der Sprechenden lässt ihr Zusammenwirken keine Spur zurück. Wo aber die Gemeinschaft unter hoch ausgebildeten und schon in jeder Art sprachverständigen Nationen Statt findet, ist sie von wichtigem innerem Einfluss. Es ist eine der treflichsten Uebungen für den Geist, wenn er das oft in einer Sprache Gedachte wieder in einer anderen vortragen muss. Der Gedanke wird dadurch unabhängiger von einer bestimmten Art des Ausdrucks, sein wahrer innerer Gehalt tritt deutlicher hervor, Tiefe und Klarheit, Stärke und Leichtigkeit begegnen einander harmonischer. Die Sprachen wirken da nicht geradezu auf einander ein, was immer bedenklich ist, sondern der Geist der Sprechenden wird durch den Gebrauch beider zu allgemeinerem und richtigerem Sprachgefühl, ja selbst Sprachbewusstseyn erhoben, und wirkt nun auf sie in ihrer Eigenthümlichkeit zurück. Es ist daher immer ein unverständiger Nationaleifer, der sich dem Gebrauch einer fremden Sprache widersetzt; der verständige tritt nicht feindlich entgegen, aber hegt, nährt und bewahrt um desto sorgsamer die eigne, um die Gemeinschaft und den Wetteifer beider vorzubereiten. Je mehr sich der gleichzeitige Gebrauch verschiedener Sprachen erweitert, je lebendiger die Gemeinschaft unter vielen wird, desto reicher ist der Gewinn für die Sprachen selbst, desto fruchtbarer ihr Einfluss auf das Denken und die Sprachfertigkeit. Selbst wo eine Zeitlang Vermischung und Verwirrung herrscht, schafft sich der ordnende Geist eine seiner würdige Form. Sind nicht die Lateinischen Töchtersprachen aus einer Periode roher und ungrammatischer Barbarei hervorgegangen? Ueberhaupt leidet die Menschheit gewöhnlich nur an der Dürftigkeit, selten an der Unbezähmtheit des Stoffs. Für diese ist immer die einengende Kraft möglich. Auf ähnliche Weise, wie durch religiöse und Sprachgemeinschaft, können aus andren Ursachen Völkervereine entstehen. Gehen sie aber, wie häufig die politischen, tief in die National-Eigenthümlichkeit ein, so bilden sie mehr eine neue Nation, als sie nur verknüpfende Bande um mehrere schlingen. Das weiteste Streben nach Einheit liegt in der Allgemeinheit des Verkehrs, in der Verbreitung der Civilisation, in dem höheren Begriff der Menschlichkeit. Wie dies auf die Sprachkunde gewirkt hat, ist oben ausgeführt worden, es übt aber auch auf die Sprachen selbst einen mächtigen, äusseren und inneren Einfluss aus und wird durch ihre richtige und consequente Behandlung in seinen wesentlichsten Zwecken gefördert.

75. Es kann wunderbar scheinen, dass ich hier, wo ich von der Beziehung der Sprache auf die Vertheilung des Menschengeschlechts rede, zwei Stufen übersprungen habe, die man sonst sehr zu beachten pflegt, die der Familie und der Racen. Man hat sich gewöhnt, bei der Erklärung des Ursprungs der bürgerlichen Gesellschaft, so wie da, wo man den Entwicklungsgang der Menschheit bezeichnen will, zuerst bei dem Familienleben zu verweilen, und in ihm einen Uebergang zum Volke zu suchen. Es ist aber sehr zu befürchten, dass diese Vorstellungsart, für die keine Erfahrung Zeugniss ablegen kann, auch nicht einmal in der Idee richtig begründet sey. Wenn man das Familiendaseyn auf seinen wahren Begriff zurückführt, so ist es bloss ein vorübergehender, sich immerfort wiederholender Zustand, und kann kaum ohne Beimischung eines volksthümlichen gedacht werden. Wahrer Familienzustand ist nur da, wo die Glieder einer Familie noch unter der Gewalt eines gemeinschaftlichen Erzeugers stehn. Wo sie aus dieser heraustreten, oder dieselbe sich durch den Tod des Stammvaters löst, da hört das eigentliche Familienband auf. Verbrüderte Familien stehen entweder in keiner Verbindung oder in der eines Volks. Denn die verknüpfenden Verhältnisse entspringen nicht mehr aus dem Recht eines Erzeugers, und dies, nicht die auch

in der Nation vorhandene Gemeinschaft der Abstammung und Verwandtschaft bildet den Begriff der Familie in dem bestimmten Sinn, wo man
ihn scharf dem des Volkes entgegensetzt. Sprachen kennen wir nun aber
durchaus nicht im Munde einer einzigen Familie, und wo sich eine solche
Erscheinung irgendwo fände, würde die Familie vermuthlich nur ein
Ueberrest eines untergehenden Volksstammes seyn, die Sprache also
diesem angehören. Entstände indess eine Sprache in der That in einer
abgesondert lebenden Familie, so würde sich diese Erscheinung in nichts
von der unterscheiden, wo sie in einem sehr wenig zahlreichen Volksstamm ihren Anfang nähme. Dass die Sprache nothwendig erst habe
Familiensprache seyn und durch Zusammenrücken der Familien
Volkssprache werden müssen, ist eine ganz leere, durch nichts begrün-
dete und auf nichts anzuwendende Voraussetzung. Dagegen ist es eine
ernsthafte und wichtige Frage, ob eine solche Voraussetzung nur überhaupt denkbar, und eine Sprache anders, als unter einer solchen Mannigfaltigkeit von Individualitäten, als sich nur in einem nicht mehr durch
die Bande blosser Familienverwandtschaft verbundenen Volke findet,
möglich ist? Diese Frage lässt sich zwar nicht apodiktisch beantworten,
wir aber kennen keinen andren Zustand der Sprache, als in einem Volke,
und dürfen uns also nicht erlauben, über den Kreis dieser Erfahrung
hinauszugehen. Insofern ist jene Frage für uns verneinend entschieden.

76. Etwas andres ist es, ob der Familienzustand im Volke und Staate
Berücksichtigung in der Sprachkunde verdient? Allgemein ist dies zu
verneinen. Es giebt aber einzelne Ausnahmen. So hatten die Incas in
Peru eine eigne Familiensprache. Ein andres ähnliches Beispiel ist mir
jedoch nicht bekannt. Es ist ungemein zu bedauern, dass auch Garcilasso
de la Vega, der selbst ein Glied dieser Familie war, und dem wir eine
so sorgfältige und ausführliche Schilderung der Peruanischen Verfassung
und Sitten verdanken, so dürftige Nachrichten über diese Sprache giebt,
dass es durchaus nicht möglich ist, sich einen Begriff von ihrer Beschaffenheit oder ihrem Ursprung zu machen. Der Begriff der Familie war
aber vermuthlich auch in ihr weniger wichtig, sondern sie fällt in die
allgemeinere Kategorie der Mundarten oder Sprachen der vornehmeren
Classen, die wir auch in andren Ländern, namentlich auf der Insel Java,
antreffen, und von denen weiter unten die Rede seyn wird. Indess scheint
sie noch mehr den Charakter einer geheimen Sprache gehabt zu haben,
in welche nur diejenigen eingeweiht waren, die einmal selbst zur Herrschaft gelangen konnten. Vielleicht hieng sie auch mit dem Oberpriester-

thum und der Religion zusammen. In allen diesen Beziehungen würde es gleich wichtig für die Geschichte und die Sprachkunde seyn, wenn sich ausmachen liesse, ob sie eine wirklich fremde, von der Familie, der sie eigenthümlich blieb, in das Land gebrachte und mit Fleiss nicht weiter verbreitete Sprache war, oder bloss eine aus besondrer Behandlung der allgemeinen Landessprache entstandene, entweder durch feinere Ausbildung und strengere Wahl der Ausdrücke, wie unsre Schriftsprache, oder durch unkenntlich machende Veränderung vermittelst veralteter oder ungebräuchlicher Wörter und Formen, oder endlich durch absichtliche Entstellung der Laute und Verdrehung der Bedeutungen. Denn wie sich diese auf sehr unedle Art in der Spanischen Zigeunersprache, dem deutschen Rothwelsch u.s.f. findet, so liesse sich auch eine edle bildliche Behandlung der gewöhnlichen Ausdrücke denken.

77. Dass die Sprachen nicht racen-, ja genau genommen nicht einmal nationenweise unter dem Menschengeschlechte vertheilt sind, und dass sich insofern nicht unbedingt von Gleichheit der Sprache auf Gleichheit der Abstammung schliessen lässt, leuchtet von selbst in die Augen. Geschichtliche Ereignisse können Nationen verschiedenen Stammes dieselben Sprachen, und umgekehrt mittheilen. Die Stammsprache weicht in diesen Fällen einer fremden durch nöthigende Umstände eingedrungenen.[47] Eine schwierige und wichtige Frage aber ist es, ob die racenartige körperliche Verschiedenheit des Menschengeschlechts, die, welchen Ursprung sie auch gehabt haben möge, sich jetzt ausschliesslich durch Abstammung fortpflanzt und verändert, einen Einfluss auf die Beschaffenheit und Bildung der Sprache ausübt, oder nicht? Vollkommen lässt sich zwar auch diese Frage nicht entscheiden, da der ursprüngliche Zustand durch so viele dazwischen getretene Ereignisse verändert seyn kann, dass der heutige dadurch völlig unbeweisend wird. Allein die innere Wahrscheinlichkeit und die jetzige Erfahrung sind durchaus gegen eine solche Annahme. Wie verschieden der Mensch in Grösse, Farbe, Körperbildung und Gesichtszügen seyn möge, so sind seine geistigen Anlagen dieselben. Die entgegengesetzte Behauptung ist durch vielfältige Erfahrung widerlegt, und wohl nie ernsthaft und aus unpartheiischer Ueberzeugung, sondern nur, bei Gelegenheit des Negerhandels, aus schnöder Gewinnsucht oder lächerlichem Farbenstolze gemacht worden.

47   Man sehe mehrere Beispiele dieser Art in Balbi's *Introduction à l'Atlas ethnographique du globe. p.* LXXXII – LXXXVI.

Die Sprache aber geht ganz aus der geistigen Natur des Menschen hervor. Selbst die Verschiedenheit der Sprachorgane, die man übrigens, soviel mir bekannt ist, nie von den Racen behauptet hat, könnte nur unwesentliche Eigenthümlichkeiten hervorbringen, da dasjenige, worauf die Articulation beruht, gleichfalls (§. 35. 36.) ganz intellectueller Natur ist. Die bestimmte nationelle Eigenthümlichkeit eines Hottentotten prägt sich gewiss auch in seiner Sprache aus, und da Alles im Menschen zusammenhängt, so hat auch die allgemeine Negernatur ihren, nur im Einzelnen nicht abzuscheidenden Antheil daran. Sollte aber die Race einen nothwendigen Eintheilungsgrund der Sprachen abgeben, so müssten die Sprachen der Völker Einer Race sich durch Gleichheit des Baues von denen einer andren unterscheiden, und dies ist durchaus nicht der Fall.

78. Am ersten könnte es von den Amerikanern behauptet werden, aus welchen man eine besondre Race zu bilden pflegt. Allein in diesem ganz abgeschlossenen Welttheil hat offenbar die intellectuel einwirkende Gemeinschaft der Nationen einen grösseren Einfluss auf die Aehnlichkeit des Sprachbaues ausgeübt, als die von der Sprache so fern stehende Gleichheit der Farbe und des Körperbaues, gegen die sich ausserdem viele Einwendungen erheben lassen. Aber auch abgesehen davon, kenne ich keine, selbst unwesentliche Eigenthümlichkeit des Amerikanischen Sprachbaues, die allen Amerikanischen Sprachen, ohne Ausnahme, gemeinschaftlich wäre, oder sich nicht auch in Sprachen von Nationen anderer Racen wiederfände. Der doppelte Ausdruck für die 1. pers. plur. des Pronomen und Verbum, ja nachdem der Angeredete ein- oder ausgeschlossen wird, den man für ausschliesslich Amerikanisch gehalten hat, ist in der Mongolischen und Malaiischen Race anzutreffen, und die Verschiedenheit der Conjugation nach der vom Verbum regierten Person des Pronomen im Vaskischen, also bei einem Volke der sogenannten Kaukasischen Race, und unter den Negersprachen namentlich in der Kongoischen. Die Verbindung des Besitzpronomen mit dem Substantivum ist dem Koptischen und vielen Sprachen aller Racen eigen, und wenn ich von keinem Volke ausser Amerika erwähnt gefunden habe, dass diese Verbindung unauflösbar ist, so mag es nur nicht bemerkt worden seyn. Es ist übrigens dies weniger eine Eigenthümlichkeit der Sprache selbst, als eine Vorstellungsweise des Volks, auch in Amerika nicht allgemein, und kann auf keine Weise aus einem Racenunterschied abgeleitet werden. Was sich wirklich von den Amerikanischen Sprachen behaupten, aber auch aus der Abgeschiedenheit des Welttheils erklären

lässt, ist, dass sich keine ganz abweichenden Baues unter ihnen findet. Unter den Negersprachen ist der Unterschied schon bedeutend grösser. Indem sie gewöhnlich die grammatischen Verhältnisse nur durch Affigirung bezeichnen, verändert die Kongoische oft in der Conjugation den Wurzellaut selbst, und die Akraische bildet den Tempusunterschied grösstentheils durch den Accent.[48] Auch scheinen die Negersprachen gar nicht so, wie die Amerikanischen, gewisse fast allen gemeinsame Eigenthümlichkeiten zu haben. Merkwürdig wäre es übrigens, wenn es sich bestätigte, dass ihnen allen der Dualis mangelt. Die auffallendsten Verschiedenheiten finden sich bei den Völkern der Kaukasischen und Mongolischen Race; bei jenen die sich sehr dem Amerikanischen Bau nähernde Vaskische neben so vielen Sanskritischen, bei diesen die Chinesische, deren Grammatik im Gegensatz mit allen übrigen Sprachen steht.

79. Aber auch in der physischen Naturgeschichte des Menschen ist die Eintheilung in Racen, von welchen jede mehrere, ganz verschiedenartige Nationen unter sich begreift, sehr vielen Zweifeln und Einwendungen ausgesetzt. Ohne den so sehr in die Augen fallenden Unterschied der Neger und Weissen wäre man wohl nie auf dieselbe gekommen. Da man diesen beobachtete, wollte man die Idee weiter durchführen. Meiner Ueberzeugung nach aber, hätte man, gerade umgekehrt, die Negern als eine einzelne besonders auffallend abweichende Menschenclasse, nicht aber als einen Typus ansehen sollen, dem man nun gleichartige über das ganze Menschengeschlecht gehende aufsuchen müsste. Es leuchtet in die Augen, dass die Eintheilung in drei, vier und fünf Racen nicht daraus entstanden ist, dass sich wirklich nur soviel sichtbare Unterschiede der Anschauung unwiderleglich darboten, sondern dass man von der Idee ausgieng, solche Classen zu bestimmen, und nun die Menschen, so gut es gelingen wollte, unter dieselben vertheilte. Hätte man einfach sich

48 Die höchst einfache Conjugation besteht nemlich bloss aus dem vor das Verbum gestellten Pronomen. Bloss das Futurum verändert das Pronomen 1. pers. sing. aus *mi* in *ma*, und setzt in den übrigen Personen zwischen das Pronomen und das Verbum die Sylbe *va*. Die drei andren Tempora: Praesens, Imperfectum und Perfectum werden nur durch den Accent unterschieden. Im Praesens und Perfectum (das seiner Natur nach ein Praesens ist) liegt der Accent auf dem Pronomen, *miba*, ich liebe, habe geliebt, im Imperfectum auf dem Verbum, *mibá*, ich liebte. *Grammatikalsk indledelse til tvende – Sprog Fanteisk og Acraisk forfattet af Chr. Protten. S. 35.*

zuerst den Begriff der Race recht klar gemacht, und dann die Nationen der Erde mit einander verglichen, so würde man nie auf eine geringe Zahl so weit verbreiteter Typen gekommen seyn.

Der eigentliche und ursprüngliche Begriff der Race liegt in demjenigen, was sich durch Abstammung mittheilt und erhält.[49] So nennt man ein Pferd von Race, wenn sein Bau gleich daran erinnert, dass es eine unvermischte Reihe edler Voreltern gehabt hat. Wendet man den Begriff auf die Eintheilung von Geschöpfen an, so ist der Racenunterschied der Typus, den Geschöpfe ganz gleicher Art in verschiedener Heimath durch reine Abstammung fort erhalten, und bei gemischter in einer, dieser Mischung entsprechenden Veränderung wiedergeben. Allem Racenunterschied liegt also völlige Gleichheit der Gattung, ja der Art (*species*) zum Grunde. Daher passt er so vorzüglich auf den Menschen, von dem es durchaus nur Eine Art giebt, und keine Verschiedenheit auf mehr, als Eine, zu schliessen berechtigt. Auch trennt der gewöhnlichste Sprachgebrauch diese Begriffe sorgfältig. Unsre Rinder und der Auerochse sind verschiedene Arten, Schweizerische und Holsteinische Kühe verschiedene Racen. Indess schwanken hier die Gränzen in einander. Denn die Arten vermischen sich fruchtbar, und es liegt ihnen ein gemeinsamer Typus zum Grunde. Ein zweites charakteristisches Kennzeichen des Racenunterschiedes ist die Verschiedenheit des ursprünglichen Wohnsitzes. Dass abweichende Racen unter den Einflüssen des nämlichen Wohnsitzes entständen, lässt sich nicht annehmen, und es gehört zu den Bedingnissen der Erdengeschöpfe, dass man sich jedes, wie wandernd es werden möge, von einer Heimath abhängig denkt. Der Mensch überhaupt erinnert an

seine Heimath, die Erde, und jeder einzelne an seine besondre.

Sucht man nun nach diesen Bestimmungen die vorhandenen Menschenracen auf, und sieht man dabei auf die ganze physische Beschaffenheit, den Typus im Allgemeinen, so entdecke ich keine irgend haltbare Gränze, durch die man Racenunterschied von Nationalunterschied deutlich absondern könnte. Nimmt man Nation bloss im physischen, von allen politischen Begriffen getrennten Sinne, so giebt es einen Natio-

49 Man leitet Race von *radix, radius* (als *linea propagionis*) und *ratio* (Ménage h. v.) ab. Es ist aber auffallend, dass die in den Lateinischen Töchtersprachen diesen Wörtern in ihrer eigentlichen Bedeutung entsprechenden Ausdrücke sämmtlich verschieden sind, das Lateinische hingegen die auf Geschlechtslinie angewandten Wörter, *ramus, stirps*, unverändert, nur in metaphorischem Sinne braucht.

nalhabitus, der sich durch Abstammung fortpflanzt und durch Mischung verändert. Warum sollte man diesen nun nicht Racenunterschied nennen? Man könnte zwar diesen letzteren auf den durch körperliche Ursachen bewirkten beschränken, und den Nationaltypus allgemeiner mit Hinsicht auf Verfassung, Cultur und alle andren intellectuellen Einflüsse nehmen. Wie aber ist es möglich, dies im Einzelnen zu unterscheiden? Zwar hat man bei der Eintheilung in Racen eine mehr umfassende, weniger Classen bildende zur Absicht gehabt, und allerdings lassen sich kleinere Verschiedenheiten, als allgemeine Aehnlichkeiten, grösseren entgegensetzen. Dadurch aber wird diese Eintheilung zu einer bloss ideellen eines Systems, von dem sich niemals alle Willkührlichkeit trennen lässt. Es giebt in diesem Verstande keine Racen unter den Menschen, sondern die Menschen lassen sich, ihren Verschiedenheiten nach, unter gewisse Racen bringen. Man denkt es sich freilich anders, und begreift unter Race verschiedne, aber näher mit einander verwandte Nationen zusammen, die man als von Einem Stamm herkommend ansieht. Allein diese Verwandtschaftsgrade am körperlichen Habitus mit irgend einiger Sicherheit zu unterscheiden, dürfte wohl immer ein vergebliches Bemühen bleiben, und da das Menschengeschlecht doch ein Ganzes ausmacht, müssen auch die Racen wieder mit einander verwandt seyn. Man kommt also auf diesem Wege nicht zu einem festen Begriff, sondern zu stufenweis näherer und entfernterer Verwandtschaft.

Ein Unterschied zwar scheint zu einer allgemeinen Eintheilung zu berechtigen. Es ist der der Hautfarbe, da offenbar ganz verschiedene Nationen constant dieselbe haben und bei Mischungen die Abschattungen sich, wie eine Farbenleiter berechnen lassen. Er ist unverkennbar der 248 einzige haltbare Eintheilungsgrund des äusseren Typus des Menschgeschlechts. Dagegen lässt sich eher bezweifeln, ob er in irgend einer Rücksicht ein an Folgerungen fruchtbarer sey? Der Zusammenhang der Farbe mit der Organisation ist überhaupt noch nicht mit hinlänglicher Genauigkeit erörtert. Die Säugethiere sind auf eine geringere Zahl von Farben beschränkt, als die Fische und Vögel, und unter ihnen auf die kleinste der Mensch. Bei den Vögeln steht die Schönheit der Farben mit der Geschlechtsentwicklung und der Stimme in Verbindung. Die Menschen werden nicht, wie einige Thiergattungen, zufällig mit verschiednen Farben geboren, sondern immer mit derselben, ihrer Abstammung entsprechenden. Die abweichenden Fälle sind krankhafte Ausnahmen. Doch ist dies hier und da auch Thiergattungen eigen. In Italien erkennt man die einheimischen Rinder an der weissen, die Schweizerischer Abkunft an der braunrothen Farbe.

Aber auch in der menschlichen Hautfarbe sind doch nur Schwarz und Weiss die bestimmten Unterschiede. Vielleicht noch das Amerikanische Kupferroth. Was sonst gebräunte Farbe ist, dürfte schwerlich scharfe Abgränzung erlauben. Ob nun die weisse oder schwarze Farbe die ursprüngliche ist, ob die schwarzen Menschen unter Umständen schwarz geworden, oder von dem ganzen ursprünglich schwarzen Geschlecht ein Theil mehr oder weniger gebleicht ist, wer will dies entscheiden? Wer entscheidet überhaupt, ob die Menschen an einem einzigen Punkte der Erde, oder an mehreren zugleich entstanden sind? Man mag das Schaffen als wiederholte unmittelbare Willensacte, oder als das Setzen Einer sich selbst entwickelnden Naturkraft betrachten, so sprechen gleichviel Gründe für die eine und die andre Annahme. Das aber lässt sich mit unumstösslicher Gewissheit behaupten, dass, wenn man den Menschen in seinen höchsten Beziehungen auf Intellectualität und Empfindung, Dichtung und Kunst nimmt, die weisse Farbe allein die seinem Geschlechte bestimmte seyn kann; nicht weil sie die schönste ist, denn dies ist Geschmackssache, aber weil ihre Klarheit und Durchsichtigkeit jeden leisesten Ausdruck erlaubt, und weil sie Mischungen und Nuancen zulässt, da das Schwarz vielmehr ein Aufhören aller Farbe ist.

Unter den schwarzen Menschen giebt es aber nicht nur physiognomische, racenartige Unterschiede, sondern auch Nuancen der Schwärze. Eine besondere Classe bilden die eigentlichen Negern mit wollig krausem Haar, der abgeplatteten Gesichtsbildung, und der eigen anzufassenden Haut. Dies ist also ein besonderer Typus, der aber gerade deswegen gar nicht zu der Forderung berechtigt, andre solche ähnliche Typen im Menschengeschlecht finden zu wollen.

Wendet man nun das hier Gesagte auf die Sprachen an, so ergiebt sich von selbst:

1. dass, wenn der Racenunterschied mit der Nationalität, insofern sie auf reiner Abstammung beruht, zusammenfällt, die Sprachen von demselben entweder ganz, oder insoweit abhängig sind, als nicht Mischungen, Culturverhältnisse und geschichtliche Ereignisse darin Abänderungen hervorgebracht haben;

2. dass, wenn die Raceneintheilung bloss Classification eines wissenschaftlichen Systems ist, die Sprachen insoweit damit in Verbindung

stehen, als man bei Bildung dieses Systems auch auf sie Rücksicht genommen hat;

3. dass, wenn bei der Classification in Racen die Hautfarbe zum Eintheilungsgrunde genommen wird, die Sprachen damit durchaus in keiner irgend erkennbaren Berührung stehen.[50]

80. Alles concentrirt sich daher für die Sprache in dem einzigen Begriff der Nation in dem oben festgestellten Sinne desselben. Die Sprachkunde hat aber nun das doppelte Verhältniss in Betrachtung zu ziehen, wie (§. 81-100.) jede besondre Sprache sich über die verschiedenartigen Individualitaeten, welche eine Nation in sich fasst, verbreitet? und wie (§. 101-155.) die allgemeine menschliche Sprache, die an sich nur in der Gleichartigkeit aller einzelnen erscheint, sich in der Verschiedenheit der Nationen in besondre vertheilt?

Erstes Kapitel: Von der Sprache in Beziehung auf die Verschiedenheit der in der Nation vorhandenen Individualitäten

81. Um dies Verhältnis ganz rein im Auge zu haben, setze ich hier voraus, dass Nation und Sprache gänzlich zusammenfallen, und nur Eine Sprache in wenig gesonderten Mundarten durch die ganze Nation herrsche. Eine solche Sprache geht also immerfort aus der Verschiedenheit aller Einzelnen im Volke hervor, und es ist schon oben (§. 75.) der

---

50 Klaproth hat den Racenunterschied und das Verhältniss desselben zur Sprache in einem eigenen ausführlichen Aufsatz (*Mémoires relatifs à l'Asie.* II. 1-54.) abgehandelt. Die Unhaltbarkeit der bisher über die Racen aufgestellten Systeme ist darin auf das überzeugendste dargethan, und die richtige Folgerung gezogen, dass es unbezweifelt weit mehr als fünf verschiedene Menschenracen giebt, dass aber die bisherigen Beobachtungen noch nicht hinreichen, sie und die aus ihrer Mischung entstandenen Völker bestimmt von einander abzusondern. Dagegen muss ich gestehen, dass ich auf die Beweiskraft der Liste gleichlautender Wörter der Mongolischen und Kaukasischen Race kein besondres Gewicht legen würde. – Gegen die auf die Gesichtsbildung gegründete Benennung der Mongolischen Race erklärt sich Klaproth mit Recht in den *tableaux historiques de l'Asie. p.* 153.

Schwierigkeit erwähnt worden, sich das Entstehen einer Sprache unter wenigen und wenig verschiedenen Individuen zu denken. Etwas Genaues oder gar Numerisches lässt sich freilich darüber nicht bestimmen, aber soviel ist gewiss, dass Sprachen, die jetzt von einer sehr geringen Anzahl von Menschen gesprochen werden, wie die Vaskische, Lettische u.a.m., wenn man in den Reichthum ihrer Ausdrücke und Formen eingeht, unwillkührlich die dringende Vermuthung erwecken, dass sie sich ehemals über viel zahlreichere Stämme verbreitet haben. Gewiss ist es auch, dass Sprachen verhältnissmässig kleiner Bevölkerungen, wie die Holländische, Dänische, Schwedische, gerade hierin ein mächtiges Hinderniss finden, ihrer Literatur den Schwung zu geben, zu dem ihr Bau sie berechtigen würde. Dies liegt aber mehr in der zu nahen Berührung, in welcher diese Sprachen mit Sprachen viel grösserer Volksstämme stehen, und darin, dass die Forschbegier und die Aufmerksamkeit überhaupt sich, ohne Rücksicht auf die Sprache, dahin wenden, wo Literatur und wissenschaftliche Entwicklung die grösseste Ausbeute versprechen. Die Berührung der Welt mit dem Menschen ist der elektrische Schlag, aus welchem die Sprache hervorspringt, nicht bloss in ihrem Entstehen, sondern immerfort, so wie Menschen denken und reden. Die Mannigfaltigkeit der Welt und die Tiefe der menschlichen Brust sind die beiden Punkte, aus welchen die Sprache schöpft. An je mehr und verschiedneren Menschennaturen sich daher die Gegenstände spiegeln, desto reicher ist der Stoff, desto grösser die Kraft der Sprache bei übrigens gleichen Umständen und gleicher Regsamkeit der Einbildungskraft und des Sprachsinns. Hieraus fliesst nun zwar keineswegs die völlige Unmöglichkeit der Entstehung einer Sprache in einer einzigen abgesonderten Familie, ja in einem einzigen Menschenpaare. Was die Sprache, sowohl im Total des Innren ihrer Bedeutungen, als in ihrem Bau an Vollständigkeit bedarf und was jede, auch die scheinbar dürftigste und unvollkommenste besitzt, liegt in der Geschlossenheit jeder, in sich auch immer vollständigen Menschennatur. Aus jedem Einzelnen gehen, wie Strahlen, die Richtungen aus, welche zugleich ein Ganzes der Weltansicht und des Sprachbaus umschliessen. Allein es sind auch Fülle und Mannigfaltigkeit nothwendig, und diese können nur unter Vielen gefunden werden. Es müssen dem Einzelnen vom Andren neue Gegenstände und neue Gestaltungen bekannter zukommen. Diese aber fordern Verschiedenheit der Individualitaet. Nichts überhaupt reizt den Menschen so an, als Fremdartigkeit, in der er doch tiefer verschlossene Uebereinstimmung ahndet.

Alles oben (§. 41. 47.) von der Nothwendigkeit, dass der aufglimmende Gedanke aus einem Andren zurückstrahle, Gesagte verstärkt sich, wenn diese Wechselberührung in grosser Verschiedenheit der Individualitäten Statt findet. Auch in der vollkommen gebildeten Sprache entreisst sich das Wort, als das Eigenste des Daseyns, oft schwer der Tiefe der Brust, wo nun das erste hervorbrechen, der erste articulirte Laut die Bande der thierischen Dumpfheit lösen sollte, mag wohl grosse Kraft und wundervoll begeisternde Anregung dazu nothwendig gewesen seyn, und es ist wohl mit Recht zu bezweifeln, ob diese sich anders, als in dem regsamen Anstoss eines Volkes fanden, wo nicht mehr die gleichartige individuelle Verwandtschaft durch Abstammung sichtbar ist. Wenn man überhaupt bedenkt, dass alles Erheben des menschlichen Daseyns der Geselligkeit bedarf, und dem isolirten Menschen vielleicht immer an der Dunkelheit thierischen Lebens genügt hätte, ja einzelne merkwürdige Beispiele dies beweisen, so befestigt man sich in der Vorstellungsweise, sich die Menschheit in keiner Epoche anders, als in Völker vertheilt zu denken, und zur Entstehung der Sprache die Verschiedenheit der Individualitaet als nothwendig anzusehen, die nur in einem Volke möglich ist. Wie es sich selbst mit der Wahrheit dieser Annahme verhalten möchte, so ist doch keine andre für die Anwendung fruchtbar.

82. Die erste Verschiedenheit der Individualitäten innerhalb einer Nation ist die von der Natur gegebene des Geschlechts und des Alters. Die weibliche Eigenthümlichkeit, die sich so lebendig und sichtbar auch in dem Geistigen ausprägt, erstreckt sich natürlich auch auf die Sprache. Frauen drucken sich in der Regel natürlicher, zarter und dennoch kraftvoller, als Männer aus. Ihre Sprache ist ein treuerer Spiegel ihrer Gedanken und Gefühle, und wenn dies auch selten erkannt und gesagt worden ist, so bewahren sie vorzüglich die Fülle, Stärke und Naturgemässheit der Sprache mitten in der diesen Eigenschaften immer raubenden Bildung, in der sie in gleichem Schritt mit den Männern fortgehen. Sie vermindern dadurch den Nachtheil der Spaltung, den die Cultur immer zwischen dem Volke und dem Ueberrest der Nation hervorbringt. Wirklich durch ihr Wesen näher an die Natur geknüpft, durch die wichtigsten und doch gewöhnlichsten Ereignisse ihres Lebens in grössere Gleichheit mit ihrem ganzen Geschlechte gestellt, auf eine Weise beschäftigt, welche die natürlichsten Gefühle in Anspruch nimmt, oder dem inneren Leben der Gedanken und Empfindungen volle Musse gewährt, frei von Allem, was, wie das Geschäftsleben und selbst die Wissenschaft,

dem Geist eine einseitige Form aufdrückt, nicht selten zwischen äusserer Beschränkung und innerer Sehnsucht in einem Streite, der, wenn auch schmerzhaft, doch fruchtbar auf das Gemüth zurückwirkt, oft der Ueberredung bedürftig und durch innere Lebendigkeit und Regsamkeit zur Rede geneigt, verfeinern und verschönern sie die Naturgemässheit der Sprache, ohne ihr zu rauben, oder sie zu verletzen. Ihr Einfluss geht im Familienleben und im täglichen Umgang so unmerklich in das gemeinsame Leben über, dass er sich einzeln nicht festhalten lässt. Die weibliche Eigenthümlichkeit bringt aber auf die eben gesagte Weise nicht eine eigne Sprache hervor, sondern nur einen eignen Geist in die Behandlung der gemeinsamen. Auch bei genauer Aufmerksamkeit würden sich kaum einzelne Ausdrücke und Wendungen auffinden lassen, welche dem andren Geschlecht mehr, als dem unsrigen eigenthümlich wären. Indess bezeugt Cicero aus seiner Erfahrung, dass veraltete Ausdrücke sich länger im Munde der Frauen erhalten, was, da dasselbe im Volk Statt findet, das im Vorigen Gesagte bestätigt.

83a. Wo beide Geschlechter in grosser Absonderung leben, und wo, was jedoch nicht durchaus bei den Völkern der sogenannten Wilden der Fall ist, das weibliche in grosser Abhängigkeit gehalten wird, könnte man sich wohl die Aussonderung einer Weibersprache aus der gemeinsamen denken. Die immer und unter gleichem Drucke zusammen Lebenden können sich von selbst zu einer Gleichartigkeit der Ausdrücke und Wendungen bilden, und haben auch ein Interesse dem andren Theil unverständlich zu bleiben. Es ist daher zu verwundern, dass von den Gynaeceen der Griechen und den Harems der Morgenländer, so viel ich weiss, so etwas nirgends angedeutet wird. Es mag aber nur am Mangel der Beobachtung liegen. Erwähnt werden, soviel mir bekannt ist, wesentliche Verschiedenheiten der Sprechart der Weiber nur bei Amerikanischen Völkern, und die Erscheinung einer ganzen verschiedenen Weibersprache kommt nur bei den Kariben vor. Glücklicherweise sind die Nachrichten von dieser, wenn auch nicht ganz ausreichend, doch eben so dürftig nicht,[51] und obgleich die Sache noch nicht vollständig unter-

254

51   Sie finden sich in Raymond Breton's 1665. in 8. in Auxerre herausgekommenen *Dictionnaire Caraibe François et François Caraibe*. Er fügt bei einer nicht unbedeutenden Zahl von französischen Wörtern den Weiberausdruck hinzu. Diese habe ich in einem doppelten Wörterbuch gesammelt, so dass man nicht bloss die einheimischen Weiberwörter, sondern auch, was vor-

sucht ist, so scheint diese Weibersprache in der That ein eigner, aber verwandter Dialect des Karibischen. Er hat sich daher, indem er früher einem ganzen Stamm angehörte, wohl nur im Munde der Weiber erhalten, und die Erscheinung gehört, wie man auch bisher meistentheils angenommen hat, mehr der Geschichte, als der Sprachkunde an. In den andren Amerikanischen Sprachen werden nur einzelne, den Weibern eigenthümliche Ausdrücke angeführt. Sie beziehen sich meistentheils hauptsächlich auf die Benennungen der verschiednen Verwandtschaftsgrade; diese aber sind fast durchgängig nach dem Geschlecht des Redenden verschieden, was vermuthlich in der Verschiedenheit der Empfindung seinen Grund hat, mit welcher beide Geschlechter den Familienkreis umfassen. Nur ist der Ursprung gerade dieser Ausdrücke, die in das höchste Alterthum zurückgehen, so dunkel, dass sich der Beweis schwer würde führen lassen. Ausser diesem Fall hat wohl die weibliche Eigenthümlichkeit auf die besondren Sprecharten der Weiber, von denen hier die Rede ist, keinen Einfluss. Sie beruhen auf Lebensweise und Völkersitte. Es wäre sehr wichtig auszumitteln, ob diese Weiberidiotismen wirklich ausschliesslich der neuen Welt angehören. Ich habe es oben mit Absicht zweifelhaft ausgedruckt, und mich auf die Thatsache beschränkt, dass es nur von ihren Sprachen angemerkt wird. Drei verschiedene Ursachen würden es in der That begreiflich machen, dass sich die Aufmerksamkeit wirklich vorzugsweise in Amerika auf diesen Punkt gewandt hätte. Erstlich hat man, wenn man die Sprachen ohne Literatur und Alphabet in Eine Classe wirft, unter diesen von den Amerikanischen bei weitem ausführlichere und in den innern Bau genügender eingehende Schilderungen, als von denen der übrigen Welttheile. Zweitens rühren die der Amerikanischen meistentheils von Katholischen Missionaren her, die einestheils durch die Ohrenbeichte gezwungen wurden auf die Eigenthümlichkeiten der Sprechart der verschiedenen Volksclassen einzugehen, andrentheils wegen der verbotnen Grade beim Heirathen auf die Verwandtschaftsnamen genaue Aufmerksamkeit richten mussten. Endlich war die eigne Sprache der Karibischen Weiber früh bekannt, und der Forschungsgeist fand hierin einen natürlichen Anstoss derselben Erscheinung bei andren Völkerstämmen nachzuspüren. Im Japanischen findet sich ein eignes nur von den Weibern gebrauchtes Pronomen und

züglich wichtig ist, den Kreis der Gegenstände übersehen kann, auf den sie sich erstrecken.

zwar bloss in der 1. Person. Dies ist um so auffallender, als selbst den Semitischen Sprachen, die doch die 2. Person gegen die Analogie der meisten, wenn nicht aller andren Sprachen nach dem Geschlecht unterscheiden, die 1. Person einfach lassen. Das eine der weiblichen Japanischen Pronomina (denn es giebt mehrere, alle aber der 1. Person) ist dasselbe, dessen sich die untren Volksclassen bedienen, *wara*, nur mit hinzugesetztem *wa*, *warawa*; die andren sind alle eigentlich Pronomina reciproca, dem Begriff von *sich* entsprechend. Ihr eigenthümlicher Gebrauch bei dem andren Geschlecht liegt daher vielleicht nur in der von diesem angenommenen Gewohnheit die Ichheit in einem praegnanten Sinn und auf das Selbst, wie auf etwas Drittes bezogen zu bezeichnen.[52]

Diese Eigenthümlichkeit des Japanischen deutet aber übrigens gar keine besondre Weibersprache an, sie ist kaum einmal eine Anwendung der Geschlechts-Unterscheidung auf das Pronomen, sondern scheint ganz wesentlich mit den Abstufungen zusammenzuhangen, welche die Rangverschiedenheit fast in alle Theile des grammatischen Ausdrucks dieser Sprache bringt.

52 Ich habe schon oben (§. 53. ^{c.}) der Verwirrung erwähnen müssen, welche in der Schilderung des Japanischen Pronomen nach den bis jetzt vorhandenen Hülfsmitteln herrscht. An der Thatsache, dass die Weiber sich eines eignen Pronomen 1. pers. bedienen, lässt sich nicht zweifeln. Rodriguez (Landresse, §. 76. *p.* 81.) und Oyanguren (*p.* 21.) bezeugen es einstimmig. Allein über die Beschaffenheit und selbst den Gebrauch der verschiedenen bei ihnen vorkommenden Formen sind sie höchst unbefriedigend. Rodriguez hat *warawa* (ob hier *wa* eine Wiederholung der ersten Sylbe des wahren Pronomens, oder, was wahrscheinlicher ist, die bestimmende, auch an Substantiva gehängte Partikel §. 7. ist, wird nicht gesagt; *ra* ist Bescheidenheits- oder Demuthspartikel. §. 104. *p.* 102.), *wagami* (*waga* ist zugleich pronomen 2. pers., dessen sich Bediente, Schüler und Kinder, vermuthlich unter sich, bedienen; *ga* ist der Ausdruck der grössesten Verachtung, dagegen *mi* ehrende Partikel §. 104. *p.* 101., so dass in der Zusammensetzung *wagami* das *ga* wohl auf irgend eine Weise die ebenso lautende Genitivpartikel ist; *wagamino*, aber auch *mino* allein ist *sui* §. 22.), *midzukara* (*midzukarano*, *sui*), Oyanguren hat die letztere Form unter den weiblichen nicht; dagegen folgende, bei Rodriguez fehlende: *iibun*, *iiko*, ^l*iisin*, sing: *iiga* (dies scheint zu heissen, dass ^l*iisin* der plur. *wir* ist, allein sonst ist das Pluralsuffix *'su*), *iimon*. Unmittelbar darauf setzt er hinzu: und viele von diesen sind dasselbe mit *egomet*, ich selbst, ^l*iisin*, ich in Person, *iimon* ist sich selbst fragen.

83b. Wo es in Amerika eigne Sprachen der Weiber giebt, ist die der Männer die allgemeine für beide Geschlechter. Die besondre der Weiber wird ihnen geheim gehalten, oder von ihnen zu lernen verschmäht. Umgekehrt dagegen haben unter den Mandingo in Afrika die Männer eine besondre, den Weibern unverständliche Sprache, deren sie sich bei gewissen Gelegenheiten bedienen.[53]

84. Mit dem im Vorigen im Vorbeigehn erwähnten besondren Pronomen 1. pers. der Kinder im Japanischen hat es dieselbe Bewandtniss als mit dem der Weiber. In den Amerikanischen Sprachen werden aber sich über einen ganzen Theil der Sprache erstreckende Eigenthümlichkeiten des Ausdrucks der Kinder verschiedner Alters erwähnt. Es kehrt auch hierin nur die Erscheinung wieder, dass beständiger und ausschliesslicher Umgang, und Absicht sich durch Eigenheiten vor andren auszuzeichnen und ihnen unverständlich zu machen im Schoosse der gemeinsamen Sprache besondre Ausdrücke und Wendungen erzeugt. Ausserdem mischt sich in diese Sprecharten natürlich der kindische oder jugendliche Charakter der Sprechenden.

85. Auf conventionelle Art und erst durch Verhältnisse entstanden, welche der Gesellschaft ihren Ursprung verdanken, sind die besondren Sprachen, die in der gemeinsamen aus dem Betriebe desselben Gewerbes, der gleichen Beschäftigung entstehen. Sie erstrecken sich gewöhnlich nur auf den Kreis der sich auf das Gewerbe selbst beziehenden Ausdrücke, und bei uncultivirten Völkern, wo noch die verschiednen Arten menschlicher Thätigkeit nicht so bestimmt getrennt sind, darf man sie gar nicht, als nur dergestalt suchen, dass, die solche Gewerbe vorzugsweise treiben, eine Anzahl von Gegenständen einzeln bezeichnen, welche dem übrigen Volk gleichgültig und unbekannt sind. Wie die Karibische Weibersprache, so ist die mit vielen Wörtern Norwegischen Ursprungs vermischte Sprache der Shetländischen Fischer mehr der Geschichte, als der Sprachkunde angehörend. Sie sollen sich derselben nur, wenn sie in See sind, bedienen. Es fragt sich indess noch, ob dies wirklich bloss eine See- und Fischersprache ist.[54] Das ganze Volk dieser Inseln spricht, insofern es nicht durch höhere Bildung zum Englischen übergegangen ist, noch Norwegisch, da diese Inseln lange den Norwegern und Dänen

---

53   Mithridates. Th. 3. a. S. 167.

54   Balbi's *introduction. p.* 40. Mithridates. Th. 2. S. 302. 303.

unterworfen waren, ja vermuthlich von Norwegen aus zuerst bevölkert wurden.

86. Den wichtigsten Einfluss auf die Sprache und ihre Behandlung hat der Unterschied, welchen höhere Geistesbildung, sorgfältigere Erziehung und mit Rücksicht auf beides sich absondernder Umgang hervorbringen. Dieser Unterschied ist gar nicht nothwendig an gewisse Classen oder Stände gebunden, sondern läuft sehr oft durch alle hindurch, und dies ist für die Sprache, wie für die Bildung selbst der günstigste Fall. Es ist indess natürlich, dass die verschiedene Art der in einem Volke herrschenden Absonderung der Stände und des Ranges mit demselben gewissermassen zusammenfällt, da das, was den Unterschied bildet, doch vorzüglich in dem ausschliessenderen Hingeben des Geistes an Gedanken und Empfindungen liegt, und daher die mehr selbständige Unabhängigkeit, die grössere Freiheit von drückenden Nahrungssorgen, die Entfernung von körperlicher Arbeit die Abstufung ausmachen. Hieran knüpfen sich aber auch, bald in zarteren, bald in roheren Nuancen, Stolz, Herrschbegier und Unterdrückungssucht und arten in die Begriffe blosser Vornehmlichkeit aus. Man kann daher auch in Absicht der Sprache die Sprachen der Bildung und des Ranges nicht ganz als dieselbe Classe ansehen, sondern muss sie oft auf das bestimmteste von einander unterscheiden.

87. Die Bearbeitung von Ideen, die mit Sorgfalt gehegte Dichtung, die wissenschaftliche Behandlung, die Leitung der Staatsgeschäfte in ihren verschiedenen Formen schaffen sich in der gemeinsamen Sprache eine höher und feiner gebildete, die man, da sie selten lange der Schrift entbehrt, die Schriftsprache zu nennen pflegt. Zwischen dieser und der Volkssprache entsteht alsdann ein wohl bei keiner Nation, die eine Literatur besitzt, fehlender Unterschied. Die Religion, ganz auf Ideen beruhend, vereinigt sich gewöhnlich mit der Schriftsprache, es giebt aber auch, wie schon oben (§. 74.) berührt worden, Fälle, wo sie sich eine von der Schrift- und Volkssprache des Landes verschiedene dritte wählt. Das südliche und östliche Asien bietet Sprachen dar, die wir bloss als Schrift- und wissenschaftliche Sprachen kennen, ohne zu wissen, wann
und in welchem Umfang sie gesprochen worden sind. Das Sanskrit, Pali und Kavi sind von dieser Art, sie sind aber, da in diesem Theile des Menschengeschlechts Dichtung, Philosophie und Wissenschaft ganz aus der Religion hervorgehen, ganz vorzüglich religiöse Sprachen. Bloss eigne Mundart dieser Gattung, aber nicht so religiöser, sondern philoso-

phischer und wissenschaftlicher Art ist der alte Stil des Chinesischen, das *Ku-wén*. Dies liegt ganz innerhalb des Kreises, den ich (§. 81.) hier meiner Untersuchung gezogen habe, wo nämlich dieselbe Sprache durch die ganze Nation herrscht. Das *Ku-wén* zeichnet sich aber noch durch eine in sehr wichtigen Punkten abweichende Grammatik aus, und wird dadurch, als viel mehr eigne Sprache, dem Volk unzugänglicher. Dagegen ist die Schriftsprache, wie wir sie z.B. in den Europaeischen Nationen kennen, nur eine eigne Behandlung derselben Sprache. Die Schriftsprache wird zugleich die Umgangssprache der gebildeten Classen, und auch in dieser vereinten doppelten Eigenschaft finden wir sie ganz, auch der Abstammung nach, von der Volkssprache verschieden. Das Hindi ist die Gesellschaftssprache aller Mahomedanischen Höfe in Indien, erstreckt sich über Länder ganz verschiedner Volkssprachen, und besitzt eine eigne ausgebreitete Literatur. Allein auch ohne die letztere und aus dem Schoosse derselben Sprache heraus bildet sich eine solche höhere Gesell-schaftssprache, die in der Wahl der Ausdrücke und Wendungen und den Abstufungen der Geltung der Wörter besteht. Von dieser Art sind die verschiedenen im Malaiischen üblichen Idiome oder Style, wie man sie nennen will. Die Sprache des Hofes, nur zu fürstlichen Personen gebraucht, die der gebildeten Gesellschaft, der Kaufleute und des Volks haben jede ihre eignen, nur für diese Abstufungen passenden Ausdrücke und zwar für die gemeinsten und gewöhnlichsten Dinge, wie schlafen, essen, sterben, sprechen u.s.f.[55] Auch unter uns giebt es Aehnliches, aber nur einzeln, und in grösserer Freiheit, da in jenen Sprachen der Rang-unterschied sich über einen grösseren Kreis von Ausdrücken und Wen-dungen erstreckt, fester bestimmt, und ausserdem an caerimonieuse Formeln, vorzüglich im Gebrauch der Pronomina, gebunden ist. Auch die Mixteka Sprache hat, und wie es scheint, in noch grösserem Umfange, als die Malaiische, ein solches eignes Wörterbuch für die vornehmeren Classen, in welchem namentlich alle Theile des Körpers eigne Ausdrücke annehmen. Ob man sich aber dieser nur im Reden zu diesen Classen bedient, oder ob sie gleichsam eine abgesonderte Sprache für diesen Theil der Nation unter sich ausmachen, ist aus den vorhandenen Nachrichten nicht immer deutlich zu sehen. Im Malaiischen ist jedoch

260

---

55 W. Marsden's *grammar of the Malayan language. p.* XV-XVII.

das Letztere der Fall. Dagegen ist das *bhasa-krama*[56] auf Java seiner Hauptbestimmung nach eine nur von dem Geringeren zum Vornehmeren gebrauchte Sprache, die aber dergestalt durch die ganze Nation geht, dass auch im Volk die Kinder nie anders zu ihren Eltern reden. Diese, so wie alle Vornehmeren antworten in gewöhnlichem Javanischen. Dieser Gebrauch ist um so merkwürdiger, als die Sprache der Verehrung *(bhasa-krama)* nur zum vierten Theil aus gewöhnlichem Javanischen, das auch noch durch die Aussprache und in den Endungen verändert ist, übrigens aber aus Sanskritischen und Malaiischen Wörtern besteht. Am ehesten sollte man Sprachverschiedenheit bei den streng in Kasten geschiedenen Nationen erwarten. Ich kenne indess weder bei den Aegyptiern, noch bei den Indern eine Spur, aus welcher sich dies schliessen liesse. War es wirklich in Indien der Fall, so konnte es wohl nur in der untersten Klasse, bei den Sutras statt finden. Die drei oberen, die Zweifachgebornen, umschlang dazu offenbar ein zu enges religiöses Band. Die Sutras aber konnten eine ganz verschiedne Sprache haben, da sie vielleicht nicht einmal dieselbe Abstammung mit den andren theilten, sondern von diesen unterjochte Urbewohner waren, wie neuerlich Lassen behauptet hat.[57]

88. In den hier erwähnten Fällen erstreckt sich der Einfluss des Rangunterschiedes vorzüglich auf die zu gebrauchenden Wörter und ist lexikalisch; in anderen geht er, mehr oder weniger tief, in den grammatischen Bau ein. Das Gewöhnlichste ist eine Verschiedenheit des Pronomen nach dem Rangunterschiede der Redenden. Spielt nun das Pronomen in der grammatischen Formation keine wichtigere Rolle als z.B. in den Sanskritischen Sprachen, so berührt dieser Gebrauch kaum die eigentliche Sprache. Wenn man im Sanskrit den, welchen man ehren will, mit einem eignen dazu gestempelten Pronomen in 3. pers. sing., im Deutschen mit dem gewöhnlichen Pronomen 3. pers. plur. anredet, so wird dadurch in der übrigen Sprache nichts verändert. Wenn aber, wie

56 Beide Wörter sind auch Malaiisch, und stammen aus dem Sanskrit, *bhâsa*, Sprache, ist *bhâshâ*, dem *krama* entspricht das Malaiische *krâmat*, ehrwürdig, das aus dem Sanskritischen *krama* stammt, welches, von *kram*, gehen, herkommend, Ordnung, Methode, dann aber heilige Vorschrift und Macht, Stärke bedeutet.

57 *de pentepotamia Indica, p.* 28. 29.

im Vaskischen[58] das Pronomen bald indem es vom Verbum regiert wird, bald indem es die angeredete Person anzeigt, einen untrennbaren Theil der Conjugation ausmacht, so bildet es, wenn es eine eigne höflichere Form besitzt, ganz eigne Conjugationen, die durch alle Tempora und *modi* durchgeführt werden müssen. Auffallend ist es, dass in den Amerikanischen Sprachen gerade das Pronomen von allem Rangunterschied frei ist. Denn wenn im Mexikanischen auch die den Substantiven ganz gleich kommenden selbständig gebrauchten Pronomina die Ehrfurchtssylbe der Substantiva annehmen, so verschwindet aller Unterschied da, wo sich das Pronomen, als possessivum, mit den Substantiven, und in sehr verschiedenen Beziehungen mit dem Verbum verbindet.[59] Dagegen bietet die Mexikanische Sprache ein mir sonst im gesammten Sprachgebiet unbekanntes Beispiel des Eindringens des Rangunterschiedes in alle Theile der Grammatik dar. Denn er kann an allen Redetheilen angedeutet werden, ändert alsdann häufig die gewöhnlichen Formen der Wörter und bringt neue, oft sehr lange und verwickelte hervor. Beim Nomen (denn alle unter diesem begriffene Redetheile nehmen diese Bildung an) wird dem Worte die Endung *tzin* angehängt. Es verliert aber vorher seine ursprüngliche Endung und wird auf seine Grundform zurückgeführt. Diese Aenderung nimmt man mit allen Wörtern vor, die sich auf die Ehrerbietung fordernde Person beziehen, und sagt also z.B. nie im Gespräche mit ihr *mo-quauh*, dein Stock, sondern immer *mo-quauhtzin*, dein verehrter Stock. Auch an Eigennamen von Königen findet sich diese Sylbe wie in *Tecpal-tzin, Quauh-temo-tzin*. Beim Verbum ist die Sache verwickelter. So oft von dem Gegenstande der Ehrerbietung die Rede ist, also wo er in 2. oder 3. Person Subject, oder wenn das Verbum in 1. Person steht, Object des Verbum ist, wird allemal, die Bedeutung möge es zulassen oder auch nicht, das reflexive Verbum (das eigentliche Medium der Griechen) gebraucht. Dies genügt aber noch nicht. Dies Medium wird nun weiter entweder in die Gattung der Verben verwandelt, bei welchen der Handlende, ohne selbst die Handlung zu begehen, sie durch einen andren verrichten lässt, oder in die, wo die Handlung, ausser ihrem directen und unmittelbaren Gegenstande, noch einen andren hat, auf den sie sich indirect und mittelbar zu seinem

58   Mithridates. Th. 4. S. 324. 325.

59   Eine höchst wunderbare Höflichkeitsformel ist das schleppende Neugriechische Pronomen, *tou logou mou*, ich u.s.f.

Nutzen oder Schaden bezieht. Will man nun diese Form noch verstärken, so hängt man ausserdem die Ehrfurchtssylbe *tzin* an dieselbe, und behandelt vermittelst der Endsylbe *oa* das Ganze, als ein aus einem Nomen abgeleitetes Verbum.[60] Ob die Bedeutung des Wortes den Gebrauch des Medium und jener Gattungen von Verben zulässt oder nicht, wird durchaus nicht beachtet, die sich auf sie beziehenden Charakteristiken gelten nicht mehr einzeln, als solche, sondern verbunden als Ehrfurchts-

form. Die Unangemessenheit des Begriffs zu ihrer Bedeutung lässt sogar diese leichter in ihnen erkennen. Soll wirklich ein Medium in diese Form treten, so hängt man, ohne weitere Verwandlung, bloss die Endung *tzinoa* daran; ist dasselbe mit den oben angedeuteten Gattungen der Verben der Fall, so verdoppelt man ihre Kennsylben, so dass diese einmal der Bedeutung des Worts, das andremal der Ehrfurchtsform angehören. Die Vorstellungsweise, welche dem Gebrauch dieser Formen zum Grunde liegt, lässt sich im Ganzen wohl einigermassen errathen. Durch das Medium wird der vornehmeren Person ihr Ich zweimal vorgeführt, eine ähnliche Berücksichtigung der Persönlichkeit ist im Gebrauch des Verbum mit doppelter Beziehung enthalten, und die Idee der Verrichtungen durch andre erinnert an Macht und Freiheit von eigner Bemühung. Da aber der Niedrigere, da wo der Vornehmere nur Gegenstand des gebrauchten Verbum ist, auch in 1. Person dieselben Formen braucht, so fällt diese Beziehung derselben ganz hinweg, und man kann sich nicht erwehren zu denken, dass nicht ein Hauptgrund dieses Sprachgebrauchs allein in dem Umschweife des Ausdrucks und der Feierlichkeit der langen daraus entstehenden Formen liegen sollte. Denn das einfache *ni-c-tlasotla* ich liebe ihn, wird in der verstärkten Ehrfurchtsform zu *ni-c-no-tlasoti-li-tzin-oa.*[61]

89. Es ist eine für die Sitten und den Charakter der Nationen nicht uninteressante Bemerkung, dass die erniedrigenden Ausdrücke, deren sich in einigen Asiatischen Sprachen der Geringere gegen den Vorneh-

---

60 Dass man hier gerade die Endung *oa* wählt, liegt wohl daran, dass man die mit *tzin* vermehrte Grundform als ein Adjectivum in *o* ansieht. Dem Verbalbegriff gehört bloss *a* an.

61 *ni* ist das Pronomen der 1. subjectiven, *c* das der 3. objectiven, *no* das der 1. reflexiven Form, *tlasoti* die wegen der gleich folgenden Kennsylbe veränderte Grundform *tlasotla*, lieben, *li* die Kennsylbe der Handlungen zum Nutzen oder Schaden eines Dritten.

meren bedient, wie im Malaiischen: *ich Sklave*, wovon es drei immer demüthigere Abstufungen giebt, im Japanischen: *ich Unwürdiger*, im Chinesischen (gleichsam zur Demüthigung des Gelehrtenstolzes) *ich Einfältiger*, in den Amerikanischen Sprachen gar nicht gefunden werden. 264 Wären die Völker der neuen Welt bloss immer wild herumstreifende Horden gewesen, so wäre dies sehr begreiflich. Da es aber grosse Reiche und mannigfaltige politische Einrichtungen dort gab, so beweist diese Erscheinung, was auch sonst aus der Geschichte dieser Reiche klar ist, dass, ungeachtet des grossen Despotismus der höheren Classen in Mexiko und Peru, demselben doch ein gewisser höherer Geist der Freiheit beigemischt war. Sehr merkwürdig ist es auch, dass diese und ähnliche Benennungen, soviel ich habe entdecken können, in den Sprachen der den Malaien so nahe verwandten Südsee-Insulaner nicht angetroffen werden. Es giebt gar keine eignen Ehrfurchtsformeln in ihnen, und doch sind die Stände bestimmt geschieden, und die gesellschaftliche Bildung ist so verfeinert, dass Mariner's[62] Pflegemutter auf den Tonga Inseln ihn mit Sorgfalt nicht nur in der Reinheit der Sprache von fremden Ausdrücken benachbarter Inseln, sondern auch in Allem unterrichtete, was in Anzug, Sitten und Gespräch dem guten Ton angemessen, und eines *egi*, Edlen, würdig, oder ihm unanständig war. Bei den Mexikanern scheint dem Gebrauch der Ehrfurchtssylbe *tzin* gar nicht Ehrerbietung, sondern Zärtlichkeit zum Grunde zu liegen. Denn diese Ehrfurchtssprache ist zugleich eine des Wohlwollens und der innigsten Liebe, und dies scheint ihr ursprünglicher Sinn. Die Eltern bedienen sich derselben gegen ihre kleinen Kinder, und indem Tapia in seiner Mexikanischen Grammatik,[63] als Beispiele solcher Formen die Redensarten *ti-no-namic-tzin*, du bist mein geliebter Mann, *ti-no-cone-tzin*,[64] du bist mein geliebtes Kind, anführt, versichert er, dass kein Spanischer Ausdruck die Innigkeit desselben erreiche. Es ist nicht zu läugnen, dass die Empfindung und der Begriff inniger mit dem Gegenstande verwebt werden, wenn ihre 265 Bezeichnung, nicht kalt in adjectiver Gestalt daneben gestellt, sondern

---

62 *Account. T. 2. p. 94.*

63 *Arte novissima de lengua Mexicana que dictò D. Carlos de Tapia Zenteno p. 15. 16.*

64 *ti* ist das pron. pers. 2. pers. sing., *no* das pron. poss. 1. pers. sing. *Bist* ist ausgelassen, die Form des persönlichen Pronomen macht von selbst den Ausdruck zum Verbum.

zu einer eignen Sprachform gemacht, ihn gleichsam zu einem ganz andren, dieser Empfindung ganz eignen, stempelt. Durch eine sehr natürliche Ideenverbindung drückt das *tzin* auch Bedauern und Mitleid aus, *koko-s-ka-²tzin-tli*, der arme Kranke.[65] Die als roher beschriebenen Bergbewohner sollen das *tzin* nur in der ersten Person von sich gebrauchen, und zu Andren, auch Vornehmeren, auf die gewöhnliche Weise reden. Tapia legt ihnen dies als eine Rohheit und Grobheit aus. Vermuthlich ist in der Bemerkung nur das Wahre, dass sie *tzin* nicht gegen Fremde gebrauchen. Zur Ehrfurchtssprache mag das *tzin* erst im gesellschaftlichen Zustande (wie Tapia sagt *entre los Indios politicos*) geworden seyn, da auch mag sich zuerst die wunderbare Behandlung der Ehrfurchtsverba ausgebildet haben. Im Gebirge mag *tzin* nur als Ausdruck der Zärtlichkeit und des Bedauerns gelten, im letzteren Sinn mag es der arme, dürftige Bewohner, wie das Volk oft thut (man erinnre sich an das *pobrecito* der Italiäner), von sich brauchen, und natürlich nicht auf den Vornehmeren passend finden. Hierin scheint mir vorzüglich ein Beweis zu liegen, dass diese, in andren Sprachen den Diminutiven gegebene Bedeutung die ursprüngliche ist. Die nahe Verwandtschaft des *tzin* mit der Diminutivsylbe *ton* zeigt die ganz gleiche grammatische Behandlung beider Wörter. Wenn ein mit *tzin* verbundnes Wort ohne Pronomen possessivum steht, nimmt es die erst weggeworfne Substantivendung wieder an; *quauh-tzin-tli*, der verehrte Stock. Dasselbe thut die Diminutivsylbe *ton* im gleichen Fall, und nur sie. Auch die Pluralbildung ist

266 dieselbe bei den Ehrfurchts und Verkleinerungswörtern. Im Mexikanischen der Spanischen Geistlichen kann man diese Ehrfurchtssprache gleichsam als neu aufgelebt ansehen. Sie halten nicht nur darauf, dass sie gegen sie gebraucht werde, sondern die Sprachlehrer (sämmtlich Geistliche) empfehlen auch sorgfältig, überall wo von Gott und göttlichen Dingen die Rede ist, diese umständlichen und schleppenden Formen zu gebrauchen.[66]

65 *kokoa*, krank seyn, eigentlich ein reflexives Verbum: wenn jemand etwas am Leibe schmerzt, das *s* gehört dem Perfectum an, welches der Bildung der Verbal-Adjectiva in *qui* zum Grunde liegt, *ka* entsteht allemal aus der Endung *qui*, wenn das Wort einen andren Zusatz erhält, *tli* ist eine der Substantiv-Endungen.

66 Es wäre interessant den Urspung der Sylbe *tzin* zu kennen. Genau lässt sich die Etymologie nicht angeben. Darauf führen kann, dass *tzin-ti* anfangen heisst. Hierin könnte der Begriff der Kleinheit liegen. Wahrscheinlicher

90. Ich bin absichtlich länger bei diesem Einfluss des Unterschiedes der Stände auf die Sprache verweilt, um an auffallenden Beispielen zu zeigen, wie mehr oder weniger verschiedene Sprachen in derselben Nation und bei gleicher Abstammung herrschend seyn, äussere Umstände, selbst solche, die gar nicht tief in den ganzen Charakter eingehen, die Sprache verändern, ja wie ganz eigenthümlich ihr angehörende Begriffe (wie der des Medium) nach zufälligen Zwecken, ganz gegen ihre ursprüngliche Natur verdreht werden können. Es geht daraus der innige Zusammenhang! zwischen der Sprache und allem den Menschen Betreffenden, und zugleich ihre bewundernswürdige Biegsamkeit hervor, sich jeder an sie gemachten Anforderung hinzugeben, und alles in Begriffen oder Lauten in sie verpflanzte Fremde sich gleich organisch anzubilden, und mit sinniger Berücksichtigung ihrer Zwecke zu gestalten. Allein der zugleich für die Sprache und die Nationalbildung günstige Fall ist immer nur der, wo eine einzige Sprache unvermischt durch die ganze Nation läuft, nur die wesentlichen und natürlichen Bedingungen des menschlichen Daseyns auf sie einwirken, und ihr nichts aufgebürdet wird, was nicht in ihrer eignen Natur freiwillige und leichte Begegnung findet. Nur da ergiesst sich die Sprache frei und wohlthätig durch alle Classen der Nation, und von diesem ihrem Hin- und Zurückströmen zwischen dem Volke und den gebildeteren Ständen, den einzelnen Beschäftigungen Gewidmeten und den ein vielseitigeres Leben Führenden, von diesem wahren Lebensprocesse der Sprache in der Nation muss ich hier noch Einiges hinzufügen.

91. Die Scheidung des Volks von den sich nicht zum Volke Rechnenden ist in dem Daseyn einer Nation so unvermeidlich, dass sie sich wohl in jeder ohne Ausnahme findet, sie ist aber zugleich für Alle was die höchsten Zwecke des Menschen betrifft, so wichtig, dass sie in diesem Gebiet nie einen Augenblick aus den Augen gesetzt werden kann. Der letzte dabei zu erreichende Zweck, um gleich diesen zu bezeichnen, ist nun der, durch eine beständige ungehemmte und energische Gemein-

aber bedeutet *tzin* in diesem Verbum selbst das erste, alte (auch in andren Sprachen als Zärtlichkeits- und noch öfter als Verehrungs-Benennung gebraucht), hinter uns liegende. Die Göttin *Centeotl*, die als die ursprüngliche angesehen wird, führt eigentlich (A. v. Humboldts *Monumens des peuples de l'Amerique. p.* 97.) den Namen *Tzinteotl*. *Tzin-tlan*, wörtlich Hinter-ort, ist eine der Mexikanischen Praepositionen. Daher begegnet sich höchst sonderbarer Weise die Ehrfurchtssylbe *tzin* mit Wörtern ganz andrer Natur.

schaft zwischen diesen beiden Theilen der Nation zu bewirken, dass auf das Volk alle wesentliche Früchte der Bildung, nur mit Ersparung des mühevollen Wegs, auf dem sie erlangt werden, herabströmen, die höheren Stände aber durch den gesunden, geraden, kräftigen, frischen Sinn des Volkes, durch das in ihm lebende Zusammenhalten alles Menschlichen bewahrt werden vor der Mattigkeit, Flachheit, ja Verschrobenheit unverhältnissmässiger Einwirkung einseitiger Bildung. In einem geistig und sittlich gediegenen, starken, unverdorbenen Volke liegt allein die sich erneuernde Kraft der Nation; die Bildung, insofern sie, als philosophische und poetische, Ideen und Empfindungen bearbeitet, führt diesen Stoff nur in eine höhere, mehr idealische Sphäre hinüber, und wendet, als technisch und scientifisch, nur das an wenigen Gegenständen roh und zufällig Erfahrne und Versuchte, auf künstliche Weise und nach Principien, auf viele systematisch an, und schreitet in neuen Erfahrungen und Versuchen fort. Die höheren Stände können und dürfen jener Kraft nicht fremd seyn, und insofern sie sie theilen, bilden sie Eine Masse mit dem Volk, mit dem sie, alle Classen hindurch, namentlich in der Religion, innerlich und äusserlich verknüpfende Bande haben, sie zeichnen sich nur durch andre Bestrebungen und daraus hervorgegangne Fähigkeiten und Ansichten aus. Jene Scheidung ist daher wahrhaft nur da vorhanden, wo die Bildung irre geleitet hat, oder die Natur zur Rohheit hinabgesunken ist. Wo gesunde Natur und ächte Bildung richtig auf einander einwirken, ist weder Spaltung, noch Gegensatz, nur aus andrer Entwicklung der Kräfte entspringende, sich gegenseitig ergänzende Verschiedenheit. Die Gemeinschaft zwischen dem Volk und dem übrigen Theil der Nation beruht nun grösstentheils auf der alle Ideen und Empfindungen vermittelnden Sprache, und wird durch sie so vortreflich bewirkt, da die Sprache die Kunst besitzt, indem sie nur das Bekannte wiederzugeben scheint, in der unmerklich veränderten Geltung des Ausdrucks etwas Verschiedenes darzubieten, und das Neue immer an das schon tief in die Natur Eingegangene zu knüpfen. Es gehört aber dazu nicht bloss Einerleiheit der Sprache überhaupt, sondern die Sprache des Volks und die der Gebildeten müssen einander möglichst nahe bleiben, wozu unter uns das Lesen derselben Bibelübersetzung eins der kräftigsten Mittel ist, es muss zwischen beiden nur die Art des Unterschiedes herrschen, welcher die Classen der Sprechenden selbst charakterisiren sollte, und es müssen sich in die Eine, dort kräftigere, vollere, ungewähltere, und hier verfeinerte Sprache nicht lästige, trennende Höflichkeitsformeln, wie die, von denen wir eben gesprochen, eingedrängt haben.

92. Betrachtet man nun, wie im Vorigen den Einfluss der Sprache auf die Verschiedenheit der Bildungsstufen, so den umgekehrten, welchen sie auf die Sprache ausüben, so liegt zuerst am Tage, dass es ausschliesslich das Volk ist, von dem nicht nur die Sprache ursprünglich ausgeht, sondern das auch immerfort ihre Fülle, ihre Stärke und ihre unmittelbare Beziehung auf die lebendige Anschauung, die Phantasie und das Gefühl bewahrt und erhält. Dies muss man als einen unumstösslichen, wahrhaft leitenden Grundsatz nie ausser Acht lassen. Die höher und feiner gebildeten Classen haben daran natürlich mit Theil, und in dem Grade bedeutender, in dem ihre Bildung in einem richtigen Verhältniss zu dem ganzen Wesen der Nation steht, aber was dies in ihnen bewirkt, ist nicht die Bildung, nicht dasjenige, was sie vom Volk unterscheidet, sondern das, worin ein tüchtiges, unverdorbenes, von Rohheit und Unsitte freies Volk glücklicherweise mit ihnen übereinstimmt. Das Schaffende in der Sprache ist immer die Natur, die bewusstlos die Fülle der Sprache aus sich ergiessende Kraft des menschlichen Geistes im geselligen Zusammenwirken, und das hierüber oben (§. 73. 74.) in andrer Beziehung Gesagte findet auch hier seine Anwendung. Die Bildung läutert und sichtet den empfangenen Stoff; sie führt zuerst, und dies ist auf die ganze Sprache von dem wichtigsten und rein wohlthätigem Einfluss, die Aussprache auf schärfer umgränzte und weniger zahlreiche Laute zurück, die meisten Volksmundarten haben eine grössere Anzahl, besonders unbestimmt in einander übergehender Vocallaute, als die gereinigte Sprache im Munde der Gebildeten; sie bestimmt ebenso genauer die Geltung der Wörter, und sondert die verschiednen Gebiete der Begriffe; sie wirft einen Theil derselben, bald als der anständigeren Sprechart nicht angemessen, bald als Provincialismen zurück; dies macht sie sich zu einem besondren Geschäft, und auch absichtlos geht ihr ein andrer im Gebrauche verloren, indem der Kreis der Gebildeten aus einer geringeren Zahl von Individuen besteht, und eine geringere Zahl wirklicher Gegenstände behandelt, es auch Princip der gebildeten Gesellschaftssprache ist, nur so, wie die Andren zu reden, und sich nicht die Kühnheit zu erlauben Wörter der Volkssprache in sie hinüberzuführen; ebenso wirkt sie auf die grammatischen Formen und Constructionen, regelt dieselben, macht sie gleichmässiger unter sich, behandelt da oft, wie es in vielen deutschen Verben der starken Conjugation, die sich in ihnen

nur noch im Volk erhalten hat, ergangen ist, als Ausnahme, was tief als Regel im innersten Wesen der Sprache begründet ist. Von allen diesen Seiten ist ihr Einfluss läuternd und sichtend, aber verarmend.

93a. Von andren her aber bereichert die Ausbildung auch unläugbar die Sprache. Sie entwickelt und spaltet die Begriffe und erweitert dadurch den Kreis derselben; als Sprache der feineren, von der Natur ferner lebenden Gesellschaft beschränkt sie sich zwar, wie eben bemerkt worden, auf eine kleinere Zahl von Gegenständen, aber als Sprache der Wissenschaft erstreckt sie sich weit über die Volksbeobachtung hinaus über die ganze Natur, sie bedarf also neuer Wörter und bildet diese durch Ableitung und Zusammensetzung aus dem vorhandenen Sprachvorrath, oder entlehnt sie, der minder günstige Fall, aus fremden Sprachen. Noch bedeutender und wohlthätiger wirkt sie durch innerliche Bereicherung, indem sie die Bedeutungen der Wörter auf neue Begriffe und Nuancen derselben hinüberführt, und ihnen eine bis dahin unbekannte Geltung verschafft. Ob die Ausbildung, welche die Sprache durch die feinere Gesellschaft, die Schriftsteller und die Grammatiker erhält, auf die grammatischen Formen schaffend, ihren Kreis erweiternd, wirkt? ist eine schwierige, kaum mit Unterscheidung aller verschiedenen Fälle genau zu beantwortende Frage. Dass die grammatischen Formen im Laufe der Zeit abnehmen, ist gewiss, und namentlich an dem germanischen Sprachstamm durch die meisterhaften, und in keiner andren Sprache bisher aufzuweisenden Arbeiten Jacob Grimm's, denen sich die Boppischen angeschlossen haben, auf das überzeugendste factisch dargethan. Hieran aber möchte ich der Cultur nur den geringeren Antheil beimessen. Es geschieht dies auch im Munde des Volks durch das Abschleifen der Endungen im langen Gebrauch, aber da dies Abschleifen erst entsteht, wenn diese Endungen für das Gefühl bedeutungslos werden, eigentlich durch das Erkalten und Erstumpfen des nur in den früheren Epochen der Sprachen frischen und lebendigen Sprachsinns. Denn wir mögen es nun begreifen oder nicht, so kann es nicht abgeläugnet werden, dass die Sprachen ein Hauch der Menschheit aus dunkler, unbekannter Zeit her scheinen, der sich zwar von Generation zu Generation mittheilt, aber in derselben Sprache nicht wieder erneuert, sondern verweht, eine Glut, die, je ferner ihrem Ursprunge, desto fühlbarer erkaltet. Auf die Ausmärzung von Formen, welche im Gebrauch wohl entbehrt werden können, aber aus lebendigerer, gleichsam mehr ursprünglicher Naturansicht, und tieferem Gefühl seiner selbst hervorgegangen sind, hat die Cultur wohl

Einfluss. So findet sich der Dualis im Slawischen und Germanischen Sprachstamm nur noch in Volksmundarten. Auch jene allgemeine Verarmung der Grammatik befördert und beschleunigt sie gewiss. Denn worin, als darin, dass sie immer Volkssprache geblieben ist, und eigentlich keine Literatur besessen hat, läge es wohl sonst, dass die heutige Litthauische Sprache ihre ursprünglichen grammatischen Formen reiner und vollständiger bewahrt hat, als ihre heutigen Slawischen und Germanischen Schwestern? Wenn aber die Sprachen von einem Culminationspunkt der Grammatik herabsteigen,[67] so fragt es sich, ob es in den Phasen, die sie durchgehen, auch ein Aufsteigen zu demselben giebt, und welchen Antheil, der dann nur ein bereichernder seyn könnte, die Cultur an diesem nimmt? An ein solches Aufsteigen, auf das ich in der Folge noch werde öfter zurückkommen müssen, glaube ich allerdings, nur in sehr verschiedenem Masse und in sehr verschiedner Art nach der eigenthümlichen Beschaffenheit der Sprachen.[68] An sich aber liegt es in der Natur der Sache in vielen, und die Zergliederung der vorhandenen Sprachen bietet auch einzelne, jedoch nur sparsam aufzufindende beweisende Thatsachen dazu dar.

67 Man vergleiche die Einleitung zu Bopps trefflicher Beurtheilung von Grimms deutscher Grammatik. Jahrbücher für wissenschaftliche Kritik. 1827. S. 251.

68 Von diesem Aufsteigen zur Grammatik handelt meine Abhandlung: über das Entstehen der grammatischen Formen, in welcher ich die Hauptideen noch jetzt für richtig halte, obgleich ich schon, als ich sie niederschrieb, fühlte, wieviel mir nicht bloss zur lichtvollen Auseinandersetzung, sondern auch zur nothwendigen Begränzung der Behauptungen noch durch Nachdenken und Studium zu thun übrigblieb, und obgleich ich sie, ohne den akademischen Beruf, damals nicht herausgegeben haben würde. Wenn es (S. 18.) in dieser Abhandlung heisst: Je mehr sich eine Sprache von ihrem *Ursprung* entfernt, desto mehr gewinnt sie, unter übrigens gleichen Umständen, an Form, so kann nun, um die Ansicht zu vervollständigen, hinzugesetzt werden: Je mehr sich eine Sprache von dem *Culminationspunkt* ihrer Grammatik entfernt, desto mehr verliert sie, unter übrigens gleichen Umständen, an Form. So wird durch diesen zweiten Satz der erste, welcher den Endpunkt des Gewinnens im Dunkel liess, gehörig begränzt.

93b. Ein sehr einleuchtendes Beispiel aus der Mbayischen Sprache habe ich in einer früheren Schrift gegeben.[69] Das Zusammenschmelzen des Hülfsverbum mit dem Stammworte im Futurum der Romanischen Sprachen in ihrem späteren Zustande, da sie in dem früheren noch Pronomina dazwischen schoben, gehört auch hierher; *amarai, amar l'ai, aimerai.*[70] Ganz gewöhnlich ist in den Sprachen die Erscheinung, dass Affixa, die ursprünglich eigene Wörter waren, sich im Gebrauch abschleifen und den Stammlauten aneignen. Von dieser gewissermassen gedankenlosen Assimilation aber ist eine offenbar absichtlich aus richtigem Gefühl der Analogie der Sprache im Ungrischen im Laufe der Zeit entstandene auf eine merkwürdige Art verschieden. Die Ungrische Sprache theilt nämlich die Vocale in drei Classen, starke, *a, o, u,* schwache, *e, ö, ü,* und gleichgültige, *ä, i,* *'e.* In wahrhaft Ungrischen Wörtern finden sich niemals zugleich Vocale der beiden ersten Arten, die Vocale eines jeden gehören bloss einer von beiden an, nur die der dritten vermischen sich mit beiden. Dies ursprüngliche Bildungsgesetz der Wörter geht auf die grammatische Anfügung über. Der Vocal des Stammworts bestimmt den des Affixes; *hal,* Fisch, *hal-ak,* die Fische, *kar,* Arm, *karok,* die Arme, *üst,* der Kessel, *üstök,* die Kessel. Die Affixa können aber zum Theil mit einem suffigirten Pronomen allein stehen, und alsdann bestimmt ihr Vocal den des Pronomen. So wird *nek,* die den Dativ bildende, aber immer suffigirte Praeposition, zu *nak* in *halnak,* dem Fische, behält dagegen sein *e* in *nekem,* mir, *neked,* dir u.s.f. Es gilt daher als allgemeines Gesetz, dass der Vocal des selbständigen Worts unverändert bleibt, dagegen der des abhängigen sich nach jenem umwandelt. Dieser Vocalwechsel unterscheidet sich sehr sichtbar von dem in den Sanskritischen Sprachen üblichen. Dieser letztere gründet sich zum Theil gewiss, vielleicht aber auch ganz auf die Leichtigkeit der Aussprache, besteht in einer durch die Endsylben des Worts auf dessen Anfangssylben ausgeübten Wirkung, und knüpft sich, wo sie bedeutsam ist, an die grammatische Unterscheidung der Formen. Der Ungrische Vocalwechsel beruht auf dem Wohllautsgesetz, in demselben Wort nur gleichartige Vocale zu lieben, besteht immer in einer Wirkung der Anfangssylben auf die

---

69 Ueber das Entstehen der grammatischen Formen. Abhandlungen der Akademie der Wissenschaften zu Berlin. Historischphilologische Classe. 1822. 1823. S. 414.

70 Raynouards *gramm. de la langue des Troubadours, p.* 184. 222.

Endsylben, und wird zum Bindungsmittel der Einheit des Worts, verwandelt das getrennte oder locker angefügte grammatische Zeichen in wirkliche Beugung. Je mehr sich also das Gesetz dieses Vocalwechsels in der Sprache befestigt, desto mehr besitzt sie Grammatik. Denn sie unterscheidet alsdann immer sorgfältiger, und bezeichnet immer sichtbarer den Unterschied zwischen der Materie und der Form der Sprache, was das Ziel aller Grammatik ist. Nun ergiebt sich aus der Vergleichung der ältesten Denkmäler der Ungrischen Sprache, dass dies Gesetz ehemals in geringerem Umfange beobachtet wurde, als jetzt, und zwar mit folgendem merkwürdigen Unterschiede. Bei Affixen, die niemals Selbständigkeit erhalten, und nur in einem einfachen Consonanten bestehen, der mit einem Bindevocal an den Endconsonanten des Wortes geheftet wird, wie das *t* des Accusativs, folgt bei den Aelteren und Neueren dieser Bindevocal dem des Worts; *hal-at*, den Fisch, *tüz-et* (spr. *tüset),* das Feuer. Affixa dagegen, die unter Umständen selbst Suffixa annehmen, erscheinen in den ältesten Sprachurkunden noch mit unverändertem Vocal, und erst die spätere Sprache unterwirft sie der regelmässigen grammatischen Umbildung. In dem ältesten bekannten Denkmal der Ungrischen Sprache, einer Leichenrede, die zwischen das Jahr 1192. und 1210. gesetzt wird, findet man daher *halal-nek*, dem Tode, *Paradisumben*, in dem Paradiese, wo die spätere und heutige Sprache *halal-nak, Paradisum-ban* sagen. Dieselbe Unregelmässigkeit dauert, und zwar immer nach dem Grade ihrer mehreren Selbständigkeit, auch bei nachfolgenden Schriftstellern noch fort, und hat sich bei dem gemeinen Volke, vorzüglich in einigen Gegenden, bis auf den heutigen Tag erhalten. So ist dies auf der einen Seite also ein wirkliches Beispiel der sich durch die gebildete und Schriftsprache befestigenden Gesetzmässigkeit grammatischer Formen, indem es zugleich auf der andren die Beharrlichkeit zeigt, mit welcher das Volk sich der Umänderung stammhafter Vocale widersetzt.[71]

71 Man vergleiche über das hier von der Ungrischen Sprache Gesagte Rávai's *antiquitates literaturae Hungaricae. p.* 9-17. 91-100. und dessen *Grammatica Hungarica* I. 96-101. Ich freue mich bei dieser Veranlassung diesen Mann nennen zu können, dessen Werke lange nicht so bekannt zu seyn scheinen, als sie durch den sich in ihnen ankündigenden, von richtigen Begriffen über Sprachentstehung und Bildung geleiteten gründlichen Forschungsgeist verdienen.

93c. Wir stehen nur überall den ältesten Sprachepochen zu fern, und das erste Gerinnen der Elemente zu einer Sprache geht so unmerklich vor, dass es uns vielleicht selbst unter unsern Augen entschlüpfen würde. Die Entstehung der Romanischen Sprachen gehört uns geschichtlich sehr wohl bekannten Jahrhunderten an. Allein trotz der treflichen Arbeiten Raynouards bleibt uns gerade das Wichtigste, der unmittelbare Austritt aus der Römischen in die neue Form auch am meisten in Dunkel gehüllt. Zur Entscheidung der Frage über die Bereicherung der Sprachen an grammatischen Formen durch die erhöhete Bildung wird es daher besser seyn, ohne Rücksicht auf so fern liegende Sprachepochen, die verschiedenen Arten zu bestimmen, in welchen diese Frage genommen werden kann. Die Grammatik gewinnt nämlich und erweitert sich, indem, was ursprünglich blosse, noch willkührlich verschiebbare Redensart, Aneinanderreihung von Sachworten ist, zu fester Form, zu durch den grammatischen Begriff bestimmtem Sachworte wird; oder wenn die Beugungen da, wo sie vorher mehr nach Ungewissem und zufälligem Sprachgebrauch angewendet wurden, anfangen schärferer Begränzung der grammatischen Begriffe zu folgen; oder endlich wenn wirklich neue Beugungslaute entstehen. Das Letzte lässt sich von der Bildung ebensowenig, als das Schaffen neuer Wortlaute erwarten. Allein der Gewinn an Formalität und an Uebereinstimmung derselben mit der allgemeinen Grammatik kann und ist sehr häufig ihre Frucht. Indess fährt auch hier die Cultur nur auf dem Wege fort, den die Sprache schon selbst gebahnt hat. So mannigfaltige Materialien auch selbst das Chinesische besitzt, um zu Flexionen oder einem Analogen davon zu gelangen, so hat doch die in dieser Nation so bedeutend vorgeschrittene literarische Cultur die Sprache diesem Baue nie um einen Schritt mehr genähert. In der jetzt auch literarisch gewordnen Volkssprache liegt allerdings eine solche, wenn gleich sehr geringe Annäherung. Ob aber die Volkssprache diesen Schritt erst in der Folge der Zeit gethan, oder ob sie sich schon immer vom älteren Stilunterschied? lässt sich nicht gehörig entscheiden. Wieviele Jahrhunderte das Sanskrit in allen Zweigen der Wissenschaft und Dichtung bearbeitet worden ist, so hat sich die bestimmte Bedeutung der Tempora nie so scharf darin abgegränzt, als wir es schon in dem ältesten Denkmale Griechischer Sprache, im Homer, antreffen. In den Constructionen dagegen verdankt die Sprache der gesellschaftlichen und literarischen Bildung die bedeutendsten Bereicherungen, da es hier nicht auf das Schaffen eines neuen Stoffs, sondern auf das Eingehen neuer

Verbindungen, anderes und anderes Verschlingen des Gedanken ankommt. Dies kann, wie wir am Griechischen sehen, rein und ausschliesslich aus dem Schoosse der eignen Sprache geschehen, aber es entsteht
vorzüglich auch da, wo verschiedene Sprachen in ihren Literaturen auf
einander wirken. Je freier und vielseitiger eine Nation in ihrem geistigen
Schaffen, je mehr sie von der Ueberzeugung durchdrungen ist, dass das
in jeder Sprache einzeln Vortrefliche muss auch aus ihr auf irgend eine
eigenthümliche Weise zurückstrahlen können, desto mehr erweitert sie
den gesetzmässigen Kreis der Behandlung ihrer Sprache. In der Deutschen ist dieser Vorzug besonders sichtbar, und sie hat hierin ein grosses
und edles Vorbild an der Römischen. Kein Volk ist wohl je eifersüchtiger
auf seine Nationaleigenthümlichkeit gewesen, als das Römische, und
doch leuchtet aus den Schriftstellern der schönen Zeit der Römischen
Literatur, vorzüglich den Dichtern, das Bestreben sich Griechische
Sprachformen und Wendungen anzueignen unverkennbar hervor. Es
wäre durchaus ungerecht, die Nationen darum einer tadelhaften Nach-
giebigkeit gegen das Fremde zu beschuldigen. Das Bewahren der Nationalitaet ist nur dann wahrhaft achtungswürdig, wann es zugleich den
Grundsatz in sich fasst, die scheidende Gränze immer feiner, und daher
immer weniger trennend zu machen, sie nie zu beengender Schranke
werden zu lassen. Denn nur dann fliesst es aus einem wirklichen Gefühl
für die Veredlung des Individuums und der Menschheit her, welche das
letzte Ziel alles Strebens sind. Wie bei Völkerzügen und durch andre
geschichtliche Ereignisse Umänderungen der Sprachen durch die Mischung der Nationen erzeugt werden, so entstehen auch, wenn sich ihre
Gedanken in ihren Literaturen berühren, ähnliche, nur feinere und weniger in die Augen fallende, und dies ist allein das Werk der Bildung
und geht erst durch sie, und nicht einmal immer, auf das Volk über.
Jene geschichtliche Mischung der Nationen selbst wirkt, wie alles, was
Natur und Schicksal herbeiführen, vorherrschend und sprachenerzeugend,
beginnt aber bei dem am meisten Materiellen in der Sprache, dem Einführen neuer Wörter, und dringt, auch wo sie dies in überschwenglichem
Masse thut, und selbst in der Betonung, einem jeder Sprache so eigenthümlichen Punkt, sichtbar ist, doch, wie das Beispiel des Englischen[72]

72 Wenn man die Gesetze der Englischen Betonung studirt, was eine der
     lehrreichsten linguistischen Beschäftigungen ist, so findet man in den
     Wörtern Germanischen und Romanischen Ursprungs deutlich geschiedne
     Gesetze derselben. In den ersteren herrscht aber doch nicht die eigentlich

zeigt, in den wortverknüpfenden Sprachbau nicht immer tief ein. Die Wörter aber weiss sie durch den täglichen Volksgebrauch bis zu organischer Einverleibung zusammenzuschmelzen. Die intellectuelle Berührung ist auch im intellectuellen Theile der Sprache wirksamer, und trift daher am meisten die Construction. Die durch sie eingeführten Wörter sind mehr technische und wissenschaftliche, als tief ins Leben eingreifende, und bleiben oft mehr ein äusserer Zuwachs, als sich mit der Sprache wahrhaft innig zu verschmelzen.

94. Nimmt man nun den sprachbereichernden Einfluss der gesellschaftlichen und schriftstellerischen Bildung zusammen, so ist er wesentlich kein Schaffen neuen Stoffs, sondern besteht vorzüglich darin, dass sich die Bildung in die fertig da stehende Sprache mehr und besser hineinbaut, nicht das Material bedeutend vermehrt, aber in dem vorhandenen dem erweiterten Gedanken, dem erhöheten und verfeinerten geistigen Leben mehr Raum und mehr Wohnlichkeit verschafft. Es wird als ein ganz allgemeiner und gar nicht erst eines Beweises bedürfender Grundsatz angenommen, dass sich die Sprachen nach den körperlichen und geistigen Bedürfnissen der Nationen erweitern, von einer kleinen Zahl von Wörtern, die sich nur auf die niedrigsten, noch wenig das bloss thierische Leben übersteigenden Bedürfnisse beziehen, ausgehen, und die Gränzen dieses Kreises nach und nach weiter stecken. In dieser Ausdehnung und auf diese Weise verstanden, halte ich jedoch diese Annahme für durchaus unrichtig. Das Sprechenlernen ist, wie im Vorigen (§. 59.) gezeigt worden, nur eine gesellschaftliche Entwicklung des Sprachvermögens. In jedem Einzelnen liegt nothwendig die ganze Sprache (§. 54.). So wie also ein menschliches Volk menschlich da steht, und der Mensch ist immer Mensch, erhebt sich nicht allmählich von thierischem zu menschlichem Daseyn, ist auch eine vollständige, in alle mannigfaltigen Tiefen des Gemüths Wurzel schlagende, und sich möglicherweise in alle Regionen des Weltalls, über alle darin vorhandene Gegenstände ausdehnende Sprache gegeben. Wie Eine schöne Frühlingsnacht auf einmal alle Blüthen eines vollen Baumes hervortreibt, damit und damit allein möchte ich

> Germanische, immer dem Gewicht des Sinnes folgende Betonung, wie an dem Beispiel der mit *un* zusammengesetzten Wörter zu sehn ist, und die Behandlung der Romanischen in diesem Punkt erscheint, auch mit übrigens grosser Gesetzmässigkeit, doch gewissermassen zufällig. Beide Systeme aber hat der eigenthümliche Geist der Sprache wieder verbunden, und seiner Weise angepasst.

die Sprachen vergleichen. Nachher entsteht wenig neuer Stoff mehr in ihnen, nur der vorhandene bildet sich und wird fortgebildet. Je mehr ich Sprachen von Nationen studire, die man gemeinhin dem Ursprung aller Sprache näher glaubt, desto mehr bestärke ich mich in dieser Ansicht. Denn von allem, was ich hier bekämpfe, lässt sich in der Wirklichkeit der Sprachen auch nicht die mindeste factische Spur nachweisen. Wie herabsetzende Schilderungen man auch von Stämmen einzelner Wilden, und vielleicht auch nicht immer mit Recht, entwerfen mag, so ist, wie man irgend genügende Nachrichten von ihrer Sprache hat, der Mensch ganz und rein darin. In jeder liegt die Schilderung des auf den Menschen äusserlich einwirkenden Naturganzen, in jeder finden sich die Anklänge des innern Bewusstseyns und Gefühls nach allen Richtungen hin, in jeder schon deutliche Beweise, wie der sinnliche Begriff zu geistiger Andeutung geworden ist. Jeder ist der wesentliche grammatische Typus eingeprägt, und diese Regelmässigkeit der Form wirkt schon auf den Gehalt des Stoffes zurück. Wenn nun auf diese Weise überall Anklänge von Ideen angetroffen werden, wenn man, bei gehöriger Kenntniss, für keine eine Handhabe vermissen würde, wenn eine Anzahl unläugbar bestimmte Ausdrücke besitzt, wie lässt sich da beschränkend behaupten, dass die Sprache sich noch nicht über diese oder jene Stufe des Menschendaseyns erhoben habe? Ist nicht vielmehr der Stoff zu Allem vorhanden, und liegt es an mehr, als dass er innerlich, durch mannigfaches Denken und Sprechen reiner, klarer und vielfacher entwickelt werde? Denn an diesen Entwicklungsstufen wird niemand zweifeln, sie setzen aber alle schon volles Menschendaseyn voraus. Etwas andres ist es, dass allerdings nach der Lage der Völker und ihrer Beschäftigungen verschiedene Classen von Gegenständen auch mit verschiedenem Wortreichthum ausgestattet sind. Aendert ein Volk seinen Wohnort oder seine Lebensweise, wird es von der Mitte des Landes ans Meer versetzt, so ändert sich natürlich jenes Verhältniss und die neue Natur und neue Beschäftigung erhalten vorher nicht im Gebrauche gewesene Benennungen. Diese aber werden alsdann entweder von einem fremden Volke entlehnt, oder durch die inneren Mittel, welche jede Sprache besitzt, ohne neue Erfindung von Grundwörtern, aus den vorhandenen neue Ausdrücke zu bilden, aus der eignen Heimath genommen. Aber auch von dieser Spracherweiterung rede ich mehr hypothetisch. Ein wirkliches Beispiel ist mir nicht bekannt, und in dem Zustande, in dem wir die Nationen kennen, sind sie schon dergestalt alle Zustände der

Menschheit durchgangen, haben sich dergestalt gemischt und haben soviel allmähliche Ueberlieferungen auch von weiter Ferne her erhalten, dass sehr zu zweifeln ist, ob es z.B. auch in der Mitte der grössesten Continente ein einziges Volk geben mag, dessen Sprache ein Ausdruck für das *Meer* fehlte. Allein aus der Gleichförmigkeit dieses Ausdrucks in einem grossen Theile von Süd-Amerika lässt sich schliessen, dass er nicht aus dem Schoosse der einzelnen Sprachen hervorgegangen ist, sondern sich durch Sage und Ueberlieferung verbreitet hat.

95. Die Zahlen, von denen einige Nationen wirklich nur sehr wenige bestimmt bezeichnen, sind oft als ein Beweis des dürftigen Anfangs der Sprachen angeführt worden. Die geringe Anzahl der Zahlwörter liegt aber gar nicht in der Armut der Sprachen, sondern in der Natur des Zahlensystems selbst, das, wie der Mensch sehr frühe richtig fühlt, zu seiner Vollkommenheit nicht vieler Grundwörter, sondern bequemer Verbindungen und Vervielfältigungen weniger bedarf. Dazu aber liegen die Mittel in jeder Sprache, und deutliche Spuren zeigen auch, dass sich auf diese Weise das Zahlensystem, ohne alle Erfindung neuer Wurzellaute, bloss durch sinnige Benutzung des vorhandnen Wörtervorraths erweitert. In den Inselsprachen der Südsee sind die Wörter für einige grössere Zahlen sichtbar aus *Haar* entstanden, obgleich jetzt nicht in jedem Dialect die sich auf diese Weise entsprechenden Ausdrücke zugleich im Gebrauch sind.[73] Im Neuseeländischen wird schon 10 so ausgedrückt,

280

73 Geradezu dasselbe Wort für den Zahl- und den ursprünglichen Sach-Begriff haben heute nur NeuSeeland und die Sandwich Inseln. NeuSeeländisch sind *udu udu* (die Verdopplung ist überhaupt und bei allen Dingen, die Vielheit mit sich führen, eine ganz gewöhnliche grammatische Form dieser Sprachen) die Haare und *udu* zehn. Das *d* des Worts ist der mit *r* verwandte Laut. Nicholas (*voyage.* II. 331.) schreibt *huru huru* und Lee verweist bei *udu udu* auf *uru uru*, was aber in seinem Wörterbuch fehlt. Im Sandwichischen ist die Sache, der Unvollkommenheit unsrer Materialien wegen, ungewisser. Der junge Insulaner nannte mir die Haare *lau ocho*, in einem handschriftlichen sehr kurzen Wörterverzeichniss, das ich der Güte des Herrn von Martius verdanke, heissen sie *ocho* (in Spanischer Orthographie, da es von einem Spanier herrührt: *ojo*), dies halte ich für eine Verstümmelung des wahren Worts. Das Sandwichische *lau ocho* ist vermuthlich das Tongische *lau ulu*, Haar des Hauptes, obgleich sonst der Kopf Sandwichisch nach dem Insulaner *poo*, nach dem Spanier *po* heisst. *Hundert* ist Sandwichisch nach dem Insulaner *lau*, nach dem Spanier aber achtzig: *rau*, wieder also derselbe Laut. Ist dies richtig, so beweist es, dass *lau* für mehrere

in den übrigen Dialecten 100. Nun ist es aus vielen Reisebeschreibern bekannt, dass uncultivirte Nationen, wenn ihre Hände, Füsse und Zehen nicht mehr ausreichen, um eine grössere Zahl anzudeuten, ihre Haare zeigen. Es ist also hier die unbestimmte Menge zu dem Zeichen einer grossen bestimmten Zahl geworden. Dass dieselbe Umwandlung mit andren Zahlwörtern vorgegangen ist, zeigt auch der Umstand, dass in verwandten Mundarten dasselbe Wort bisweilen für verschiedene Zahlen gilt. So ist *mano* auf NeuSeeland und Tahiti für 1,000., auf den Tonga-Inseln für 10,000. gebräuchlich. Dass der Mensch grössere Zahlen kaum anders bezeichnen kann, liegt in der Natur der Sache, und zeigt sich auch in den Sprachen. Der Mensch nimmt die Zahlwörter von Gegenständen her, die in dieser Zahl vorkommen, von den Fingern, Zehen des eigenen Körpers, aber auch von Gegenständen ausser ihm, wie die Abiponen *vier* nach den Zehen eines Vogels, *fünf* nach einer Tigerhaut, wo die Flecke zu fünfen zusammenstehen;[74] nun aber lässt sich eine Menge von Gegenständen nie als genaue Zahl übersehen. Auch darin mag ein Grund der geringen Anzahl von Zahlwörtern in allen Sprachen liegen. Mit den drei ersten Zahlen scheint es eine andre Bewandtniss zu haben, mir ist in keiner Sprache ein Beispiel bekannt, dass sie von Gegenständen der Natur hergenommen wären. Die Menschen können auch im gegenwärtigen Verkehr der Wörter für grössere Zahlen sehr leicht entbehren, indem sie, wie es viele uncultivirte Völker wirklich thun, Reihen von kleineren Quantitaeten wirklicher Dinge hinlegen und dann im Zählen nie über die ihnen geläufige höchste Zahl hinausgehn. Nirgends lässt sich die Sache so leicht an die Stelle des Wortes zur gegenseitigen Verständigung setzen. Mit dem Handel, der oft mit Auswärtigen geschieht, verbunden, führt endlich das Zählen leicht fremde Wörter ein, die aber oft abgesondert in der Sprache stehen bleiben, und keine Verwandtschaft weder beweisen noch begründen. Es lässt sich daher keine solche aus den fast ganz gleichen Vaskischen und Galischen und

grosse Zahlen gebraucht wird, was meine obige Ableitung noch mehr bestätigen würde. Tahitisch und NeuSeeländisch ist *rau* hundert, und dasselbe Wort bedeutet in der letzteren Sprache auch die Krone, den Hauptbusch der Aeste eines Baums, ferner ein Blatt, so wie auch das Tongische *lau*. Nichts ist natürlicher als den Haaren des Kopfs und dem Blätterschmuck des Baums denselben Namen zu geben. Tahitisch hat man für Haar *rouro*.

74 *chejenk-nare*, vier, eigentlich Zehen eines gewissen Vogels, *neœnhalek*, schönes Fell. Dobritzhoffer.

Kymrischen Wörtern für 2, 6, 7 schliessen. Diese Wörter sind, wie sie selbst zeigen, aus dem Lateinischen oder einer dieser verwandten Sprache in sie übergegangen. Neben diesen stehen rein einheimische Zahlwörter, aber mehr im Vaskischen als in den beiden andren Sprachen, und in diesen ist keine Aehnlichkeit auffallend. Es ist daher anzunehmen, dass jene fremden Zahlen die einheimischen Laute verdrängt haben. Im Tahitischen ist diese Verdrängung noch sichtbar. Denn für 2 geht durch alle Inseldialecte der Südsee, und durch den ganzen Malaiischen Sprachstamm das Wort der Sanskritischen Sprachen: Neu-Seeländisch dûa, Tahitisch *rua*,[75] Sandwichisch *lua*,[76] Tongisch: *ua* (wozu das Wort in Zusammensetzungen auch im Tahitischen und Neuseeländischen wird, *maua*,[77] wir beide). Es giebt aber überhaupt im Malaiischen und namentlich in den Südseedialecten mehrere Sanskritwörter. In den Zahlen aber ist 2 das einzige, und dies ist gerade in das Pronomen (dessen erste Person aber auch Sanskritisch ist) verwebt. Auf diese merkwürdige Erscheinung werde ich ein andresmal zurückkommen. Hier bemerke ich nur, dass im Tahitischen 2 auch ein gar nicht mit Sanskritischen verwandtes Wort *piti* hat. Welches von beiden mag nun das frühere seyn? Synonyma von Zahlen gehören zu den seltensten Erscheinungen in den Sprachen, lassen sich aber durch Sprachvermischung und selbst durch Beziehung des Zahlbegriffs auf verschiedne Gegenstände erklären. Im Tahitischen bin ich einem zweiten auf der Spur: *pae*[78] für

5, da diese Zahl sonst in allen Dialecten (nach der obigen Ordnung *dîma, rima, lima, nima) Hand* ist. Aus allen diesen Gründen ist die so vorzugsweise versuchte Zusammenstellung der Zahlen der Nationen, so merk-

---

75 Nach der in diesen Dialecten ganz gewöhnlichen Veränderung des *d* in *r*.

76 Der oben erwähnte Spanier schreibt *arua* (das *a* ist blosse Vorschlagssylbe), so wie er überhaupt immer *r*, nie *l* hat. Das mag nach einem eignen Dialect der Insel seyn. Der Insulaner in Berlin spricht für *r* immer *l*.

77 Zweifelte man, dass dies *ua* von 2 herkäme, so hebt die Vergleichung der 2. pers. dual. des Pronomen, die nichts, als die Zahl zwei selbst mit einem sich sonst aus der Sprache erklärenden Vorschlag ist, NeuSeel. *ko-duâ*, Tah. *orua*, alle Ungewissheit auf.

78 Dies Wort bedeutet nämlich in der Uebersetzung des Evangelium Johannis 4, 18. 6, 9. 10. offenbar diese Zahl. Aber in demselben Kapitel v. 1. und 25. hat es eine andre Bedeutung, die und deren Zusammenhang mit der Zahl ich noch nicht habe aufspüren können.

würdige Folgerungen sich auch vielfach daraus ziehen lassen, für das Innere der Sprachen nicht von der Wichtigkeit, die man ihr oft beigelegt hat. Das Zahlensystem macht ein gewissermassen abgesondertes Gebiet für sich aus, hat seine eigenen Gesetze und Analogieen, und druckt mehr diese den verschiedenen Sprachen auf, als sich in ihm die Verschiedenheiten dieser spiegeln. Man muss immer erst wissen, ob die Verschiedenheit von Zahlwörtern daraus herrührt, dass die Zahlen auf verschiedne Gegenstände bezogen sind, oder daraus, dass derselbe Gegenstand verschieden benannt wird, ehe sich das mindeste daraus schliessen lässt.

96. Die Elemente der Sprache sind an sich nur Töne, man kann das Wort als blossen, ja leeren Schall der Sache, der Empfindung entgegensetzen, die Geltung vor dem Verstande hebt diese seine Wesenlosigkeit nicht auf, sie nimmt vielmehr zu, je klarer und vollständiger sein Inhalt durchschaut wird. Auf der andren Seite schlägt das Wort Wurzel in der Phantasie und dem Gefühl, wenn diese lebendiger sind, als der zergliedernde und dialectisirende Verstand. Es hat zugleich geheimnissvolle, nicht immer klar zu machende, symbolische Anklänge an den Gegenstand, den es bezeichnet, die nicht immer an diesem selbst fühlbar werden, wohl aber an solchen andren Wörtern, deren Gegenstände die Anschauung und Phantasie ähnlich anregen, so wie im Deutschen Wolke, Welle, wehen. Wolle, weben, wickeln, wälzen, wollen u.a.m. in unverkennbarem Lautzusammenhange stehn. Wort und Sprache können also leerer, trockner und kälter, einseitig mit dem Verstande, oder voller, frischer, lebendiger, tiefer mit der Anschauung, der Einbildungskraft, dem Gefühl, dem unbewusst wirkenden Sprachsinn aufgenommen werden. Diese Aufnahme scheint ihnen selbst fremd, aber wenn sich auch nicht läugnen lässt, dass ihre Beschaffenheit einen wesentlichen Einfluss darauf ausübt, so scheint die Folge für sie gleichgültig. Dies ist aber, genau untersucht, nicht der Fall. Die Sprache trägt immer den Hauch ihres in ihren Schicksalen im wirklichen Sprechen erfahrenen Lebens an sich. Die mehr zum Anschauen, Empfinden und Handlen gebrauchte, an kräftigere Gedanken, Phantasieen, Gefühle, Leidenschaften öfter geknüpfte gewinnt eben dadurch und bewahrt mehr nährende und entzündende Kraft, als eine nur an schwach aufwallende oder gleich gezügelte und beschränkte gebundne, meistentheils im Gebrauche bloss aufhellenden und ordnenden Verstandes befangne. Die Quelle dieser Kraft, Frische und Lebendigkeit der Sprachen kann daher in den Nationen nicht in den gebildeten Classen, insofern sie dem Volke entgegenstehen, gesucht

werden. Sie gehören dem Volke und jenen Classen, insofern sie Eins mit ihm ausmachen, oder jene Kraft, neben der Bildung, in sich erhalten, an. Ihrer Natur nach schwächt die Bildung dieselbe, und dann ist, um sie in der Sprache nicht sinken zu lassen, rege und lebendige Gemeinschaft der höheren Sprache mit der Volkssprache nöthig. Conventioneller Zwang, einseitigere Verstandesbeschäftigung und weniger unmittelbare mit der Natur bringen dies hervor. Am nachtheiligsten wirkt es auf die höhere Gesellschaftssprache, und es ist daher immer schlimm, wenn diese vorherrschenden Einfluss auf die Schriftsprache hat oder im Moment der schönsten Literatur gehabt hat. Der günstige Fall ist allemal der umgekehrte. Allein auch den wahren Sprachsinn, die durch die Worte und Wendungen gehende Analogie, ob sie gleich nicht zum deutlichen Bewusstseyn kommt, den Sinn, in dem Worte mehr als blossen Schall oder kalten Begriff zu finden, bewahrt das Volk treuer und besser, als dies Sache der gebildeten Stände ist. Bei wenig geflissentlicher Beschäftigung mit Gegenständen des Nachdenkens geht dem Volke das wahre Licht über die Begriffe oft erst in der Wortform auf, und so viele Wortspiele und sprichwörtliche Redensarten im Munde des Volks beweisen klar, wie es in der Wortbekleidung selbst einem tieferen Sinne nachspürt. Dies liegt, wie es mir scheint, darin, dass die Sprache auf das Volk mehr in ihrer geschlossenen Gesammtheit wirkt, und der Sinn des Volks, gerade weil er mehr fühlt, als zergliedert, für diese Wirkung empfänglicher ist. Die sogenannte gebildete Sprache ist eine nach absichtlichem Gebrauch gespaltne, gereinigte, also verarmte, in ihrem Zusammenhange zerrissene. Dies zeigt die Vergleichung jedes für die Schriftsprache bestimmten Wörterbuchs mit dem wahren, aus andren Hülfsmitteln bekannten Sprachschatze. Der Sprachforscher muss immer über die Schrift- und Gesellschaftssprache hinausgehn. Die Verstandesbildung wird immer einigermassen auf Kosten des unentwickelten Gefühles erworben, und verkennt auf den untersten und mittleren Stufen sogar die Rechte desselben, erst wenn sie zum letzten Ziele durchdringt, verbessert sie diesen zwiefachen Fehler. Die Sprache erfährt aber vorzüglich das Unglück, dass die auf sie gerichtete Bildung meistentheils nur einseitig ordnend, sichtend, aufhellend, aber eben dadurch die Fülle, die Kraft, die Wirkung der in ihr liegenden, nie ganz zu entwickelnden Analogie verletzend ist. Der blosse Verstand, nicht der Volkssinn, sträubt sich die Sprache als wesentlich mit dem Menschen verwachsen, als ein nie ganz zu ergründendes Geheimniss zu betrachten, und neigt immer hin, sie nur als einen Inbegriff gesellschaftlich erfundener, in sich gleichgültiger Zeichen, deren lästiger Verschiedenheit man nun einmal nicht los werden kann, anzusehen. Es ist nicht zu verhindern, dass diese Art der Bildung nicht auch auf das Volk übergeht, der Schulunterricht verbreitet sie absichtlich, bemüht sich das Sprechen zu regeln, die Provincialismen zu vertreiben, theilt sogar theoretische grammatische Begriffe mit. Es würde ein Misgriff seyn, dies zu tadeln. Jede Aufhellung der Begriffe, jede Gewöhnung, alles, was der Mensch thut, der ihm vom Verstande vorgeschriebenen Regel zu unterwerfen, ist wohlthätig und im Entwicklungsgange der Menschheit geboten. Es wäre auch überflüssig, etwas dagegen zu unternehmen. Die grössere Kräftigkeit, der mehr umfassende Reichthum der Volkssprache, die Fülle der Dialecte währen doch solange das ihnen inwohnende Leben währt, und sie über diesen Punkt hinaus erhalten zu wollen, wäre thöricht und unmöglich zugleich. Worauf dagegen allerdings hingearbeitet werden müsste, wäre jene Bildung weniger dürftig und wahrhaft in das Volk eindringender zu machen, den Unterricht von der bloss scheinbar wissenschaftlichen Zurüstung zu befreien, ihn weniger pedantisch puristisch einzurichten, minder auf die Form, die, bei geistloser Behandlung, so leicht zur leeren Hülse wird, als auf den Kern der Sprache, die in den Wörtern liegenden Begriffe, Andeutungen, Bilder zu richten. Was ich hier zu Gunsten der Volkssprache gesagt habe, gilt indess, wie ich noch hier bemerken muss, hauptsächlich nur von Sprachen reinen, ungemischten Ursprungs, oder an denen die vorhandene Mischung nicht mehr fühlbar genug ist um die Sprache zu hindern, in wahrhaft organischer Einheit zu wirken. Jede Mischung stört natürlich die natürliche Sprachanalogie, wenn sie aber eine Zeitlang gewährt hat, bildet sich eine neue, da die Sprache immer strebt, sich, das Verschiedenartige homogen machend, zu einem Ganzen abzurunden. Der Unterschied liegt daher nicht sowohl darin, ob die Sprachen rein oder vermischt sind, denn höchst wahrscheinlich giebt es keine einzige unvermischte, sondern nur in welchem Grade die Störungen der Mischung sich wieder ins Gleichgewicht gesetzt haben.

97. Wenn die Bildung, die gesellschaftliche und schriftstellerische, wie nicht zu läugnen ist, auf der einen Seite die Kraft der Volkssprache schwächt, so schafft sie auf der andren in der Sprache eine neue, höhere, edlere und wohlthätigere, welche allein ihr angehört. Die Bildung ist, ihrem allgemeinen Begriffe nach, eine stärkere und mehr abgesonderte Richtung auf das Intellectuelle. Dies liegt selbst ihren niedrigeren Graden,

der blossen Verfeinerung, und sogar ihren Ausartungen zum Grunde, ihre wahre und edle Bedeutung aber wird dadurch erschöpft. Wenn nun der Mensch, durch den inneren Drang seines Geistes getrieben, höhere Punkte auf dieser Bahn zu erreichen versucht, so bedarf und gewinnt er durch die sich vor ihm erschliessende Idee eine Kraft, die man allgemein die der Begeisterung nennen kann. Diese lebt in der Philosophie, der Dichtung, der Kunst, so wie in der grossartigen Behandlung jeder Wissenschaft, endlich, wenn sie auch da nicht selbstschaffend ist, in schwächerem oder stärkerem Anklang in jedem, der für diese Bestrebungen Sinn besitzt. Sie kann, wenn auch auf natürlicher genialer Anlage beruhend, doch da wo einmal Scheidung zwischen Volk und höher Gebildeten vorhanden ist, immer von Bildung abhängig, nicht dem Volke, als solchem, angehören, aber der aus ihr hervorgehende Sinn liegt der Sinnesart des Volks näher, als der Manier der auf halbem Bildungswege stehen Gebliebnen. Diese Gattung geistiger Erzeugung bindet sich nun in ihrer Behandlung der Sprache nicht an willkührliche Gesetze und Convenienzen bloss gesellschaftlicher Bildung, geht auf den ganzen Sprachreichthum, die Volkssprache, die alterthümliche zurück, und schafft sich dadurch eine eigne, in welcher Anschauung, Phantasie, Nachdenken und Gefühl sich in Freiheit und Kraft bewegen, wo aber überall Harmonie und Gleichgewicht walten, und Mass und strenge Scheu den wahren inneren Tact vor jedem Misklang bewahren, weil eine idealische Ansicht herrscht, und Alles, was unter die Betrachtung kommt, der Wirklichkeit enthoben, in das Gebiet des Gedanken hinübergeführt wird. Wie die Sprache, gleichsam als ein Naturwesen in Einheit auf das Volk einwirkt, so wird hier aber durch die zum höchsten inneren Gefühl der Sprache gelangende Kraft auf sie in Einheit zurückgewirkt, und die Sprache kommt dieser, ihrer Natur angemessnen Begegnung freiwillig entgegen. Dieser letzten Stufe bedarf die Sprache allemal zur Vollendung ihrer Ausbildung. Die Erringung dieses Ziels hängt mit der Schrift und der Literatur zusammen. Es fragt sich nur hier, ob sie eine selbstschaffende, oder bloss eine sammelnde, ordnende, nachbildende Literatur, und in welchem Grade beides besitzt? Wie der Geist etwas wahrhaft Neues schafft, muss er mit der Sprache, es auszudrucken, ringen, durch dies Ringen, zu welchem sie ihm selber die Kraft leiht, gewinnt die Sprache, sie kann sogar auf dem intellectuellen Wege nur so und auf keine andre Weise gewinnen. Denn nur so wirkt der Mensch mit einer Kraft auf sie, welche, wie sie selbst, aus seinem Innersten hervorstrahlend,

ihm in der Art ihres Wirkens selbst unbekannt ist. In diesem intellectuellen Streben, das sich, so wie einmal das Höchste darin gezeigt ist, ab-
steigend, nie allmählich aufsteigend, in schwächeren Graden weiter verbreitet, geht, wie überhaupt, so ganz besonders für die Sprache, das
Wichtigste und Wohlthätigste von der Philosophie und der Dichtung
aus. Die Dichtung gehört ihr ganz und ausschliesslich an, aber auch die
Philosophie steht mit ihr in einem engeren Bunde. Da sie rein auf Gedanken beruht, und der Gedanke untrennbar mit der Sprache verwachsen
ist, so muss die wirklich schaffende Philosophie (denn nur von dieser
kann und darf hier die Rede seyn) sie so behandeln, dass sie den Gedanken, wo er über das logisch Erklärbare hinausgeht, ergänzt und seine
Erzeugung befördert. Die Sprache empfindet daher ihre Wirksamkeit in
ihrem innersten Leben und ihren verborgensten Tiefen, und eine wahrhaft und in Freiheit metaphysisch gebildete Sprache, in der Art wie es
die Griechische war, ist zur Erreichung der höchsten Intellectualität in
einer Nation eine unerlassliche Bedingung. Die Philosophie, in deren
Bestreben es liegt, immer das Einzelne an Allgemeineres zu knüpfen,
und endlich in die Tiefe hinabzusteigen, wo der Mensch und die Natur
sich in Einheit zusammenschliessen, ist zugleich der Mittelpunkt, von
dem jedes wissenschaftliche, ja überhaupt jedes nur irgend auf innere
Zwecke gerichtete menschliche Bemühen seine Richtung und sein geistiges Leben empfängt. Es giebt daher kaum einen Punkt, wo die Sprache
ihres wohlthätigen Einflusses entbehrt. Je wahrhaft[er] philosophisch
der Charakter der wissenschaftlichen Bildung in einer Nation ist, desto
fördernder wird er der Sprache. Es wäre ein Irrthum zu glauben, dass
darum die Dichtung in ihr verlöre. Vielmehr welkt diese früher und
unwiederbringlich dahin, wo sie in einem Zeitalter oder einem Volk allein, ohne gleichmässiges philosophisches Fortschreiten desselben, aufblüht.

98. Erstirbt nach und nach die Kraft des genialischen intellectuellen
Schaffens, so kann aus der Bildung nicht mehr etwas innerlich Berei-
cherndes oder Belebendes hervorgehn, und die Spaltung, die sie zwischen
ihrer und der Volkssprache gemacht hat, ist zu gross, als dass diese er-
frischend auf sie einwirken könnte. Die Sprache hat dann ihren Gipfelpunkt ohne Möglichkeit einer Rückkehr zu ihm erreicht, und ein neuer

Glanz kann nur in einer neuen Form aufflammen.[79] Es war daher ein
sehr glücklicher Wurf des Schicksals, dass in den Verheerungen und
Völkermischungen in Italien die Römische Sprache dergestalt untergieng,
dass die Italienische in ganz neuer Gestalt auftreten musste und hernach,
von vielen politischen Ereignissen begünstigt, in jugendlicher Frische
auf die grossen Männer wirkte, an denen keine andre Nation gleich
reich gewesen ist.[80] Die Griechische Sprache war hierin unglücklicher.
Der ungeheuren Verwüstungen und der wiederholten Völkereinfälle
ungeachtet, denen das unglückliche Land unaufhörlich ausgesetzt war,
hielt sich, wozu vielleicht die Gebirge und die Zerstreuung der Bevölkerung auf minder zugänglichen Inseln beitrug, die Sprache fester in den
Bewohnern, ward aber mit vielen fremden, sich nicht organisch mit ihr
verschmelzenden Wörtern vermischt und sank in der, das Bewusstseyn
ihres wundervollen Baues mehr und mehr verlierenden Nation zum
blossen Volksdialect herab. Das Neugriechische kann sich von den Fesseln
dieser Verderbniss nicht mehr befreien, und hat dabei keine entschädi-
genden Vorzüge gewonnen, je mehr es unter den reinigenden und
sichtenden Händen seiner Bearbeiter dem Volk entzogen[81] und der alten

79 Die edelste Naturkraft kann sich nur eine Zeitlang durch sich selbst halten,
    sie versiegte, wo sie nicht durch äussre Beimischungen neue Belebung
    empfienge. Grimm. Deutsche Gramm. II. 76.

80 A. W. v. Schlegel scheint dieselbe Meinung zu haben, ob er sie gleich nicht
    ausdrücklich ausspricht. Denn er leitet den Vorzug, den das Italienische
    in Absicht des Wohlklangs vor dem Lateinischen und den germanischen
    Sprachen hat, aus der Vergessenheit der eignen Muttersprachen her, in
    welche die beiden sich mischenden Nationen verfielen. *Observations sur
    la langue et littérature Provençales. p. 37.*

81 Man lese über diese Bemühungen, das Neugriechische der alten Sprache
    zu nähern, David's *méthode pour étudier la langue Grecque moderne p.* VI.
    Er entschuldigt sich, diese Neuerungen nicht in seine Sprachlehre aufge-
    nommen zu haben, da gar nicht zu bestimmen sey, wie weit sie gehen
    könnten, und sie doch noch keinen wirklichen Theil (*partie intégrante*)
    der Sprache ausmachten. In der Vergleichung des Alt- und Neugriechischen
    p. 29. führt der Verfasser an, dass die Sprachverbesserer zwar die Endung
    –*oun* der 3. pers. plur. praes. des NeuGriechischen im Indicativus unver-
    ändert lassen, aber im Conjunctiv, wo dieselbe im Volksdialect gleichlautend
    ist, in –*ôsi* flectiren. Dies ist ein merkwürdiges Beispiel versuchter gewalt-
    samer Eindrängung von grammatischen Flectionen.

Sprache näher gebracht wird, desto wehmüthiger erinnern die überall sichtbaren Ueberreste und Trümmer an die verlorene Schönheit und Grösse. Liesse sich auch die alte Sprache ganz wiederherstellen, so würde der Geist erliegen im vergeblichen Ringen mit den Mustern, die einmal nicht mehr erreicht werden können. Daher glänzt das Neugriechische nur noch als Poesie des Volks, das, aller früheren Schicksale der Sprache unkundig, in sorgloser Naivetät sich seiner Natur überlassend, die Töne forthallen lässt, denen einmal ein nie ganz verklingender Zauber beigemischt ist, und daher steht die kraftvolle, wahrhaft dichterisch mahlende, anmuthige und rührende Sprache der Volkslieder in so lebendigem Contrast mit der Mattigkeit und Schwäche der Versuche der neueren Griechischen Literatur. Bis jetzt konnte dies nicht anders seyn. Indem auf der einen Seite die Nation von der rohesten Barbarei in ungerechter und schmachvoller Knechtschaft gehalten wurde, suchten Gelehrte in der Schriftsprache die alte Sprache wiederherzustellen. Sie giengen darin so weit, dass, nach einem sehr vollwichtigen Zeugniss,[82] in dieser Beziehung gar keine feste Gränzlinie zwischen beiden Sprachen mehr bestimmt werden kann. Aus so heterogenen Elementen liess sich kein wohlthätiges Zusammenwirken denken. Wenn sich aber die Griechen, wie dazu jetzt ihnen und der Menschheit die frohe Hoffnung aufblüht, wieder zu einem Zustande erheben, wo ihnen jeder Art des äusseren Wohlstandes und jeder Gattung geistiger Thätigkeit in innerer gesetzmässiger Freiheit nachzustreben vergönnt ist, so wird auch, und alsdann wirklich aus dem neu erwachenden Volksleben, die Sprache veredelt und erweitert hervorgehen, und die Aufgabe, ihr eine eigenthümliche Stelle neben der älteren zu sichern, ihre Lösung durch die That finden.

99. Die beiden entscheidenden Momente im Leben der Sprachen sind daher ihr nicht weiter begreifliches, sich nur durch die That ankündigendes Erscheinen, als Stoff, und die höhere Befruchtung dieses Stoffs durch den ihr mitgetheilten Hauch intellectueller Begeistrung. Nur in diesen beiden Punkten geht wahrhaft neue Schöpfung in ihnen vor, wie man an allen sieht, die man vor und in der Epoche der höchsten Blüthe ihrer Literatur kennt. Was sie sonst von dem Menschen erfahren, ist nur das lebendige Fortwälzen, oder anders und anders Mischen des Stoffes, oder baare und blosse, vorbereitende oder nachhallende Cultur, mehr äusserlich, als innerlich bereichernd, mehr die Form regelnd, als neu gestaltend.

82 David a. a. O.

Jene beiden Momente sind aber nicht gerade, wie Zeitepochen unterschieden. Man könnte sich denken, dass sie beide in Einen Punkt zusammenfielen, und die Sprache und Literatur gewinnen, wenn die Blüthe der letzteren ganz kurz nach dem Zeitpunkt erscheint, in dem man die erstere gestaltet erblickt. Die Italienische und Englische Literatur sind darin glücklicher gewesen, als die Französische und die Deutsche. Es gehört, und darum habe ich diese ganze Erörterung in diesen Theil dieses Abschnittes aufgenommen, zu dem Einfluss, den die Sprache von der Verschiedenheit der intellectuellen Bildung, die in einer Nation herrscht, erfährt, dass es nothwendig wird, auf jene beiden Punkte zu achten. Das Entstehen des Stoffes der Sprache erscheint, wie wir gesehen, immer an der Masse des Volks. Die Bildung, die, wenn sie auch Allen gemein wäre, doch immer Sache der Einzelnen ist, hat wenig oder gar keine, diesen Stoff schaffend erweiternde Kraft. Dagegen fällt die intellectuelle Bearbeitung gerade dem Individuum anheim, und ist nicht ohne abgesonderte Richtung auf das Intellectuelle, also ohne Bildung denkbar, wenn man nur Bildung, in welcher natürliche Anlage herrscht, nicht bloss künstliche Cultur unter dem Worte versteht. Was man, als einen Classenunterschied in der Nation begründend, Bildung, Cultur, Civilisation nennt, ist wiederum sehr verschieden, je nachdem es wirklich auf höherer und freierer Intellectualität, richtigerer und erweiterter Ansicht, oder wesentlich nur auf kastenmässiger, vornehmer Absonderung beruht. Beides aber vermischt sich natürlich in der Wirklichkeit, und hat auch in der Freiheit von körperlicher Arbeit und dem Druck der blossen Sorge des Lebens, in der geringeren Zahl unmittelbarer Berührungspunkte mit der Natur, endlich in dem abgesonderten Umgang, bei allem sonst so mächtigen Unterschiede, einen gemeinsamen Charakter. Was nun die Sprache in dieser Spaltung von der Masse der Nation, was von den Classen, die sich ihr absondernd gegenüberstellen, was endlich von den Einzelnen, die auf irgend einem Punkte des intellectuellen Gebiets das Höchste erreichen, zu erwarten hat, ist im Vorigen zu schildern versucht worden. Wir haben gesehn, wie das sichtbare Schaffen den Einzelnen angehört; denn es liegt klar vor uns da, wozu Sophocles, Plato, Demosthenes die Griechische Sprache, Dante und Ariost die ihrige, Haller, Klopstock, Göthe die unsrige gemacht haben. Der Antheil des Volks ist das gleichsam bewusstlos treue Bewahren der gewiss auch nur in der Masse selbst entstandenen Sprache. Ihr Heil beruht also auf dem Volk und den einzelnen grossen Geistern, die unter ihm aufstehn. Die sogenannten gebildeten Classen, sowohl die höheren der geselligen Ordnung, als die gelehrten, wirken, insofern sie sichten, läutern, wählen, verarmend, insofern sie ordnen, regeln, formen, gestaltend und fördernd, und mehr das eine oder das andre nach Massgabe ihrer besondren Beschaffenheit. Auf die Art des Verhältnisses, welches in jedem bestimmten Falle diese Spaltung der Nation nach den verschiedenen Bildungsgraden annimmt, wirken nun mehrere Dinge zugleich, vorzüglich aber die innere politische Verfassung der Nation, verbunden mit ihrer Sitte und Lebensweise, und ihre äussere Berührung mit andren, anders gebildeten, ja mit solchen, die, selbst untergegangen, nur noch im Edelsten, ihren Gedanken 293 und Thaten fortleben. Hieraus und aus dem oben allgemein über Volks- und Bildungs-Sprache Entwickelten muss sich jede Nuance bestimmen lassen, die man aus dieser Ursach, ihrem Verkehr mit den verschiedenen Classen der Nation, entstehend in der Wirklichkeit antrifft. Die wundervolle Kraft der Sprache so verschiedenartigen Forderungen zu genügen, ohne dadurch als Mittel allgemeiner Verständigung zu verlieren, sich jeder Individualität hinzugeben, und dadurch an innerem Reichthum zu gewinnen, ohne ihrer Einheit und Harmonie Eintrag zu thun, wird bei der Erörterung der Bildung des Worts und des Einflusses der Construction in ein helleres Licht gesetzt werden.

100. Wenn man den Unterschied betrachtet, der in dem Punkte, von dem hier die Rede ist, unter den heutigen Nationen, denen des Alterthums, vorzüglich den Griechen, endlich in noch früherer Zeit herrschte, wenn man auch, indem man sich mit dem Gedanken in diese versetzt, von der geschichtlichen Erfahrung verlassen wird, so scheint hierbei nichts von so grosser Wichtigkeit zu seyn, als die Epoche, in welcher ein Volk früher oder später auf seiner Entwicklungsbahn steht, und dies ist gewiss auch der Fall. Je näher die verschiednen Elemente, welche in derselben Nation verschiedenartig auf die Sprache einwirken, einander bleiben, je geringer die Spaltung ist, desto harmonischer, sinnig gestaltender ist, bei gleichem Culturgrade, die Wirkung auf die Sprache. Indess ist selbst die Grösse der Trennung minder verderblich, als das Vorherrschen conventioneller Formen in derselben. Die Sprache ist Natur, und wird von jeder Unnatur verletzend berührt. Sie verlangt Freiheit und Allgemeinheit des Umgangs, und fühlt in der Beschränkung lästigen Zwang. Es liegt, meiner Ueberzeugung nach, hauptsächlich hierin, in der Verschiedenheit der inneren politischen Lage beider Völker, dass die Sanskrit-Sprache nie, auch nicht äusserlich in ihren Constructionen,

die schöne, freie und geschmeidige Gliederung erreichte, deren sich die Griechische erfreut. Da wir aber fast nichts von ihren Schicksalen wissen, so kann es allerdings auch daher rühren, dass sie vielleicht auf einer früheren Stufe ihrer Ausbildung aufhörte, wirklich lebende Sprache zu seyn. Es ist daher auch ganz in Dunkel gehüllt, wie sie sich, als sie dies war, zur Volkssprache verhalten mochte. Dass sie indess dies im Allgemeinen war, nicht in der Gestalt, in der wir sie kennen, blosse Hof- oder Priester- oder Schriftsprache, so wie wir von allen diesen Gattungen von Sprachen Beispiele im heutigen Asien sehen, zeigt ihr ganzer Bau und ihr grosser Wörterreichthum. Bei aller Beschränktheit des Umgangs und Verkehrs in Athen auf eine sehr geringe Anzahl von Bürgern, und bei aller Empfindlichkeit des Atheniensischen Ohrs für die grössesten Feinheiten der Sprache, war doch neben der gebildeten Sprache auch ein gröberes Reden im Schwange, wie deutliche Spuren in den Schriftstellern zeigen. Schon das Land- und Stadtleben musste einen solchen [Unterschied] hervorbringen. Um sich diesen Unterschied gänzlich hinwegzudenken, muss man sich in vorgeschichtliche, mythische Zeit versetzen, zu deren Versinnlichung aber die Homerische dienen kann. Denn wenn gleich Unterschied der Stände in ihr sichtbar geschildert ist, so geht er doch fast gänzlich wieder in volksmässig freier Gemeinschaft auf, und auch die Sprache trägt keines der Kennzeichen an sich, an denen sich auf irgend eine Entfernung von der allgemeinen Volkssprache schliessen lässt.

Zweites Kapitel: Von der Vertheilung der Sprache

unter mehrere Nationen

101. Die Sprache erscheint in der Wirklichkeit nur als ein Vielfaches. Wenn man allgemein von Sprache redet, so ist dies eine Abstraction des Verstandes; in der That tritt die Sprache immer nur als eine besondre, ja nur in der allerindividuellsten Gestalt, als Mundart, auf. Auf diese Weise ist auch die Ueberschrift dieses Kapitels zu nehmen, nicht etwa als verbreitete sich eine Ursprache über die Nationen des Erdbodens, eine bloss hypothetische Annahme, von der noch in der Folge gehandelt werden wird.

102. Es folgt unmittelbar aus dem im vorigen Kapitel Entwickelten, dass eine Sprache solange dieselbe bleibt, als die Nation, die sie redet. Erst mit dieser selbst wird sie zu einer andren. Bis dahin ist sie die nämliche, nur durch die allmälichen Umänderungen der Zeit umgestaltete. So sieht man mit Recht die Griechische Sprache von Homer bis zu den Alexandrinern hin, als Eine Sprache an, so grosse Verschiedenheiten auch die Vergleichung auf so entfernten Zeitpunkten zeigt. Indess sind die Gränzen hier niemals genau zu bestimmen. Denn auch die Nationen gehen allmälich in einander über, so dass niemand den Punkt angeben kann, wo der Römer (im antiken Sinne des Worts) zum Italiener geworden ist, und in Sprachen, die durch Uebergang einer in die andre entstehen, bleibt so viel Gleichartiges übrig. dass auch da kein reiner Abschnitt zulässig ist. Indess tritt in der Geschichte der Nationen und der Sprachen ein Zeitpunkt ein, in welchem die neue Erscheinung auf einmal da steht, und diesen muss man alsdann als den entscheidenden ansehen, nur nicht vergessen, dass er nicht der wirkliche, sondern nur scheinbare Anfangspunkt ist. Insofern leidet der Grundsatz der Identität der Nationen und Sprachen, so richtig er an sich ist, grosse Schwierigkeiten in der Anwendung, und erfordert fernere Erläuterung.

103. Da die Sprache ein Abdruck der nationalen Individualität ist, auf diese aber, auch dasjenige nicht zu rechnen, was in ihr ursprüngliche Eigenthümlichkeit seyn mag, alle Umstände einwirken, in welche die Nation nach und nach versetzt wird, so ist die Verschiedenheit der Sprachen eine natürliche und begreifliche Erscheinung. Auf der andren Seite kann auch die neben der Verschiedenheit herrschende Gleichartigkeit keine Verwunderung erregen, da auch die grösseste nationelle Verschiedenheit immer in der allgemeinen Menschennatur zusammenkommt. Auf diese Weise erscheint vielleicht das ganze Eingehen des Sprachstudiums in die Untersuchung des Ursprungs dieser Verschiedenheit überflüssig, oder wenigstens ein eben so abgesonderter Theil desselben, als es in der Naturkunde die Geschichte der Wanderungen der Pflanzen und Thiere ist. Es liegt aber in den hier verglichenen Gegenständen ein so mächtiger Unterschied, dass er jede Vergleichung derselben unstatthaft macht. Die Naturkörper liegen für die sinnliche Wahrnehmung und Zergliederung, als wirkliche Individuen da. Die Sprache ist, als wirklich und individuell, nur fragmentarisch im einzelnen Sprechen vorhanden, als Ganzes muss sie, wie ein wahres Gedankenwesen, aus dem Sprechen der Einzelnen auf irgend einem Raume und in irgend einer Zeit zusam-

mengetragen werden. Die Kenntniss ihrer Entstehung dient daher wesentlich dazu, ihre Natur besser zu begreifen, und dasjenige, was wirklich und in der That verbunden ist, wird nothwendig unrichtig und einseitig angesehen, solange man es, diese Verbindung miskennend, abgesondert betrachtet. Der Gegenstand der Untersuchung selbst bleibt unvollständig, wenn man nicht zugleich das Element mit hineinzieht, das zu seiner Bildung mitgewirkt hat. Das Studium der Sprachen muss sich aber ausserdem immer an das des Menschen anschliessen, und es ist für die Kenntniss seiner Sprachfähigkeit, die also die Sprachfähigkeit im Allgemeinen ist, wichtig zu wissen, wie ihre verschiedenen Offenbarungen (denn dafür muss man die verschiedenen Sprachen ansehn) auch in ihrem Entstehen durch oder unabhängig von einander sich gegenseitig verhalten. Die Untersuchung kann daher nicht zurückgewiesen werden, da ohne sie die Sprache im Allgemeinen nicht gehörig durchschaut wird, und auch in den einzelnen Sprachen vieles dunkel bleibt.

104. Genau genommen ist keine Sprache auch nur ein einziges Jahrzehend hindurch, oder nur auf einem irgend ausgedehnten Raume dieselbe. Insofern würde die Vielfachheit der Sprachen ins Unendliche gehen. Solange aber und soweit, dem Raum nach, die vorhandenen Verschiedenheiten die Individualität der Sprache nicht wesentlich verändern, wird sie als dieselbe betrachtet. Ob und inwiefern sich dies durch Begriffe bestimmen lässt, wird in der Folge vorzüglich bei dem Unterschiede zwischen Mundarten und Sprachen genauer untersucht werden. Hier setzen wir voraus, dass über die Identität der Sprachen, die auf ihrer ganzen ungeschiedenen Individualität beruht, durch das Gefühl entschieden ist, und reden nur von dem Verhältniss mehrerer Sprachen zu einander. Untersuchen wir hier, was die Uebereinstimmung, Gleichartigkeit, Einerleiheit der Sprachen bedingt, so ist dies immer nur so zu verstehen, wie eine solche Einerleiheit, der Individualität der Sprachen, als eigner, und abgesonderter, unbeschadet, bestehen kann. Die erste und hauptsächlichste Frage nun, die sich hier darbietet, ist die, ob die Verschiedenheit und Gleichartigkeit der Sprachen einen geschichtlichen Grund hat, oder bloss so anzusehen ist, wie überhaupt in der Natur geschiedne, aber mehr oder minder verwandte Arten, die zu Einer Gattung gerechnet werden, bestehen? Diese Frage allgemein und aus allgemeinen Gründen entscheiden zu wollen, scheint mir dem Wesen der Sprachkunde, als einer Erfahrungswissenschaft, unangemessen. Man muss vielmehr die Untersuchung von den Sprachen und der Geschichte beginnen, und darf

sich erst, wo man von diesem Wege verlassen wird, aus blossem Raisonnement geschöpften Folgerungen anvertrauen. Dies kann jedoch hier in einer blossen Einleitung zur allgemeinen Sprachkunde unmöglich so verstanden werden, als wollte man die vorhandenen Sprachen von diesem Standpunkte aus zergliedern und soviel als möglich bis zu ihrem Ursprunge hinaufsteigen. Es kommt hier nur darauf an, im Allgemeinen, aber auf eine wirklich aus der Erfahrung geschöpfte und mit Beispielen belegte Weise, die Arten aufzuzählen, wie ein geschichtlicher Zusammenhang zwischen Sprachen in Rücksicht auf ihre Entstehung vorhanden seyn kann? Man muss aber hierbei den zwiefachen Weg einschlagen, einmal zu untersuchen, welche innere Verhältnisse auf diese Weise in den Sprachen entspringen, und welche geschichtliche Umstände fähig sind, dieselben hervorzubringen?

105. Um die Sprachen in dieser Hinsicht zu betrachten, muss man aber wieder auf die einzelnen Sprachen zurückgehen und die Frage aufwerfen, ob sich in ihnen eine sie charakterisirende, dergestalt feste Form findet, dass sie, solange diese besteht, die nämlichen sind, wenn sie zerschlagen wird, aber zu anderen werden? Liesse sich eine solche Form erkennen, so würden alle mit einer Sprache mögliche Veränderungen sogleich in solche zerfallen, bei welchen diese Form bestehen bleibt, und in solche, bei welchen sie aufhört dieselbe zu seyn. Dass sich dies wirklich so verhält, ist sowohl aus der Natur der Sache, als der Erfahrung sichtbar. Der Ausdruck der Gedanken giesst sich in einer Nation, die man sich von den Störungen fremden Einflusses frei denkt, natürlich und von selbst in eine Form, die dadurch das allgemeine Verständniss bedingt, dass jeder Einzelne in derselben die wiederfindet, die er, käme der Anstoss von ihm her, selbst der Rede gegeben haben würde, und die Individualität der Sprache beruht darauf, dass in derselben Bahn fortgefahren wird, nur vielleicht mit Abweichungen, in welchen das Wesen der ursprünglichen Form nicht bloss immer erkennbar, sondern vorherrschend ist. In der Wirklichkeit ist diese Form vorzüglich da sichtbar, wo in aus einander entstandenen Sprachen eine alte untergegangen und eine neue entstanden ist. In den Sprachen des Lateinischen Europa, um mich des Ausdrucks eines ebenso sachkundigen, als scharfsinnigen Sprachforschers zu bedienen, und im Persischen z.B. erkennt jeder auf den ersten Anblick gegen das Lateinische und das Sanskrit eine neue, vorher nicht da gewesene Sprachform und mithin das Entstehen wirklich neuer Sprachen.

106. Die Schwierigkeit gerade der wichtigsten und feinsten Sprachuntersuchungen liegt sehr häufig darin, dass etwas aus dem Gesammteindruck der Sprache Fliessendes zwar durch das klarste und überzeugendste Gefühl wahrgenommen wird, dennoch aber die Versuche scheitern, es in genügender Vollständigkeit einzeln darzulegen, und in bestimmte Begriffe zu begränzen. Mit dieser hat man auch hier zu kämpfen. Die charakteristische Form der Sprache hängt an jedem einzelnen ihrer kleinsten Elemente, jedes wird durch sie, wie unmerklich es im Einzelnen

sey, auf irgend eine Weise bestimmt. Dagegen ist es sehr schwer, ja ich möchte wohl sagen, unmöglich, einen einzigen Punkt aufzufinden, von dem sich behaupten liesse, dass sie an ihm entscheidend haftete. Der Grund dieser Schwierigkeit liegt tief in der Natur der Sprache selbst. Da sie nichts anders, als das Denken, bezogen auf die Articulationsfähigkeit der Sprachorgane ist, so erlaubt die Gleichartigkeit des menschlichen Denkens, welche ebendadurch zugleich eine der allgemeinen sprachbildenden Gesetze ist, verbunden mit der Gleichartigkeit der Sprachwerkzeuge, zwar Verschiedenheiten unter den Sprachen, macht aber nicht nur jeden schneidenden Contrast, sondern sogar jede vollständig rein bestimmte Gränze zwischen ihnen unmöglich. Die Töne dienen, auf welche Weise man auch die Analogieen ihrer Bedeutungen zusammenzustellen versuchen mag, zur Bezeichnung der verschiedensten Gegenstände und Begriffe, und gehen so mannigfaltig in einander über, dass sich dem Gange, dem sie geschichtlich gefolgt sind, nur in ganz concreten Fällen auf die Spur kommen lässt. Der in den Sprachen liegenden grammatisch technischen Mittel weiss sich der sprachbildende Geist dergestalt zu bemeistern, und ihnen eine verschiedne Geltung zu geben, dass auch ihre Anwesenheit oder ihr Mangel durchaus nicht zu allgemein entscheidenden und untrüglichen Folgerungen über das Wesen der Sprachform führt. Wenn man daher irgend eine gegebene Sprache durchgeht, so findet man schwerlich einen einzigen Punkt, den man sich nicht, dem Wesen ihrer Sprachform unbeschadet, auch anders denken könnte, und wird genöthigt zu dem Gesammteindruck zurückzukehren. Hier tritt sogleich das Gegentheil ein; die entschiedenste Individualität fällt klar in die Augen, drängt sich unabweisbar dem Gefühle auf. Geht man hiervon unmittelbar auf das Material und die Technik der Sprache zurück, so bleibt kaum etwas andres übrig, als Alles und Jedes, so concret, wie es dasteht, als die Sprachform ausmachend, zusammenzufassen, mithin diese in einem Sinne zu nehmen, welcher eigentlich die Möglichkeit irgend einer Veränderung in derselben Sprachform ausschliessen würde. Die Sprachen können hierin noch am wenigsten unrichtig mit den menschlichen Gesichtsbildungen verglichen werden. 300 Die Individualität drängt sich auf, Aehnlichkeiten werden erkannt, aber kein Messen und kein Beschreiben der Theile, im Einzelnen und in ihrem Zusammenhange, vermag die Eigenthümlichkeit in einen Begriff zusammenzufassen. Sie ruht auf dem Ganzen, und in der wieder individuellen Auffassung, daher auch gewiss jede Physiognomie jedem anders erscheint. Da die Sprache, in welcher Gestalt man sie aufnehmen möge, immer ein geistiger Aushauch eines nationell individuellen Lebens ist, so muss Beides auch bei ihr eintreffen. Wieviel man in ihr vereinzeln, heften und verkörpern möge, so bleibt immer etwas, und gerade das Hauptsächlichste in ihr übrig, worin die Einheit und Odem eines Lebendigen ist.

107. Ich glaube die Verlegenheit, in welche hier die Sprachforschung geräth, nicht übertrieben zu haben. Die Neugriechische, der Englischen ähnliche Bildung des Futurum scheint der Altgriechischen Sprachform schnurstracks entgegengesetzt. Dächte man sie sich aber in dieselbe hineinverwebt, so könnte damit ihr Wesen dennoch sehr füglich bestehen. Es ist schon wahrscheinlich, dass ihre Futura ähnliche, nur verwachsene Umschreibungen sind, und dass sie sich auch getrennt bleibenden Umschreibungen nicht entschieden widersetzt, beweist das Perfectum ihres Passivs. Die Zusammensetzungen der Nomina machen einen wichtigen Theil der Sanskritsprachform aus, und haben einen entschiedenen Einfluss auf die Redefügung, aber das Lateinische und in neuerer Zeit das Spanische und zum Theil selbst das Französische zeigen, dass Sprachen von dem Gebrauche so häufiger Zusammensetzungen zurückkommen können, ohne darum ihre Sprachform zu verändern. Auf ähnliche Weise könnte man mit den meisten andren grammatischen Eigenthümlichkeiten verfahren, und ich wüsste wenigstens keine namhaft zu machen, mit der es nicht der Fall wäre. Man muss daher, wenn man diesen Weg verfolgen will, das Wesen der Sprachform in die Menge gleichartiger Eigenthümlichkeiten (z.B. im Neugriechischen der durch Umschreibung ausgedruckten grammatischen Formen) oder in die Verbindung gewisser mit einander setzen, wodurch aber, da es nun auf ein Mehr oder Weniger ankommt, nothwendig Unbestimmtheit entsteht. 301

108. Ich habe es mir angelegen seyn lassen, deutlich und ausführlich zu zeigen, wie schwierig, ja wirklich unmöglich es ist, an den einzelnen Theilen des Sprachbaus das Feste von dem Flüssigen, oder um es noch

bestimmter auszudrücken, das die Individualität der Sprachen wahrhaft Bedingende von dem Zufälligen und Gleichgültigen rein und mit wahrer Genauigkeit abzuscheiden. Denn etwas, allgemein ausgedruckt allerdings Wahres, aber in der Anwendung auf das Einzelne Unhaltbares hinzustellen, ohne es sogleich auf seine wahre Geltung zurüchzuführen, ist das Verderblichste, was bei Sprachuntersuchungen geschehen kann. Ist es aber auch unmöglich, das nicht abzuläugnende Gefühl der Einerleiheit und Verschiedenheit der Sprachformen in bestimmte Begriffe und erschöpfende Definitionen zu begränzen, so muss es immer eine andre Methode geben, dasselbe auf eine andre Weise bis zu dem Grade, welcher dem Zwecke der Wissenschaft genügt, zu umschreiben und festzustellen. Ausser der Verzichtleistung auf die höchste Genauigkeit, unterscheidet sich dies Verfahren vorzüglich dadurch, dass es den Tact in Anspruch nimmt, der durch sorgfältige Vergleichung verschiedner Sprachformen erworben wird und in dem Grade untrüglicher ist, in dem er sich mehr auf tiefes und erschöpfendes Studium des Einzelnen gründet.

109. Die drei Punkte, worin die Sprachen sich von einander unterscheiden, sind das Material ihrer Wörter, die grammatische Behandlung und Zusammenfügung derselben, und ihr, diesen beiden Theilen gemeinschaftliches Lautsystem. Die Mischung der Wörter übt zwar oft unverkennbaren Einfluss auf die der Sprache eigenthümliche Wortbildung, und bisweilen auch auf die grammatische Form aus, und wenn sie lange in einer Sprache bestanden hat, ist sie kaum ohne allen solchen Einfluss denkbar. Im Ganzen aber und gewöhnlich ordnen sich die fremden Wörter den einheimischen Sprachgesetzen unter, wie die dem Englischen beigemischten Lateinischen oder aus Lateinischen entstandeneu Wörter die Germanische Genitivendung annehmen, und die Arabischen Wörter im Türkischen den Dualis ungebraucht lassen. Bisweilen aber findet sich beides mit einander verbunden, wie eben jene Wörter im Englischen einen von dem der Germanischen abweichenden Accent in die Sprache bringen, und die Arabischen Wörter im Persischen ihre Participial und Pluralformen beibehalten. Wo nun die grammatische Einwirkung der Sprachmischung in Absicht der Wörter nicht bedeutend ist, da wird auch in derselben Sprache die Sprachform nicht verändert, die Sprache bleibt dieselbe und nimmt nur einen Theil des Materials einer andren in sich auf. Solche Sprachen mit gemischtem Wörtervorrath theilen sich wieder in verschiedene Classen, je nachdem die eingedrungenen Wörter entweder ihre fremde Natur mehr geltend machen, oder sich mehr der einhei-

mischen angestalten, und vorzüglich je nachdem sie in ihrer ursprünglichen Sprache noch fast unverändert angetroffen werden, oder in einem
früheren, mehr oder weniger schwer zu erkennenden Zustand übergegangen sind. So finden sich unter den Sanskrit-Wörtern im Malaiischen
viel mehr solche, die kaum unbedeutende Lautveränderung erfahren
haben, als unter den gleichen der Südsee-Inseln. In dem Materiale der
Sprache, dem Inbegriff ihrer Wörter, kann also die Sprachform, welche
die Einerleiheit der Sprachen bedingt, nicht anders, als höchstens indirect
gesucht werden, da der Einfluss der Sprachform auf dasselbe allerdings
nicht abzuläugnen ist.

110. Dagegen liegt die Sprachform unverkennbar in dem grammatischen Bau, und ein Uebergang in einen wesentlich verschiednen ist, von
aller Beschaffenheit der Wörter abgesehen, ein Uebergang in eine neue
Sprache. Ueber die Unbestimmtheit, die hier in dem Grade und der Art
der Verschiedenheit übrigbleibt, habe ich mich im Vorigen ausführlich
verbreitet. Die Sprachform, ganz im Allgemeinen betrachtet, ist die Form,
in welcher eine Sprache ihre Wortlaute zum Ausdruck des Gedanken
gestaltet und ordnet. Da wohl jede Sprache hierin eine gewisse Freiheit
gestattet, und die Beschaffenheit des Vorzutragenden Verschiedenheiten 303
nothwendig macht, so muss die Sprachform diese Mannigfaltigkeit des
Ausdrucks in sich fassen, und ist insofern ein nach ihnen gebildetes
Abstractum. Es würde aber durchaus unrichtig seyn, sie auch an sich
bloss als ein solches daseynloses Gedankenwesen anzusehen. In der That
ist sie vielmehr der durchaus individuelle Drang, vermittelst dessen eine
Nation dem Gedanken Geltung in der Sprache verschafft. Da uns aber
nie gegeben ist, diesen Drang in der Gesammtheit seines Wirkens, sondern nur in seinen jedesmal einzelnen Wirkungen zu sehen, so bleibt
uns nur übrig, die Gleichartigkeit seines Wirkens in einen todten allgemeinen Begriff zusammenzufassen. In sich ist jener Drang Eins und lebendig. Da er auf den Ausdruck des Gedanken, nicht auf die Bezeichnung
eines Gegenstandes geht, so betrifft er allemal die verbundene Rede, die
man sich überhaupt in allen Sprachuntersuchungen, die in die lebendige
Wesenheit der Sprache eindringen sollen, immer als das Wahre und
Erste denken muss, da das Zerschlagen der Sprache in Wörter und Regeln
nur ein todtes Machwerk wissenschaftlicher Zergliederung ist. Die
Wortlaute hangen mit der verbundenen Rede auf das innigste zusammen,
allein auf dem Punkte, auf dem hier die Untersuchung steht, wird davon
abgesehen, ob der Drang, von dem hier die Rede ist, als ein ursprüngli-

cher, auch sie schafft, oder bloss als ein in seiner Richtung veränderter (wie bei dem Uebergange aus einer Sprachform in die andre) sich vorhandener Sprachlaute bedient.

111. Wir sahen im Vorigen, dass sich die Sprachform objectiv an der grammatischen Technik nicht genau in Begriffen abgränzen lässt. Versuchen wir nun die Arten ihrer möglichen Verschiedenheit, zur Beurtheilung des geschichtlichen Zusammenhanges mehrerer, zu überschlagen, so fällt zuerst die Verschiedenheit der schaffenden Kraft jenes eben bezeichneten Dranges in die Augen. Er kann sich nämlich des Stoffes herrischer bemeistern, ihm sichtbarer und consequenter sein Gepräge aufdrucken, oder mehr ihn und seine stoffartige Natur walten lassen.

304

Ferner liegt in dem Gedankenausdruck selbst schon an sich ein Zwiefaches, nämlich die Form, an welche sich der Geist in der Aneinanderreihung der Theile des Gedanken gewöhnt, und die Anschaulichkeit, welche die Sprache der Bezeichnung dieser Gedankentheile auch im Ausdrucke giebt. Man kann auch das Erstere, was vorzüglich im Syntaktischen der Grammatik liegt, als mehr auf die eigne Thätigkeit des Sprechenden bezogen, das Letztere als vorzugsweise die Leichtigkeit des Verständnisses bezweckend ansehen. Aber auch hierbei liegt der wahre Zweck tiefer und wirklich in der innerlich gefühlten Nothwendigkeit, der Form des Gedanken auch in der Sprache einen sinnlichen Ausdruck zu verschaffen. Unter den Begriff dieser beiden Richtungen lassen sich nun, wie unter zwei Classen, die einzelnen Verschiedenheiten der Sprachform bringen. Statt zu vereinzeln und zu zergliedern, muss man daher, um die Eigenthümlichkeit ihrer Form in dieser Hinsicht aufzufassen, die Sprache, soviel als möglich, in ihrer Einheit zu nehmen versuchen, und vermittelst eines durch ihr Studium geschärften Tactes das Wesentliche vom Zufälligen unterscheiden. Es bedarf kaum hierbei der Bemerkung, dass man vorzugsweise alsdann in jeder Sprache die Punkte aufzusuchen hat, von welchen die entschiedensten Eigenthümlichkeiten derselben ausgehen und wohin man vorzugsweise das Pronomen und Verbum rechnen kann. Dies im Einzelnen auszuführen, wird erst in der Folge dieser Untersuchung möglich seyn. Ueberhaupt kann volles Licht über die hier abgehandelte Materie erst die klare Einsicht in die Verschiedenheiten des Baues der hauptsächlichsten vorhandenen Sprachen verbreiten. Ehe man aber in die Theile des Sprachbaues eingehen konnte, musste die Sprache im Ganzen in allen ihren wesentlichen Beziehungen betrachtet werden, und unter diesen konnte das nicht unerörtert bleiben, was erst macht, dass eine Sprache diese und keine andere ist. Hierüber gleich vorläufig leitende Grundsätze aufzustellen, wird auch den folgenden Untersuchungen förderlich seyn.

112. Die Gleichheit der grammatischen Form in dem hier angedeuteten Sinne genommen, ist daher allein das die Einerleiheit der Sprache Bedingende. Allein und für sich würde sie indess nicht hinreichen, dieselbe in zwei Sprachen zu beurkunden, wenn dabei das Lautsystem unbeachtet bliebe. Der Laut erst (§. 45.) bildet die wahre Individualitaet der Sprache. Man muss aber hier einen Unterschied machen zwischen dem Lautsystem im Allgemeinen, und concreten Lauten in Wörtern und grammatischen Formen. Die blosse Vergleichung des ersteren führt nicht leicht zu entscheidenden Folgerungen. Die Laute gehen in einander über, unter verwandten setzen sich aus zufälligen Ursachen, selbst in ganz gleichen Sprachen, oder in derselben verschiedene in blossen Mundarten fest. Der Mangel selbst mehrerer Buchstaben im Alphabet ist, da dieselben durch die verwandten Laute ersetzt werden, gar nicht von so grosser Erheblichkeit, als er auf den ersten Anblick zu haben scheint. Oft ist es auch, wie sonderbar es scheinen mag, schwer zu entscheiden, ob ein Laut in einer Sprache vorhanden ist. Die auf den Sandwich-Inseln aufgenommenen Wörterverzeichnisse haben bald die einen ein *l*, bald die andren ein *r*, niemals dasselbe beide Buchstaben, weil der wahre Laut so zwischen beiden liegt, dass das Europaeische Ohr unschlüssig bleibt, wohin es ihn rechnen soll. Auf gleiche Weise ist es mir mit *k* und *t* mit einem sich hier aufhaltenden Eingebornen dieser Inseln gegangen. Die grössere Anzahl von Nasen- oder Gurgellauten unterscheidet sehr oft auch mehr Dialecte, als Sprachen. Das Toscanische giebt hiervon ein merkwürdiges Beispiel, und wenn man auch die Toscanische Aspiration allenfalls aus dem alten Tuskischen ableiten kann, was übrigens blosse Vermuthung bleibt, so zeigen wenigstens viele andre Beispiele, dass eine solche Annahme zur Erklärung der Erscheinung keineswegs nothwendig ist. Eines der merkwürdigsten Beispiele gänzlicher Lautverschiedenheit in sehr nahe verwandten Sprachen, von der mir bisher auch nicht einmal ein Versuch einer Erklärung bekannt ist, giebt die Portugiesische gegen die Spanische Sprache mit ihren häufigen Nasentönen, dem Verwandeln des Lateinischen *cl, pl*, Spanischen *ll* in *sch*,[83] und andren Eigenthümlich-

---

83 Raynouard (*Gramm, comparée des langues de l'Europe Latine p.* XXIV.) erwähnt bloss der Veränderung von *pl* in *ch*, ohne weiter etwas hinzuzufügen. Allein auch *cl* verwandelt sich so, *clavis, llave, chave, clavus, clavo,*

keiten. Alle diese Umstände nun, durch welche die Laute einer Sprache, über das Verhältniss ihrer übrigen Verschiedenheiten hinaus, von denen einer andren abweichen, gehörig abzusondern, wird immer überaus schwierig seyn, und das Feste der Sprachform sich in der allgemeinen Beschaffenheit des Lautsystems allein nur selten nachweisen lassen, so wesentlich auch diese Beschaffenheit zu der Erklärung aller Spracheigenthümlichkeiten bleibt.

113. Jede solche Ungewissheit und Unbestimmtheit verschwindet aber bei der Gleichheit concreter grammatischer Formen. Ein besonders merkwürdiges Beispiel dieser Art ist im Sanskrit, Griechischen und Gothischen, dem sich hierin die ganze Reihe der übrigen Germanischen Sprachen anschliesst, die Gleichheit der Conjugation von *wêda*, *oida*

und *vait*.[84] Hier kommt Gleichheit der Wortlaute, Eigenthümlichkeit des Vocalwechsels vom Singular zum Plural,[85] und der sonderbare an-

---

chavelho. Auch *fl* erleidet diese Veränderung, *flamma*, *llama*, *chama*. Noch sonderbarer ist *chegare* für das Spanische *llegare*, da dies doch wohl eben so von *legare* stammt, als *llevare* von *levare*. Wenn aber nicht *cheiro* mit *olere* zusammenhängt, was ich nicht zu entscheiden wage, so kenne ich in keinem Portugiesischen Worte *ch* für ein einfaches Lateinisches *l*. Vielmehr scheint dieser Laut nur durch die Ausstossung des *l* zu entstehen. Denn auch Wörter mit blossem *c* werden zu *ch*, wie *capellus* der späteren Latinität zu *chapéo*, und gleichergestalt, was ich aber nicht weiter zu erklären wüsste, Wörter mit *p*, wie *populus*, Pappel, zu *choupo*. Daneben ist weder *cl*, noch *pl* dem Portugiesischen fremd. Es scheint aber fast, dass die Beibehaltung und Umwandlung dieser ursprünglichen Lateinischen Laute verschiedenen Zeiten oder Mundarten angehört. Denn sie findet sich bei denselben Wörtern zugleich. So giebt es *plano*, *llano* und *cháo*; *plantar* und *chantar*; *pluma* und *chumazo*. Die Verwandlung gehört der ursprünglichen Volksaussprache an; die Schriftsprache scheint ihr nicht immer treu geblichen zu seyn, und wo sie jetzt Wörter aufnimmt, erhält sie ihnen ihre reinen Laute.

84 Bopps Beurtheilung der deutschen Grammatik von Grimm in den Jahrbüchern für wissenschaftliche Kritik. 1827. S. 259. Man vergleiche Grimms Gramm, I. 851. 852. und bei der ganzen Folge der Germanischen Sprachen.

85 Dieser besteht, man mag *idmen* wirklich für die 1. praet. oder praes. nehmen, gerade wie in *widmas* und *widma*, da beiden *tempora* dieser Vocalwechsel gemein ist. Zu den gleichen in der Boppischen Beurtheilung angeführten Fällen im Griechischen gehört auch *epepithmen* verglichen mit *pepoitha*

omalische Umstand zusammen, dass die vergangene Zeit in der Bedeutung der gegenwärtigen genommen wird. Hier ist also Gleichheit der Analogie und Anomalie in derselben Form. Das Lateinische und Litthauische bieten in diesem Fall gerade keine grammatische Gleichheit dar. Das Sanskritische *wid* erscheint bei ihnen bloss als *sehen* im Lateinischen *videre*, und Litthauischen *wéizdmi*. *Wissen, zinnaú*,[86] stammt von dem Sanskritischen *jnâ*. Beide Sprachen aber sind jenen in anderen Formen auf das überraschendste gleich, wie *datum, datu, statum, statu* ebensowohl Lateinische, als Sanskrit-Wörter sind, und wie schon öfter auf die Gleichheit der Conjugation des Verbum *seyn* im Praesens im Sanskrit, Griechischen und Litthauischen aufmerksam gemacht worden ist. Alle hier genannten Sprachen haben daher concrete grammatische Flectionen, solche, in welchen das geistige und phonetische Bildungsprincip dasselbe ist, und die im Laut übereinkommen, mit einander gemein. Die immer auch übrigbleibende Lautverschiedenheit darf hierbei keinen Anstoss erregen, da, ohne dieselbe, diese Sprachen aufhören würden, eigne Sprachen zu seyn. Gerade weil die Individualitaet der Sprache auf dem Laute beruht, so weichen die individuellen Sprachformen immer in den Lauten von einander ab, allein diese Abweichung lässt sich, da wo Einerleiheit der Sprachform unter mehreren herrscht, nach durchgehenden Analogieen zu dem Urlaut zurückführen, und beweist dadurch noch mehr die wirkliche Uebereinstimmung. Jenen Beispielen aber eine Menge hinzuzufügen, ja auszuführen, dass der ganze grammatische Bau jener Sprachen durchgängige Analogie zeigt, würde aus den jetzt darüber vorhandenen Arbeiten leicht seyn. Ich unterlasse es nur, weil man diejenigen Leser, welche sich wahrhaft für diese Untersuchungen interessiren, als vertraut mit diesen Arbeiten voraussetzen darf.

114. Eine solche Gleichheit nun in concreten grammatischen Formen erlaubt keinen Zweifel mehr über ihren wirklichen *geschichtlichen* Ursprung. Ständе das Beispiel von *oida* allein da, so müssten die Laute einer Sprache von der andren überkommen, könnten nicht unabhängig von einander gebildet seyn. Ob wir also gleich gar keinen Zusammenhang zwischen der Lateinischen und Indischen Sprache geschichtlich kennen, so muss ein solcher Zusammenhang vorhanden gewesen seyn, da Indi-

---

86 Das Litthauische hat, auf eine dem Griechischen ähnliche Weise, eine doppelte Conjugation mit der 1. pers. sing. in *u* und *mi. zinnaú* heisst also *ich weiss*, wie *wéizdmi ich sehe*.

sche, im Griechischen (denn ich habe absichtlich gerade solche ausgewählt) nicht vorhandne Flexionslaute sich im Lateinischen vorfinden.
Es wäre aber eine wahrhaft unmögliche Annahme, dass eine Gleichheit,
wie die oben von *oida* angeführte, in zwei, übrigens grammatisch verschiedenen Sprachen allein und abgesondert da stände. Die Grammatik
bildet immer mehr oder minder, loser oder fester, ein Ganzes von
Analogieen, und darum gerade lässt sich die Verwandtschaft der Sprachen
soviel überzeugender an ihr, als an den Wörtern zeigen, weil was irgend
tief in sie eingreift, in die Bildungsgesetze der Sprache übergeht, oder
aus ihnen entspringt. Wörter bleiben dagegen oft immer Fremdlinge in
der Sprache, und nehmen von grammatischen Eigenthümlichkeiten,
ausser dem Accent, höchstens Endungen oder Artikel mit sich hinüber,
die aber dann bedeutungslos werden, und ihr grammatisches Leben
verlieren.

115. Entkleidet man die Sprachform von ihren Lauten und lässt man
bloss den Begriff (§. 111.), die Behandlungsart ihrer Wörter in der verbundenen Rede, in ihr zurück, so berechtigt sie durchaus zu keinem
Schluss auf geschichtlichen Zusammenhang. Ihre Gleichheit beruht alsdann auf allgemeineren Gründen, und wären besondre historische vorhanden, so müssten sie anderswoher bewiesen werden. Gehen wir aber
auf dasjenige zurück, was wir über die wahre Natur der Sprachform, als
eines Dranges den Gedanken in Worte zu kleiden, weiter oben (§. 110.)
gesagt haben, so fällt beim ersten Anblick in die Augen, dass bei einer
solchen Unterscheidung der Technik der Sprachform von ihren Lauten
die erstere schon an sich nur eine Abstraction seyn kann, und irgend
grosse Gleichheit derselben zwischen zwei Sprachen, bei völliger Verschiedenheit der Laute, kaum denkbar ist. Die Entstehung und Entwicklung der Grammatik in jeder Sprache geschieht im und vermittelst des
Sprechens. Der Laut und der Begriff vereinigen sich zur Bildung der
grammatischen Form, und da der Laut das Verständniss vermittelt, aus
den Lippen hervorgehend dem Ohre zurückkehrt, so ist in diesem Zusammenwirken der auch in sich fügsamere Begriff das mehr abhängige
Element. Wo man daher Gleichheit der grammatischen Behandlungsart
mit wesentlicher Verschiedenheit der grammatischen Laute anzutreffen
glaubt, da wird tiefere Prüfung entweder dennoch Lautzusammenhang
entdecken, oder die scheinbare Gleichheit in solche Gränzen zurückwei-
sen, dass beide Sprachen nur als zu Einer Classe, oder nur ganz entfernt
als zu Einer, in gewissen Punkten dieselbe grammatische Ansicht thei-

lenden Völkermasse gehörend erscheinen. Dies wird uns namentlich bei den Amerikanischen Sprachen sehr ernstlich beschäftigen müssen, die durch den Süden und Norden des Welttheils hindurch grosse grammatische Aehnlichkeit zeigen, indess die Zurückführung der Laute einer auf die andre bisher nur sehr einzeln hat gelingen wollen. Die Semitischen Sprachen stehen den Sanskritischen (ein Verhältniss, das es von der äussersten Wichtigkeit wäre, recht genau und ausführlich auszumitteln) sehr viel näher, als beiden die Koptische und andre in die gleiche Kategorie gehörende, allein die Aehnlichkeit scheint doch nur eine Classenverwandtschaft, auf keine Weise eine zu Voraussetzung geschichtlichen Zusammenhanges berechtigende.

116a. Es muss aber, indem man die Sprachform zum Massstab der Einerleiheit oder Ungleichartigkeit der Sprachen annimmt, der Begriff derselben sehr sorgfältig von den ihn begleitenden Lauten unterschieden werden. Nur diese berechtigen auf geschichtlichen Zusammenhang zu schliessen, und thun dies immer, die Form der Sprache möge, dem Begriff nach, dieselbe oder eine verschiedene seyn. Denn es kann nicht nur gedacht werden, sondern es findet sich starke Verschiedenheit der grammatischen Behandlungsart mit vieler Uebereinstimmung auch der grammatischen Laute. Es können nemlich diese in grösserer oder geringerer Zahl, mit bedeutenderen oder unbedeutenderen Abweichungen gegenwärtig bleiben, aber der sie verknüpfende grammatische Sinn in seinem ursprünglichen Zustand bis zum Entstehen einer wahrhaft neuen Sprachform in Vergessenheit oder Verwirrung gerathen.

116b. Da dies gerade der sichtbarste Fall neuer Spracherzeugung ist, so bleibe ich bei demselben stehen, und beginne mit ihm die Betrachtung der verschiednen Möglichkeiten inneren Sprachzusammenhanges. (§. 104.) Das mir bekannte auffallendste Beispiel der hier erwähnten Art giebt das Neugriechische. Declination und Conjugation sind aus altgriechischen Flectionen, von denen viele ganz unverändert geblieben, zusammengesetzt. Aber kaum eine einzige Declination oder ein einziges Tempus hat sich in seinem Ganzen unverändert erhalten, in den meisten sind Beugungen verschiedner gemischt, oder ihrem ursprünglichen Sinne entgegen gebraucht. Die Reduplication, also ein ganzes technisches Mittel der alten Grammatik, ist untergegangen. Der Gebrauch des Augments bei zusammengesetzten Verben, der schon bei den Alten in einigen so schwankend war, dass das Augment sogar doppelt gesetzt ward, ist

310

noch ungewisser geworden, und scheint kaum feste Regeln zu erlauben.[87]
Der Infinitiv hat sich gänzlich verloren, ist aber im Verbum *seyn*, in
völliger Vergessenheit seiner Bedeutung, zur 3. Person beider Numeri
geworden. Die zusammengesetzten Tempora verbinden widersinnig
durch alle Personen hindurch die 3. des Hülfsverbum mit dem regelmäs-
sig durchflectirten Aorist des Conjunctivus,[88] oder bedienen sich einer
Abkürzung des Hülfsverbum und Zusammenziehung mit einer Conjunc-
tion, worin der Ursprung ganz unkenntlich wird.[89] Das Besitzpronomen
wird durch den Zusatz des Wortes *eigen* gebildet.[90] Nimmt man nun zu
diesen einzelnen Abweichungen, unter denen ich hier nur die bekannte-
sten und auffallendsten ausgewählt habe, die Verschiedenheit der Construction und die gänzliche Aufopferung der Quantität, die zum Theil
ganz andre Betonung hervorbringt, hinzu; so erhält man (ohne noch
auf die Veränderung der Wörter in Laut und Bedeutung zu sehen) den
Eindruck einer durchaus neuen Sprachform bei sehr grosser Gleichheit
der grammatischen Laute. Wenn ich hier von Verwirrung der Formen,
Vergessenheit ihrer Bedeutung sprach, so geschah dies nur in Vergleichung mit der älteren Sprache und um auf die Art des Ueberganges
aufmerksam zu machen. Es versteht sich von selbst, dass die neue
Sprache ihre eigne Analogie hat, und in dieser wieder durch die ihr eigenthümliche Consequenz ein Ganzes bildet. Es ist ausserdem für den
den Nationen beiwohnenden Sprachsinn merkwürdig zu beobachten,
wie neben und selbst in den Abweichungen das Gefühl der Analogie
der alten Sprache sich sichtbar erhalten hat. Jene Verwirrung könnte
nur dann einen Vorwurf gegen sie bilden, wenn sie schlechterdings zur
alten zurückkehren sollte. Wie man in ihr eine neue, und *sich* als solche
entwickelnde sieht, fällt der Vorwurf hinweg. Die neugeprägte Form
tritt in die Sprache ein, und wirkt in ihr lebendig fort. Ihr in dieser Beziehung fast gleichgültiger Ursprung ist nur insoweit wichtig, als es allerdings von der richtigen und consequenten Bildung der Wortbeugungen

---

87 Davids Parallelismus. p. 39. 40.

88 David sagt, dass die regelmässigere Verbindung *thelô grapsei* oder *grapsei*
    im Volk durchaus nicht gebräuchlich ist. Vermuthlich gilt dasselbe von
    êthela grapsei wo er es aber nicht bemerkt. Parallelismus. p. 45.

89 *tha* aus *the(lô)na*

90 Gewöhnlich *edikos* oder apocopirt *dikos* aber, nach Coray's Beispiel, jetzt
    in der Schriftsprache *idikos* von *idios*

abhängt, wie tief und allgemein consequent verfolgte Analogie durch die ganze Sprache durchgeht. Auch in den alten classischen Sprachen, deren Form für untadelhaft gehalten wird, finden sich hie und da Spuren, dass ältere Formen durch Misdeutung sprachwidrig genommen, oder solche, welchen man ohne genauere Prüfung keinen Mangel ansieht, auf sonderbare und der Art unserer neueren Sprachen ganz ähnliche Weise zusammengesetzt sind.

117. Die lateinischen Töchtersprachen haben zwar viel mehr, als die Neugriechische, von den Römischen grammatischen Lauten eingebüsst und das ihnen Uebriggebliebne viel stärker verändert, sie befinden sich aber im Ganzen mit ihr in demselben Fall. Diese schon ursprünglich grössere Lautverschiedenheit und der mächtige Schwung, den die Literatur schon früh in der neuen Form gewann, haben diese Sprachen viel sichtbarer zu wahrhaft neuen gemacht. Ihre frühesten Bearbeiter waren Dichter aus der Blüthe der Nation, so dass die Sprache veredelt, aber nicht dem Kreise des Volks entzogen wurde. Dadurch gestaltete sie sich in Freiheit und Mannigfaltigkeit, und nie wurde bei der an ihr versuchten Bildung, wie bei der Neugriechischen Sprachverbesserung, an Rückkehr zum Alten gedacht, immer nur der Entwicklung in neuer Eigenthümlichkeit nachgestrebt. Alle glücklichen Folgen, welche Wohlstand, Cultur und politische Bedeutsamkeit der Nationen über die Sprachen verbreitet, wurden diesen neuentstandenen zu Theil, indess die Bewohner des alten Griechenlands mit Knechtschaft, Mangel, politischer Vernichtung und aus allem diesem entstehender Verwilderung zu kämpfen hatten.

118. Die Persische Sprache liefert, überzeugender, als irgend eine andre, den Beweis, dass die Einerleiheit der Sprachen nicht in der Vergleichung der Wörter, sondern im grammatischen Baue gesucht werden muss. Der Wörtervorrath zeigt bloss eine Mischung Arabischer und Indo-Germanischer Wörter, und das Uebergewicht der Menge ist auf der Seite der ersteren. Selbst die flüchtigste Ansicht der Grammatik aber kann nicht zweifelhaft lassen, dass es eine Indo-Germanische Sprache ist, welche Arabische Wörter in sich aufgenommen hat. In den gramma- tischen Bau ist wesentlich nicht Semitisches übergegangen, einzelne Unregelmässigkeiten, wie dass bisweilen Persische Schriftsteller auch Persischen Wörtern den umlautenden Arabischen Plural geben, thun kaum als Ausnahmen der Allgemeinheit dieser Behauptung Eintrag. Was in der Persischen Grammatik nicht Sanskritisch ist, und es giebt dessen nur wenig, ist bis jetzt unbekannten Ursprungs. Die Arabischen Wörter

gelten nur als Wörter, und wenn sie in ihren einheimischen Plural- und Participialformen bedeutsam erscheinen, so ist dies nicht anders, als wenn wir dem Deutschen lateinische Wörter in ihren Casusformen beimischen. Wenn man hierin die lateinischen Töchtersprachen und die Englische mit der Persischen vergleicht, so ist in demselben der Grad der Verschmelzung der fremden und einheimischen Elemente in der hier beobachteten Folge dieser Sprachen geringer. In den Lateinischen Töchtersprachen erkennt oft erst die etymologische Untersuchung das nicht lateinische Wort, und es theilt dieselbe grammatische Behandlung mit denen des eigentlichen Stammes der Sprache. Im Englischen fallen die nicht Germanischen Elemente sogleich ins Auge, die Sprache besitzt zwar, wie in der Betonung, so in den Substantiv- und Adjectivendungen, ein zwiefaches System nach dem Ursprung ihrer Wörter, aber beide sind ihrer Eigenthümlichkeit angepasst, aber einzelne Wörter bilden Ausnahmen, wo Stämme und Endungen verschiedenen Ursprungs sich verbinden (wie *dukedom, dolesome, plentiful, drinkable)*, und alle Elemente fügen sich den einheimischen Beugungen des Verbum. Im Persischen gehört das Arabische so wenig zur eigentlichen in sich geschlossenen Sprache, dass es in der Willkühr der Schriftsteller steht, mehr oder weniger davon einzumischen. Es entstand daher keine neue Sprache, als die Araber um die Mitte des siebenten Jahrhunderts Persien unterjochten, sondern die Nation gewöhnte sich nur, Bruchstücke der Sprache der Sieger in der ihrigen zu dulden. Dagegen mit dem Sanskrit verglichen, ist die Sprache sichtbar von derselben Sprachform, in einem Verhältniss, das sich nur geschichtlich erklären lässt, aber zu einer verschiednen, eignen Sprache geworden. Die Einerleiheit beruht auf der Gleichheit der wesentlichsten grammatischen Formen in ihrem Begriff und ihren Lauten, durch die Verschiedenheit muss die Art des Verhältnisses, in dem die Sprache zum Sanskrit steht, bestimmt werden. Sichtbar ist dies kein unmittelbarer Uebergang, wie der des Lateinischen zum Italienischen, des Griechischen zum Neu-Griechischen. Die Sprache behält nicht eine grössere Anzahl Sanskritischer Formen bei, die sie, da das Gefühl ihrer Bedeutung sich theils verloren, theils verirrt hat, ihrem ursprünglichen Zweck unangemessen anwendet, sie ist hiervon reiner, ihr Charakteristisches liegt hauptsächlich in der Entblössung von grammatischen Formen, darin dass sie durch die Verbindung sehr weniger ihre Zwecke in grosser Einfachheit zu erreichen weiss. Sie entspringt aus Sprachen, die uns zwar, ihrem grammatischen Bau nach, noch nicht hinlänglich bekannt sind, von denen aber das Zend gewiss auch des Indo-Germanischen Stammes war.

119. Es ist bewundernswürdig, wie auch in der Geschichte der Sprachen bisweilen ganz gleiche Erscheinungen in sehr verschiedenen Gegenden des Erdbodens wiederkehren. Das Englische befindet sich mit dem Persischen so sehr in gleichem Fall, dass es schwerlich in zwei andren Sprachen ein Beispiel davon geben mag. Die Uebereinstimmung seiner grammatischen Formen mit Sanskritischen ist unverkennbar, es entspringt aus einem Zweige der Germanischen Mundarten, dem Angelsächsischen, es theilt mit dem Persischen den Charakter grammatischer Einfachheit, es hat eine Beimischung fremder Wörter erfahren, die aber die wesentliche Form seiner Grammatik nicht verändert haben.

120. In den bis hierher angeführten Beispielen sehen wir Sprachen von einem festeren organischen und beugungsreicheren Bau zu einem minder zusammenhängenden und formloseren übergehen. Die technisch grammatischen Mittel der Sprachen, von welchen aus die neuen entstehen, werden theils unrichtig, theils sparsam und einförmig gebraucht, einige gehen gänzlich verloren. So entbehrt das Persische und Englische der Reduplication,[91] von der schon das Angelsächsische nur schwache Spuren aufbewahrt,[92] und dem Persischen ist der Ablaut gänzlich fremd. So verschieden die Sprachen, von denen wir hier reden, in sich sind, so

315

91 Wenn ich die Reduplication zu dem Bau kunstvollerer Grammatik zähle, so thue ich es nur insofern, als sie in Sprachen, welche einen solchen Bau besitzen, in denselben, nicht ihrem rohen Begriff der Wiederholung des Begriffs, sondern feinerer grammatischer Andeutung nach (z.B. als Zeichen der Vergangenheit), verwebt worden ist. Denn sonst ist die Sylben- und sogar Wortwiederholung gerade den Sprachen sehr einfachen, gewöhnlich roh genannten Baus vorzugsweise eigenthümlich. In der grössesten Mannigfaltigkeit findet sie sich in den Sprachen der Südsee-Inseln, die man, meiner bisherigen Spracherfahrung nach, als ihren Hauptsitz ansehen kann. Die kunstvolleren Sprachen aber verschmähen auch durchaus nicht die Mittel, deren sich jene bedienen, und es zeigt sich auch darin die Nichtigkeit aller scharfen Eintheilung der Sprachen in Gattungen und Classen. Das Sanskrit und Griechische bleiben auch in der Reduplication ihrem charakteristischen Unterschiede getreu. Die erstere dieser Sprachen dehnt den Gebrauch derselben weit über den feineren in der Conjugation aus, und scheint phonetisches Gefallen daran zu finden.

92 Grimms Gramm. I. 898.

haben sie dennoch durch den ähnlichen Gang ihrer Entstehung einen gemeinsamen Charakter. Alle enthalten Beugungsformen, die, mit grösserer oder geringerer Lautveränderung, Elemente eines fester organisirten grammatischen Baues waren, allein als einzelne, aus ihrer vollständigen Verbindung herausgerissene Bruchstücke; sie wenden dieselben entweder ihrer ursprünglichen Bestimmung unangemessen an, verbinden sie auch wohl auf diese Weise, oder beschränken die grammatische Form, indem sie wenige Auxiliare mit ungebeugt bleibenden Wörtern verbinden. Gegen die Stammsprache erhalten daher diese Sprachen den Charakter des Unzusammenhanges und der grammatischen Dürftigkeit, der sie aber, wie schon oben bemerkt worden, gar nicht in ihrer Eigenthümlichkeit

trifft. Daneben bedienen sie sich, um die Lücke der grammatischen Formen auszufüllen, natürlich desselben Mittels, welches alle formarmen Sprachen anwenden, das grammatische Verhältniss durch eigene Wörter anzuzeigen. Dies ist aber nur eine Folge ihrer eigenthümlichen Beschaffenheit und muss sorgfältig von derselben getrennt werden. Diese besteht in dem bruchstückartigen Gebrauch aus ihrem ursprünglichen Zusammenhang gerissener wirklicher Beugungsformen.

121. A. W. v. Schlegel hat diese Gattung der Sprachen mit dem Namen der *analytischen*, so wie die eines vollständig organischen und beugungsreichen Baues mit dem der *synthetischen* belegt,[93] und diese letztere Benennung vorzüglich ist in andere Schriften übergegangen. Ich glaube mit einigen Worten angeben zu müssen, warum ich mich derselben absichtlich nicht bediene. Der Name der synthetischen soll zwar den Unterschied von agglutinirenden bezeichnen, dass die Synthese die einzelnen Theile in Eins verschmelzt, aber jede Synthese setzt immer ein zu verbindendes Mehreres voraus, und wo ist dies, wenn z.B. aus *binden* ich *band* wird? eine Lautbeugung, die gerade den feinsten Sprachorganismus vorzugsweise charakterisirt. Die Zusammenschmelzung in Eins lässt sich auch nur gradweise unterscheiden. Man kann nicht sagen, dass sie da sey, oder fehle, sie ist in gewissem Verstande immer vorhanden, nur mehr oder weniger innig. Der in jede feinste Abschattung der Ideen eingehende Urheber jener Benennungen bemerkt bei den synthetischen und analytischen Sprachen selbst, dass die Gränzlinie nicht scharf zu ziehen ist,[94] und es passt dies noch mehr auf die synthetischen und affi-

---

93 *Observations sur la langue et la littérature Provençales. p. 14-18.*

94 *La ligne de division entre les deux genres n'est pas tranchée.*

girenden. Darum aber halte ich abscheidende Namen für nachtheilig, und habe mich, sowohl bei einer, übrigens der Schlegelschen ganz ähnlichen Eintheilung aller Sprachen,[95] als hier bei der Absonderung der formloseren von den fester organischen nur solcher Umschreibungen bedient, welche sowohl den Unterschied, als den Uebergang der trennenden Gränzen in einander angeben. Der Ausdruck *analytische* Sprachen scheint mir noch weniger passend. Es geht in den hier genannten Sprachen nicht sowohl eine Auflösung der synthetischen Formen vor, als dass man durch Verbindungen einiger, unaufgelöst bleibender, andre entbehrlich macht. Das Persische fügt dasjenige Praesens von *seyn,* was eigentlich nur diesen Gebrauch hat, und ganz mit den Personenendungen des Verbum übereinkommt, die Pronominal-Suffixa und den Artikel anderen Wörtern (Substantiven und Adjectiven) an. Die ganze scheinbar flectirte Conjugation kann als eine solche Anfügung angesehen werden. Es geht hierin nicht aus seinem Indo-Germanischen Charakter heraus. Von der enklitischen Behandlung der abgekürzten Pronominalformen und von *esti* im Griechischen bis zu dieser Anfügung ist nur ein geringer Schritt weiter; in sich ist die Erscheinung dieselbe. Hier verbindet also eine analytische Sprache, was in der ihr zum Grunde liegenden synthetischen unverbunden ist. Oder soll man das Persische nicht zu den analytischen Sprachen rechnen? Dann sieht man, wie unbestimmt der Begriff derselben, und wie schwierig er anzuwenden ist. Soviel ich einsehen kann, bleibt für den Begriff des Analytischen nur das übrig, dass, was in den synthetisch genannten Sprachen durch ein geformtes Wort ausgedruckt wird, hier einen Ausdruck durch mehrere (allein auch das bei weitem nicht immer) hat.

122. Ich habe bisher den leichteren Fall inneren Sprachzusammenhanges abgehandelt, den des sichtbaren Ueberganges einer Sprache in eine andre, und eines solchen, von dem wir aus den Zeiten sichrer Geschichtskunde Beispiele besitzen. Es giebt aber Sprachen, in welchen, indem sie durchaus und vollkommen eigne und insofern verschiedne sind, dennoch Gleichheit der Sprachform in dem oben (§. 112.) bestimmten Sinne unverkennbar ist, ohne dass irgend an einen Uebergang der einen in die andre, wie der so eben betrachtete, gedacht werden kann. Beispiele hiervon geben die Sanskrita- und Griechische Sprache. Sie sind unläugbar verschiedene Sprachen, nicht bloss Dialekte, man müsste denn dies Wort

95 *Lettre à Monsieur Abel-Rémusat. p.* 48. 49.

in ganz ungewöhnlich weitem Sinne nehmen. Sie haben aber einen im Ganzen und sehr vielem Einzelnen übereinstimmenden Bau, und ihre concreten grammatischen Formen sind sich dergestalt gleich, dass sie sich grösstentheils, nach bestimmten Gesetzen und Lautverhältnissen, auf einander zurückführen lassen. Ihr gegenseitiges Verhältniss verglichen mit dem der bisher betrachteten hat das Auffallende, dass, indem sie viel sichtbarer verschiedene Sprachen sind, dennoch jene in dem Begriffe der Sprachform weiter von einander abweichen. Alle aus Zerschlagung einer organischen Form entstandene Sprachen stehen mit denen, welchen sie ihren Ursprung verdanken, dem Begriffe nach, in einer Art grammatischen Gegensatzes und bilden zwei abgesonderte Classen, da die Sprachen, von denen ich hier rede, in dieselbe gehören. Niemand wird läugnen, dass das Alt-Griechische, in Rücksicht auf den grammatischen Begriff, weit mehr mit dem Sanskrit, als mit dem Neu-Griechischen übereinstimmt, obgleich das Material in dem letzteren sogar bis zur Möglichkeit gegenseitigen Verständnisses dasselbe ist. Das Charakteristische, wodurch sich das Neu-Griechische vom Alt-Griechischen unterscheidet, lässt sich in scharf bestimmten Begriffen angeben. Das Gleiche vom Griechischen und Sanskrit zu thun, würde zu den schwierigsten Aufgaben gehören, und niemals in gleichem Grade gelingen. Beide Sprachen unterscheiden sich mehr durch ihre Individualität, als durch ihren Begriff.

123. Die Erweiterungen, welche die Geschichte Asiens durch Klaproths vortrefliche Forschungen aus Chinesischen bisher unbenutzten Quellen erhalten, haben der Einsicht in den Zusammenhang der Indo-Germanischen Völkerschaften und Sprachen ein neues Feld eröffnet.[96] Die Annahme, dass die Urväter aller dieser Völkerschaften das mittlere Asien bewohnt, und sich von da vorzüglich nach Süden und Westen (Indien, Persien und Europa), aber auch nach Osten und Norden in mehreren in verschiedne Zeiten fallenden Wanderungen verbreitet haben, steht zwar noch nicht als geschichtlich gewiss da, hat aber überwiegende Wahrscheinlichkeit gewonnen. Die Chinesischen Schriftsteller erzählen von einem blonden Volke mit blauen Augen, das im 3. Jahrhundert vor unsrer Zeitrechnung an den Chinesischen Gränzen wohnte. Dies Volk,

---

96   Man muss hierüber die reichhaltigen *tableaux historiques de l'Asie* nachlesen. Vorzüglich gehört der *Peuples de race blonde* überschriebene Abschnitt *p.* 161. und die 12. Tafel des Atlas hierher.

welches den Namen *Ou sun* trug, so wie die Bewohner von *Choù le*, die *Tingling* und die *Kian kùen* (nachher *Hakas* und *Khirgizen* genannt), alle in Farbe der Haare und Augen einander ähnlich,[97] sieht Klaproth als gegen Osten ausgewanderte Indo-Germanische Völker an, und ihre Bildung berechtigt allerdings zu dieser Voraussetzung, um so mehr als die Sprachen der Völker, mit welchen die erwähnten Stämme dort in Berührung geriethen, die Türkische, Mongolische und Mandschurische, viel Germanische Wurzeln enthalten. Die Alanen, die Klaproth für dieselben mit den Albanen erklärt, und deren Namen er scharfsinnig mit dem Wort *Alpe* in Verbindung bringt, sind offenbar Germanischen Stamms. Sie zogen sich westwärts vom Jaxartes in den Norden des Kaspischen Meers, und wir sehen also östlich und westlich von der Mitte Asiens Völkerstämme, den Germanischen an Körperbildung ähnlich, und von den andren dort wohnenden Mongolischen, Türkischen, Tungusischen Völkern verschieden, welches auf einen dazwischen liegenden Stammsitz, als Ausgangspunkt, schliessen lassen kann. In diesem unmittelbar nördlich von Tübet findet sich ein Land mit Sanskritischem, mit einheimischen Mythen in Verbindung stehenden Namen, Khotan, von *kustana, Brust der Erde*, wo die Buddha Religion schon vor unsrer Zeitrechnung waltete, und von wo aus sie sich vielleicht in die Nachbarländer verbreitet hat. Ob Khotan darum einer der Stammsitze der Hindus, oder nur eine alte gegen Norden gewanderte Hinduische Colonie war? bleibt freilich unentschieden. Das Letztere hat sogar viel mehr Wahrscheinlichkeit für sich. Allein Colonien werden, wie wir es zwischen Griechenland und Kleinasien sehen, oft in Stammsitze zurückgeschickt und immer sehen wir hier einen Zusammenhang Indischer und blonder Germanischer Völker.[98] Die Yuctchi, die drei Jahrhunderte vor Christus westlich von der Chinesischen Provinz Kan sou wohnten, auch Yucti heissen, und als die Vorväter der Yut in Guzerate angesehen werden, gehörten vielleicht auch zu jenem blonden Geschlecht. Denn sie lebten längere Zeit vermischt mit den Ou sun, und die Yut haben Europaeische Gesichtsbildung und ein dem Griechischen ähnliches Profil. Zweifelhafter

97 Den Hakas werden grüne Augen zugeschrieben. Aber schwarze galten für ein Zeichen Chinesischer Abstammung, und schwarze Haare waren von übler Vorbedeutung. *l. c.* 168.

98 Klaproth's *tableaux*. Text. 182. Atlas. Taf. 6. *Mémoires relatifs à l'Asie*. II. 281.

ist es, ob man in diesen Yucti die Gothen erkennen darf, deren Namen auch darauf führen kann, ein andres Volk der blonden Race, die Hou oder Khoute für einen Gothischen Stamm zu halten.[99]

124. Ich habe absichtlich hier nur Nachrichten berühren wollen, welche den Zusammenhang aller zum Indo-Germanischen Stamm gehörenden Völkerschaften, wie in einem einzigen Punkte wahrscheinlich machen, ohne darum überhaupt von dem Asiatischen Ursprung der Germanischen und Hellenischen Stämme zu reden. Ich habe aber auch diese Nachrichten so kurz, als möglich, zusammengefasst, weil sie doch nur die Gleichartigkeit und Verschiedenheit der Sprachen, die zu dieser Familie gehören, im Allgemeinen begreiflich machen, über die Art des inneren Zusammenhanges derselben dagegen keine näheren Aufschlüsse geben. Um diesen aber ist es uns hier zu thun, da wir hier nicht gerade dem Ursprung dieser bestimmten Sprachen, sondern den Arten der Sprachverzweigung überhaupt nachspüren. Da Sanskrit, Griechisch, Germanisch, Slawisch sich nicht unmittelbar aus einander herleiten lassen, so werden sie gewöhnlich Schwestersprachen genannt und auf eine gemeinsame untergegangene Mutter zurückgewiesen. Es ist aber leicht zu zeigen, dass dies ein blosses Zurückschieben ins Unbekannte, mehr ein Aufgeben aller Erklärung, als eine Erklärung selbst ist.

125. Wir haben es hier – und um die Erörterung zu erleichtern, bleibe ich bloss bei dem Griechischen und Sanskrit stehn – mit Sprachen zu thun, welche einen festen, zusammenhangenden, rationellen, organischen Bau besitzen, die grammatischen Verhältnisse durch untrennbare, längst verwachsne, ihrem Ursprunge nach grossentheils gar nicht erkennbare Beugungen, durch künstlich angewandte Reduplication und Ablaut bezeichnen, an denen also die Grammatik, wie es die Natur ihres Wesens erfordert, als eine Form, geschieden von der Materie erkannt wird. Davon nun, dass solche Sprachen aus Sprachen gleicher Beschaffenheit entsprungen wären, oder um es anders auszudrucken, dass zwei Sprachen, wie die Sanskrita, Griechische, Gothische, in dem Verhältnisse zu einander ständen wie das Lateinische und Italienische, giebt es in der Sprachenkunde, soweit ich darin nachzuforschen vermag, kein Beispiel. Wir sehen – um für Leser zu reden, die solche Ausdrücke zu wägen verstehen – aus dem Geformten nicht das Geformte hervorgehn. Die Erfahrung also verlässt uns.

99   Klaproth's *tableaux. p.* 167. 287.

126. Es könnte daher nicht getadelt werden, hier auch die Untersuchung zu schliessen, und sich mit der Bemerkung zu begnügen, dass es gleichartige, auf einen gemeinsamen, aber nicht mehr auszumittelnden Ursprung hinweisende Sprachen giebt. Indess ist es doch möglich, die Aufgabe, kann sie auch nicht eigentlich gelöst werden, wenigstens näher zu bestimmen. Die Erklärungsweise, dass eine Sprache durch Verpflanzung oder den Lauf der Zeit sich von ihrer ursprünglichen Form bis zur Entstehung neuer abbeugt, scheint mir, wenn von Einer in sich fertigen und geschlossnen die Rede seyn soll, im gegenwärtigen Fall nicht anwendbar. Ich wüsste mir nicht die Beschaffenheit der Sprache zu denken, welche auf diese Weise dem Griechischen und Sanskrit zum Grunde liegen könnte. Die durch den Ablauf der Jahrhunderte umgewandelten Sprachen, die wir in den Germanischen und Slawischen verfolgen können, haben einen andren Charakter der Verschiedenheit, nemlich den des allmählich ohnmächtiger werdenden Bildungsprincips. Wenn das Spanische, wie man es in Amerika redet, auch noch so lange fort gesprochen wird, so kann zwischen demselben und dem Spanischen des ursprünglichen Mutterlandes kein so grosser Unterschied, und kein solcher entstehen, als der die hier in Rede stehenden Sprachen auszeichnet. Es tritt kein neues Bildungsprincip hinzu; mögliche Mischungen abgerechnet, entstehen nur Eigenheiten der Aussprache, der Redensarten, am seltensten gewiss auch der Beugungen. Im Sanskrit und Griechischen findet sich ein merkwürdiges zwiefaches Verhältniss. Auf der einen Seite waltet in ihnen noch die Fülle des Lebensprincips in reger Kraft, wenn sie auch im ersteren gleichsam noch üppiger, und bisweilen über das grammatische Bedürfniss hinaus wuchert. Man kann daher ihren Ursprung nicht in eine Sprache setzen, in der das fortbildende Gefühl sich schon abzustumpfen und zu verschwinden beginnt. Einheit des Ursprungs aber muss vorhanden seyn, da sich sonst die Uebereinstimmung der concreten grammatischen Formen nicht erklären lässt. Auf der andren Seite enthalten aber Sanskrit und Griechisch auch nicht undeutliche Spuren älterer erloschener Formen. Jenes ist im Ganzen, dieses im Einzelnen der Fall. Sie tragen in diesen einzelnen Spuren denselben Charakter an sich, der dem Laufe der Zeit, wo die kunstvollere Grammatik untergeht, angemessen ist. Es haben sich Formen schon abgeschliffen, es hat sich Geformtes, wie verwachsenes Auxiliar angefügt. Der Ausgang der ersten Person des Praesens im Atmanepadam, der zweiten des Singulars des Imperativs des Parasmaipadam im Sanskrit, das die Verba endende *ô, legoimi* und

das *th* des Aoristus passivi im Griechischen können in dieser Beziehung angeführt werden.[100] Ist dies Letztere wirklich aus der Wurzel von *tithêmi* genommen, so ist *etethên* gerade wie *j'aurai* zusammengesetzt, und in einer uns als ursprünglich geltenden, sogenannten synthetischen Sprache, wie in einer abgeleiteten, sogenannten analytischen, verfahren. In einigen dieser Fälle welchen beide Sprachen von einander ab, und die abgestumpftere Form gehört nur der einen an; in andren aber, wie in *wada* und *lege* halten Griechisch und Sanskrit und in einigen Personenendungen[101] des Perfectum auch das Gothische gleichen Schritt, und die vollere Form scheint also allen gemeinsam zum Grunde gelegen zu haben. Dass nun diese Sprachen mitten in einem lebensreichen, kunstvollen Bau auch Beweise verschwindender Grammatik in sich tragen, widerspricht dem Begriff keineswegs. Auf Sprachen, deren Charakter im Ganzen ein durchaus verschiedener ist, können im Einzelnen gleiche Ursachen eingewirkt haben, es würde sogar unrichtig seyn, eine solche Einförmigkeit des Bildungsprincips in weitverbreiteten Sprachen, die nothwendig zusammengesetzter Natur sind, anzunehmen, es ist natürlich, dass viele Gattungen der Einflüsse in Einer zusammenkommen, das Entscheidende ist nur, welche das Uebergewicht hat, oder dass Ein bildendes Princip alle diese Einflüsse sich unterordnet. Der Charakter des Ganzen reisst in den Sprachen allemal das Einzelne mit sich fort. Vergisst man diesen Grundsatz in der Beurtheilung der Sprachen festzuhalten, so miskennt man mit ihrer Natur selbst auch allen wahren Unterschied unter denselben. Denn so abweichend sind sie nun einmal nicht von einander, dass auch in den verschiedensten nicht einzelnes Gleichartiges vorkommen sollte. Da die Richtung im Sanskrit und Griechischen ganz beugungsartig ist, so wirken jene abgeschliffenen Formen nicht als solche,

die Endungen von *wada* und *lege* gelten nicht als das, was sie sind, als

100 Man sehe hierüber Bopp in den Jahrbüchern für wissenschaftliche Kritik 1827. S. 260. 279. besonders Anm. **) 285. und in seiner Grammatik S. 165. 166. In allen seinen Arbeiten über den Indo-Germanischen Sprachbau hat der gelehrte Verfasser diesen Rückblick auf ältere untergegangene Sprachformen zu benutzen versucht. In Einzelnem ist es möglich verschiedener Meynung zu seyn, aber das Daseyn unverkennbarer Spuren solcher Formen, die man im Griechischen auch schon früher vermuthet hat, wird niemand leicht abläugnen können.

101 Bopp in den *Annals of Oriental literature. p. 35.*

blosse Bildungsvocale verlorener, sondern, die Mannigfaltigkeit der Beugungen vermehrend, als neue Formen.

127. Nach dem hier Vorausgeschickten glaube ich in diesen Sprachen zweierlei zu entdecken. Auf einen früheren Zustand der Sprachen dieses Stammes ist ein andrer gefolgt, der die Regsamkeit eines neubildenden Princips mit sich geführt hat. Aber der Stoff, dessen es sich bedient, war von gleichartiger, jedoch innerhalb allgemeinen gleichen Charakters, wieder in früherer Verzweigung, längerer oder kürzerer Dauer verschiedner Beschaffenheit. Ich halte es in der Sprachumbildung für ein ewiges und unabänderliches Gesetz, dass, solange eine Sprache ruhig in sich fortbesteht, sie an demselben Ort nur die Wirkungen der Zeit, in der Schwächung des Lebensprincips, an verschiedne verpflanzt, ausserdem dialektische Abbeugungen erfährt; dass aber, soll aus ihr eine wirklich verschiedne hervorgehn, sie durch irgend ein Ereigniss in ihrem Wesen erschüttert werden muss. Die Nationalität muss verändert werden. Denn die Sprachen erfahren nichts, was nicht vorher die Nationen empfinden. Nationen aber können entstehen und untergehen. Das Griechische wäre nicht zu Neugriechischem, das Lateinische nicht zu Italienischem geworden, wenn nicht mächtige Umwälzungen den politischen Zustand des Hellenischen und Römischen Volkes zertrümmert hätten. Die Grammatik beider hätte allmählich an Kraft und Fülle verloren, wäre aber nicht in Verwirrung gerathen, und keine von beiden hätte sich, nach dem erlittenen Sturze, elastisch wieder in erneuerter Gestalt erhoben. Was dem Sanskrit und Griechischen das Leben gegeben, muss gerade entgegengesetzter Natur gewesen seyn. Neue Nationen haben sich zusammengeschlossen, und die Epoche ihres Werdens haben die neuen Sprachen bezeichnet. Da sie aber das Gepräge eines mit gleich tiefem und lebendigen Sprachsinn begabten Volkes tragen, so muss der Stoff, aus dem sie gebildet wurden, in seiner Gleichartigkeit und Verschiedenheit, deren nähere Bestimmung wir für jetzt dahingestellt seyn lassen, einem solchen Volksstamm angehört haben.

128. Wenn man das Sanskrit, die Persische, Griechische, Lateinische, die Germanischen und Slawischen Sprachen, sie mit einander vergleichend, betrachtet, so sieht man, dass sie zwar (§. 122.) nicht bloss Dialecte Einer Sprache sind, sich aber wie Dialecte von einander unterscheiden. Sie haben, dem Begriff nach, denselben grammatischen Bau, ganze Formen finden sich, fast unverändert, in allen gemeinschaftlich, die Laute der bloss ähnlichen, so wie vieler Wurzeln, lassen sich, nach auf-

zufindenden Gesetzen, auf einander zurückführen. Der Charakter der Dialecte ist, dass sie in derselben Sprache durch Entfremdung, vermittelst sich absondernder Vereinigung entstehen. Dasselbe Princip muss auch der Entstehung dieser Sprachen zum Grunde liegen. Der individuelle Unterschied beruht nur auf der Art und den verschiednen Graden der Entfremdung. Alle hier genannten Sprachen leiten auf die Vermuthung, dass in jede mehrere Mundarten zusammengeflossen sind. In allen hat das Pronomen mehrere Grundwörter. Manches im Sanskrit, namentlich die Vielfachheit der Personenendungen deutet auf Verschiedenheit von Mundarten hin. Ich denke mir daher diese Sprachen, jede aus einzelnen Mundarten, die sich, da in verschiedenen Zeiten kleinere Stämme energisch zu grösseren Nationen vereinigt wurden, zu Sprachen zusammenbildeten, hervorgegangen. Auf diese Weise lässt sich ihre Entstehung und ihre Beschaffenheit begreifen. Sie wurden zu eignen Sprachen, sie haben ihr eignes Bildungsprincip, dies lag in der Zusammenschmelzung kleinerer Stämme zu einer grösseren Einheit, die dem Nationalgeist einen neuen Schwung gab, auch selbst vielleicht einem ihn elektrisirenden Ereigniss ihr Daseyn verdankte. Es war auch neue Bildung nöthig, oder vielmehr sie entstand von selbst, da die in gemeinschaftliche Rede zusammentretenden Mundarten doch Verschiedenheiten hatten, in verschiednen Bildungsepochen stehen konnten. Hieraus erklärt sich dann natürlich das Zusammenseyn ursprünglicher und schon verbrauchter Formen. Es entstanden auf diesem Wege auch vermuthlich ganz neue grammatische Begriffe. War z.B. die Zahl der *tempora* oder *modi* in den noch grammatisch dürftigeren Mundarten geringer, allein ihre Formen in verschiednen verschieden, so konnten sie in der neuen zusammenfassenden Sprache zur Bezeichnung feinerer grammatischer Verhältnisse anfänglich durch richtig geleitetes Sprachgefühl vorbehalten, nachmals wirklich gestempelt werden. Ich will hier nur Ein, aber in die Augen fallendes Beispiel anführen. Die grammatische Tempusform, welche nach Bopps Grammatik die siebente Bildung des vielförmigen Praeteritum ist, hat das Griechische Plusquamperfectum hervorgebracht. *awûwrusam* ist, wenn man den Unterschied abrechnet, dass das Sanskrit den Wurzelvocal wiederholt, im Griechischen aber immer mit *e* reduplicirt wird, in der Reduplication und dem Augment, von derselben Formation, als *etetyphein* Im Sanskrit ist dies aber kein eigenes Tempus, sondern nur eine Art, wie eine Anzahl von Wurzeln (jedoch eine grosse, da alle Causalverba von dieser Art sind) dasjenige Vergangenheitstempus bildet, das man im Sanskrit mehr deshalb, weil die Griechischen Aoriste daraus abstammen, als weil es immer aoristische Bedeutung hätte, Aoristus nennt. Allein auch bei den Griechischen Epikern, also in der älteren Sprache findet sich, wie im Sanskrit, diese augmentirte Reduplication im Aorist, wie *epephradon, epephnon, ekekleto* beweist.[102] In ein wie hohes Alterthum diese Sprachen für uns hinaufgehen, so sind sie sichtbar aus noch ältern entsprungen. Ja es ist überhaupt nicht glaublich, dass wir eine einzige Sprache kennten, mit welcher dies nicht der Fall seyn sollte. Worauf ich aber nur habe aufmerksam machen wollen, ist einmal, dass nicht allen Eine, ja keiner von ihnen eine, die sich bloss durch die gewöhnlichen Umwandlungen der Zeit in sie verändert hätte, zum Grunde liegt, sondern dass aus noch nicht in diesem Umfang entwickelten Sprachen durch glücklichen Anstoss wirklich neue entstanden sind.

129. Wenn ich die Beschaffenheit der Indo-Germanischen Sprachen richtig aufgefasst habe, so sind sie (§. 127.) durch ein neues Bildungsprincip aus gleichartigem Stoff (gleichartig nämlich mit ihnen und unter sich) erzeugt worden; aber so, dass das Unvollkommnere und Dürftigere zu freierer und höherer Entwicklung und grösserem Umfange übergegangen ist. Diese letztere Annahme kann auf den ersten Anblick unerwiesen scheinen. Ich leite sie aber aus dem kraftvollen Lebensprincip dieser Sprachen ab, dessen Culminationspunkt ich für das Griechische in das Homerische Zeitalter setze. Ein solches lässt sich nur aus einer steigenden, nicht aus einer schon wieder sinkenden Kraftentwicklung erklären. Auch eine gewaltsam in ihrem Wesen erschütterte und sich nun in neuer Gestalt wieder ermannende Kraft, wie wir sie zum Theil in den lateinischen Töchtersprachen sehen, lässt sich hier nicht voraussetzen, weil in solchen Fällen immer die untergegangene Sprache und ihre zerschlagene Form sichtbar bleiben. Man wird daher nothwendig auf die obige Annahme geführt. Beugungssprachen scheint es natürlich aus Anfügungssprachen abzuleiten. Das Sanskrit führt sogar darauf, da es in der Wortbildung die Suffixa so deutlich und rein vom Wortstamm abscheidet. Man muss sich indess über einen solchen allmälichen Uebergang von Anfügungs-in Beugungssprachen nicht täuschen. Eine letztere im wahren Verstande entspringt niemals allmälich, sondern immer nur durch eine im Geist der Nation innerlich aufflammende und nun die Sprache umgestaltende Ansicht, wie die magnetische Kraft unter

---

102 Man sehe meine besondre Abhandlung über diese Formen.

gewissen Umständen die chemische Mischung der Theile eines Körpers verändert. Wenn grosse Klarheit und lebendige Anschaulichkeit der Begriffe, Gefallen am Ton und Gefühl für Gesetzmässigkeit und Mannigfaltigkeit in ihm den Sprachsinn weckend ergreifen, so schmelzen die Hauptwörter mit den bedingenden zusammen, gruppiren sich, wie lebendige Individuen, und erhalten durch den umbildenden Ton ihre Gestaltung. Dass hier Begriff und Ton zugleich, wie ein schaffender Hauch, die in einer Sprache, wie z.B. die Tahitische, einzeln zerstreuten Elemente, zu Ganzen gestaltend versammeln, beweist in den Indo-Germanischen Sprachen namentlich die innere Umwandlung der Vocale, das Guna, der Ab- und der Umlaut. Die Bildung durch Ablaut ist, schon nach Grimms Bemerkung,[103] nie eine fortsetzender Sprachentwicklung, sondern immer ursprünglich. Da die Laute und das Verhältniss der Sylben verändert, gewichtiger und leichter gemacht werden, so sieht man, dass das Wort als ein Ganzes behandelt ist. Hiermit ist aber die Beugung in ihrem wahren Sinne gegeben. Denn sie ist nichts andres, als ein solcher Ausdruck des Begriffs in unzertrennlicher Verbindung mit seinen grammatischen Verhältnissen, dass das Wort immer dasselbe, nur verschieden gestaltet, erscheint. Ein solcher grammatisch bildender Sinn hat sichtbar schon die Sprachen durchwaltet, welchen auch die ältesten uns bekannten unter den Indo-Germanischen ihren Ursprung verdanken. Es beweisen dies die Mannigfaltigkeit der Formen, die nicht alle Einer Bildung, ja nicht Einer Bildungsepoche angehören, und diejenigen, welche sichtbar früher in vollständigerer Gestalt vorhanden waren.

130. Die Geschichte aller Welttheile zeigt, dass das Menschengeschlecht in vielen seiner Epochen, und vorzüglich in den früheren, in sehr kleine Völkerhaufen vertheilt gewesen ist. Selbst die kürzere oder längere Vereinigung in grosse Reiche hat diese innere Absonderung nicht immer bedeutend geschwächt. Die Vielfachheit der Sprachen musste namentlich grösser seyn, ehe die Veranlassungen verbindenden Verkehrs häufiger wurden. In Afrika und Amerika ist dies noch heute sichtbar, und gerade, wo man die Anfänge der Indo-Germanischen Nationen sich am wahrscheinlichsten denken kann (§. 123.), sehen wir noch in der Zeit sicherer Geschichtskunde viele hin und herwandernde, bald verbundne, bald geschiedene Horden. Die Annahme der Entstehung dieser Sprachen aus einzelnen Mundarten, die wir (§. 128.) oben in ihnen selbst begründet

103 Deutsche Grammatik. II. 5.

gefunden haben, wird also auch durch die Geschichte herbeigeführt. Aus diesen konnte ein neues Bildungsprincip, dessen Nothwendigkeit wir oben (§. 129.) erkannten, Sprachen erzeugen, die sich als edlere und allgemeinere von den Volksmundarten abschieden. Denn nur in dem Uebergewicht der Herrschaft oder der geistigen Anlagen eines Stammes und einer Mundart, die alsdann die übrigen mit sich fortreisst, kann ein solches Princip hier gefunden werden. Solange es an einem solchen Uebergewicht fehlt, sind alle Mundarten gleichberechtigt. Die sich auf und über ihnen erhebende Sprache hat vorher in ihrer Mitte geweilt, aber nun, als äusserlich oder innerlich herrschend, als Schrift- oder Dichtersprache in ein geschichtliches Daseyn getreten, trennt sie sich weiter und weiter.[104] Es schliesst sich hier das an, was ich (§. 99.) oben von den beiden entscheidenden Momenten in den Schicksalen der Sprachen, ihrem Erscheinen als Stoff, und der höheren Befruchtung dieses Stoffs durch intellectuelle Begeisterung und dem möglichen Zusammenfallen dieser beiden Punkte gesagt habe. Das Phänomen der Indo-Germanischen Sprachen erfordert die Erklärung des Entstehens der einzelnen aus früheren, und ihres Verhältnisses zu einander. Das Erstere wird durch das eben Gesagte aufgehellt. In Absicht des letzteren kann die Entstehung gleich Dialecten (§. 128.) verschiedener Sprachen, namentlich aber der hier betrachteten, nur durch wechselndes Nähern und Entfernen, Verbinden und Trennen von Stämmen, die zu Einem ursprünglich enge zusammenwohnenden gehörten, in verschiedenen Zeiträumen, begreiflich werden. Denn bei wirklicher Gleichartigkeit des Sprachsinns, also der geistigen Richtung und der sinnlichen Anlagen der Sprachwerkzeuge und des Ohrs, muss doch eine hinlängliche Anzahl von Ursachen vorhanden gewesen seyn, die Verschiedenheiten hervorzubringen. Ich bin weit entfernt mir das Entstehen der letzteren so vorzustellen, als wären aus Einer Mundart, wie aus einem untheilbaren Punkt bloss durch die Folge der Zeit und die in ihr vorgegangenen Veränderungen jene verschiedenen Sprachen hergeflossen. Es ist aber (§. 75.) auseinandergesetzt worden, dass die Natur der Sprache darauf

104 Eine vortreffliche Darstellung dieses Ganges der Schrift- und Volkssprachen sehe man in Grimms Vorrede S. XII. zur zweiten Ausgabe seiner Grammatik. Sie hat um so mehr Werth, als sie von einem Manne herrührt, der seine Behauptungen immer nur auf vollständige und genaue Kenntniss des Geschichtlichen gründet.

führt, sie uns nie anders, als in einem *Volke* zu denken. Mit diesem selbst aber ist die Verschiedenheit von Mundarten gegeben. Denn die Sprache eines Volks ist, da immer Haufen von Mitgliedern verbunden unter sich und getrennt von andren leben, nie genau eine und die nämliche, aber dennoch im gemeinsamen Verständniss, bei der Gleichartigkeit der einwirkenden Ursachen und der das Ganze umschlingenden Verbindung, im Ganzen dieselbe. So konnte auf einem grösseren oder kleineren Landstrich der oben (§. 129.) erwähnte grammatisch bildende Sinn Stämmen verschiedener Mundarten eigen seyn. Ein Volk kann aber aus einander gehen, alsdann trägt jeder Theil sein gleichartig sprachbildendes Princip in sich fort, allein die Spaltung wächst bei dem nun abgerissnen lebendigen Verkehr. Immer setzt indess dieser Process voraus, dass das sprachbildende Princip noch in zeugender Regsamkeit sey, was innerlich von der intellectuellen und sinnlichen Lebendigkeit der Nationen, äusserlich grossentheils davon abhängt, dass die Sprache sich noch nicht zu fest verkörpert habe, was vorzüglich bei Erhaltung der Schrift und auf dem Gipfel ihrer Literatur ihr Schicksal ist.

131. Ich habe hier nur die Indo-Germanischen Sprachen im Ganzen und beispielsweise erwähnt. Jede dieser Sprachen steht aber wieder in einem nur ihr eigenthümlichen Verhältniss zu den übrigen, und es wäre von der grössesten Wichtigkeit, dies gründlich im Einzelnen zu untersuchen. Das Lateinische vorzüglich würde dabei in einem sehr neuen Lichte erscheinen. Es ist unläugbar, dass eine grosse Menge von Lateinischen Wörtern sich leichter unmittelbar aus dem Griechischen, als dem Sanskrit herleiten lässt, so wie dass der Stamm, dem diese Sprache angehört, sich mit andren Italischen vermischt hat. Auf der andren Seite aber giebt es im Lateinischen eine bedeutende Anzahl, dem Griechischen[105] fremder und unmittelbar aus dem Sanskrit übergegangener Wörter,[106]

105 Niebuhr (Römische Geschichte. I. 82.) bemerkt, was einen sehr interessanten Unterschied ausmachen würde, dass Haus, Feld, Pflug, Wein, Oel, Milch, Rind, Schwein, Schaaf, Apfel und andre Lateinische Wörter, welche Ackerbau und sanfteres Leben betreffen, mit dem Griechischen übereinstimmen, während alle Gegenstände, die zum Krieg oder der Jagd gehören, mit durchaus ungriechischen Wörtern bezeichnet werden.

106 Zur Verbesserung eines früheren Irrthums und zum Beweise, dass man bei Unkenntniss des Sanskrits nur mit der grössesten Vorsicht im Griechischen und Lateinischen etymologisiren darf, führe ich hier *vertere* an, das sichtbar von einer durch Guna veränderten Form der Wurzel *writ*, in 1.

bewahrt die Grammatik (§. 113.) rein und unverändert Sanskritisch ge-
bliebene, dem Griechischen mangelnde Formen, und ist das Oscische,
dem man gerade die hauptsächlichste Beimischung nicht-Griechischer
Elemente beimisst, höchst wahrscheinlich auch Sanskritischen Stammes.
Denn es ist schon von Bopp bemerkt worden, dass der auch in Oscischen
Inschriften vorkommende Alt-Lateinische Ablativ in *od* der Sanskritische
in *ât* ist, der sich gleichfalls nicht im Griechischen findet. So unhaltbar
daher die bisher nicht ungewöhnliche Theorie ist, dass die Lateinische
Sprache, ihre Vermischung mit Italischen Wörtern und Formen abgerechnet, aus dem Griechischen, namentlich aus dem Aeolischen Dialect
geflossen sey, und so bestimmt man dem Lateinischen, so gut als dem
Griechischen selbst, eine unmittelbare Abkunft von den ursprünglichen
Mundarten des Indo-Germanischen Stammes beimessen muss, so scheint
dennoch ein Theil dieser Sprache nur unmittelbar aus dem Griechischen
abgeleitet werden zu können. Der Grund davon mag in verschiedenen,
zu verschiedenen Zeiten unternommenen Einwanderungen in Italien
liegen. Es müsste nur durch tiefe und sorgfältige Untersuchung bestimmt
werden, welcher Theil der Sprache sich in dem einen, oder dem andren
Falle befindet. Ob aber etwas dem Indo-Germanischen Stamme ganz
fremdes im Lateinischen sey? wird durch das oben vom Oscischen Gesagte sehr zweifelhaft gemacht. Soviel ich zu urtheilen im Stande bin,
liegt in der Grammatik und ihren Formen durchaus nichts dieser Art,
das Meiste darin spricht sogar unverkennbar für unmittelbaren Ursprung
aus dem Sanskrit, oder früheren ähnlichen Mundarten. Mit einzelnen
Wörtern aber ist es vermuthlich anders.

132. Ich habe im Vorigen, immer der Idee getreu bleibend, dass allein
der grammatische Bau über die Einerleiheit oder Verschiedenheit der
Sprachen entscheidet, einen zwiefachen Uebergang aus einer Sprache in
eine andere neue in Betrachtung gezogen; zuerst (§. 116.[a.] – 121.) einen
solchen, wo aus kunstvoll organisirten, beugungsreichen Sprachen andre
eines unvollkommneren grammatischen Baues und von minder kräftigem,
oft auch minder consequenten Bildungsprincip durchhaucht, entstehen;
hernach aber (§. 122-131.) einen solchen, wo mehrere Sprachen jenes
höheren Organismus und nahe verwandter grammatischer Form aus

pers. praes. *wartê*, stammt und dem ich in meiner Prüfung der Untersuchungen über die Urbewohner Hispaniens S. 79 einen ganz falschen Ursprung anwies.

ähnlichen, aber minder entwickelten und umfassenden zusammenfliessen. Ich habe zu Beispielen Sprachen des Indo-Germanischen Stammes gewählt, an denen, in Abkunft und Forterzeugung, dieser zwiefache Uebergang offenbar wird. Ich hätte auch die Semitischen anführen können, die, auf ähnliche Weise unter einander verwandt, auch neueren Sprachen, dem Neu-Arabischen und Maltesischen das Daseyn gegeben haben. Man kann aber auch, den Gesichtspunkt erweiternd, hierin zwei allgemeine Uebergangsweisen der Sprachen sehen, eine des Zusammentretens mehrerer verwandten Mundarten zu Einer sich durch neues Bildungsprincip neu gestaltenden Sprache, und eine des Herabsinkens eines kunstvolleren Organismus zu einem weniger vollkommnen. Ich ziehe sogar dies vor, da alsdann die Untersuchung unabhängiger wird von dem historischen Ursprung der Indo-Germanischen Sprachen, und ich wohl fühle, dass die Art, wie ich diesen angenommen, Zweifel übriglassen kann.

133. In beiden hier betrachteten Fällen war aber auch das als ursprünglich Angesehene schon mit grammatischer Form begabt, und es bliebe daher noch der Ursprung einer solchen Sprache aus einer der grammatischen Form ermangelnden übrig. Um hier nicht ins Unbestimmte zu verfallen, muss man den Begriff der Form im strengsten Verstande nehmen. Ich fasse daher unter den Sprachen ohne grammatische Form alle zusammen, die, wie das Chinesische, das Verständniss gar nicht von grammatischen Zeichen abhängig machen, oder wie die Südseesprachen, die grammatischen Wörter abgesondert und unverbunden lassen, oder endlich, wie das Coptische, dieselben lockrer und fester, allein immer so anfügen, dass diese Anfügung keine Beugung des Wortes genannt werden kann. Für einen Uebergang nun aus einer solchen Sprache in eine mit Beugungen versehene kenne ich in der bisherigen Sprachenkunde kein Beispiel. Ich habe oben (§. 129.) von der Möglichkeit eines solchen Uebergangs geredet, und glaube gezeigt zu haben, dass ein allmälicher, bloss mechanisch durch die Aussprache entstehender wohl festere Anfügung, nie aber Beugung, die immer ein neues Bildungsprincip erfordert, hervorbringen kann. Ich möchte auch keineswegs behaupten, dass nothwendig ein solcher Uebergang habe vorgehen müssen, und dass es nicht vielmehr bei weitem wahrscheinlicher sey, dass die Beugungssprachen von ihrem ersten Ursprunge an solche gewesen wären. Man kann sich Unterschiede der Sprachen, wie der hier bemerklich gemachte, als verschiedne Epochen der Sprachentwicklung denken, sich

vorstellen, dass eine Sprache, die sich noch regelmässiger, als der neue Chinesische Styl, der grammatischen Wörter bediente, zu einer der Tahitischen ähnlichen, diese durch allmähliche Anfügung zu einer, wie die Koptische, die letztere endlich, bei innigerer Verschmelzung der Affixa, den Semitischen ähnlich geworden wäre, und dies kann nicht nur die Verschiedenheit dieser Sprachformen in ein helleres Licht setzen, sondern es wird dadurch wirklich eine Stufenfolge des grammatischen Organismus in der menschlichen Sprache aufgestellt. Aber damit behauptet man keineswegs, dass auch in der Wirklichkeit diese Gattungen in der That aus einander entstanden seyen. In der ganzen Eintheilung der Sprachen in *anfügende* und *beugende* liegt aber etwas Willkührliches, das nicht davon getrennt werden kann. In keiner Sprache ist Alles Beugung, in keiner Alles Anfügung. Der wahre hier in Betrachtung kommende Unterschied ruht (§. 111.) in der Herrschaft des schaffenden Sprachsinns über den todten Stoff. Erwacht dieser plötzlich, wo er bisher geschlummert hat, so können aus mechanisch anfügenden Sprachen beugend wortgestaltende hervorgehn. Es kann auch der Anstoss dazu dadurch gegeben werden, dass, wie es in so vielen anfügenden Sprachen angetroffen wird, gewisse Anfügungen gar nicht mehr, als solche, erkennbar sind. Es ist aber nicht der Zweck dieser Schrift, Vermuthungen nachzuhängen und Hypothesen aufzustellen, sondern einzig die Natur der Sprachen aus Thatsachen und auf dem Gebiete geschichtlicher Forschung zu entwickeln.

334

134. Ich schliesse hier die Betrachtung der möglichen Uebergänge von einer Sprachform in eine andre. Der Gegenstand kann zwar durch das Wenige hier Gesagte unmöglich für erschöpft gehalten werden. So wie man je zwei Sprachen genau zergliedert, die sich in einem solchen Falle befinden, so wird man immer anders und anders speciell individualisirte Entstehungsarten entdecken. Die Verfolgung dieses Weges hätte aber zu einer ins Einzelne gehenden Untersuchung aller Sprachen geführt, die kein Einzelner zu leisten im Stande ist. Es kam hier, meiner Absicht nach, nur darauf an, die allgemeinen Gattungen der Sprachentstehung, unter die sich die einzelnen Verschiedenheiten als besondre Arten bringen lassen, und die Hauptgesichtspunkte anzugeben, auf die es hierbei ankommt. Die Anwendung der hier aufgestellten Grundsätze in der Folge dieser Schrift wird die sicherste Prüfung ihrer Richtigkeit und Hinlänglichkeit seyn.

135. Forschen wir nun, nach der oben (§. 104.) angegebenen Folge unsrer Betrachtungen, den Entstehungsgründen neuer Sprachen in den Schicksalen der Völker nach, so lassen sich dieselben auf folgende drei, die bald einzeln, bald mit einander verbunden wirken, zurückführen: Verlauf der Zeit, Veränderung des Wohnplatzes, Mischung verschieden redender Stämme. Zu diesen dreien tritt aber eine vierte hauptsächliche, durch welche jene erst ihre grösseste Wirksamkeit erhalten, die sich aber nicht mit ihnen in gleiche Reihe stellen lässt, weil sie nicht leicht ohne sie oder eine von ihnen erscheint, jene aber auch allein für sich wirksam sind, nämlich eine solche Umgestaltung des politischen und sittlichen Zustandes, dass dadurch die Nationalitaet verändert wird, entweder erhebenden Aufschwung erhält, oder gewaltsame, dem Untergange mehr oder weniger nahe führende Erschütterung erfährt. Vorzüglich wirksam auf die Sprache, und neue Zustände, theils selbst schaffend, theils bezeichnend und heftend, ist die in Dichtung oder wissenschaftlichem Streben plötzlich auflodernde intellectuelle Begeisterung. Es liesse sich wohl bezweifeln, ob das Entstehen sehr vollkommener, auf die Intellectualitaet wieder mächtig zurückwirkender Sprachen je anders als durch das Eintreten solcher Epochen erklärt werden kann? Ich rechne jedoch dies zu der in Erweiterung und Erhebung bestehenden Veränderung der Nationalität, da es, seiner Natur nach, wirklich damit zusammenhängt.

136. Durch den blossen Verlauf der Zeit entsteht eigentlich weder eine neue Nation, noch eine neue Sprache. Die ursprüngliche Auffassung der Sprache wird nur durch die Umstände modificirt, welche die Folge der Jahrhunderte herbeiführt, von denen oben (§. 93.) schon ausführlicher geredet worden ist, und die sich, wenn es nicht an Denkmalen fehlt, in ungetrennter Folge aus einander herleiten lassen. Dennoch werden die in einer langen Periode in einer Sprache auch bloss auf diese Weise, ohne Hinzukommen einer andren Ursach, entstehenden Veränderungen so bedeutend, dass das Verständniss nach und nach des Studiums bedarf. Alsdann kann und muss man die Unterscheidung einer neuen Sprache machen, weil sie wirklich grammatikalisch und lexicalisch von der vorhergehenden und nachfolgenden abweicht Wie aber die Gränze zwischen Mundart und Sprache immer schwankend bleibt, so ist es auch hier. Ja, wenn man Mundart, wie man unstreitig muss, immer nur als die dem Raume nach verschiedene Sprache nimmt, so erlaubt die Abänderung der Sprache in der Zeit noch viel weniger eine scharfe Bestimmung, da die Folge der Generationen mehr, als das Wohnen der Stämme eine in

sich stätige Grösse bildet. Indess lassen sich doch auch im blossen Laufe der Zeit, vorzüglich nach einzelnen merkwürdigeren in der Sprache erscheinenden Werken Einschnitte machen, die nicht willkührlich sind, sondern in denen die Sprache in der That wesentlich als eine andre erscheint. Grimm nennt diese Epochen mit einem besonders passenden Ausdruck Niedersetzungen der Sprache.[107] Das Alt-, Mittel- und Neu-Hochdeutsche bilden drei sehr grosse und merkwürdige Sprachepochen dieser Art. Dagegen lässt sich das Alt- und Neu-Griechische, Alt- und Neu-Arabische hierher nicht rechnen. In beiden Fällen waren einzelne Katastrophen dazwischen getreten, und hatten das allmäliche Wirken des Verlaufs der Zeit nicht beschleunigt, sondern aufgehoben und plötzlich verändert, in Griechenland Nation und Sprache gewaltsam zerrissen, bei den Arabern die weitverbreitete Herrschaft und das Vorwalten der wissenschaftlichen Bildung gebrochen. Auch jene Veränderungen der Deutschen Sprache kann man nicht ausschliesslich der Wirkung der Zeit beimessen, sie gehören zugleich Begebenheiten und neu entstandnen Bestrebungen an, wie namentlich das Neu-Hochdeutsche sich grösstentheils durch die Reformation und Luthers Bibelübersetzung festgesetzt hat. Aber sie danken ihr Daseyn dem stillen, inneren Entwicklungsgange, den Sprache und Geist der Nation zugleich nehmen, in dem der Einfluss so gegenseitig ist, dass er sich einzeln nicht rein abscheiden lässt, und der doch insofern der Thätigkeit der Zeit zuzuschreiben ist, da ohne äussere plötzliche und zufällige Unterbrechung der vorhergehende Zustand darin stätig auf den nachfolgenden einwirkt. Die Sprachen hangen aber auf eine so merkwürdige Weise von der Art der geistigen Auffassung ab, dass dadurch der Lauf der Zeit in seinem Einfluss gewissermassen gehemmt, oder wenigstens sichtbar verzögert wird. Wenn die Literatur einer Nation eine Hohe erreicht hat, die man sich berechtigt glaubt, als einen Gipfelpunkt anzusehen, so verändert sich die Sprache von dieser Epoche an bei weitem langsamer, als vorher. Das fortgesetzte Lesen derselben Werke erhält das Verständniss, das Bestreben der Nachbildung erlaubt der Sprache nicht so weit von dem Typus jener Vollendung abzuweichen, und wenn dies zuerst auch nur auf die Schriftsprache einwirkt, so verbreitet sich doch der Einfluss davon nach und nach auf die ganze Nation. Es wird dadurch, wenn auch kein wirklicher Stillstand, doch ein gleichmässigeres Fortrücken hervorge-

107 Deutsche Gramm. 2. Aufl. Vorr. S. XI.

bracht. Ob Schrift und Literatur überhaupt den Veränderungsgang der Sprachen aufhalten oder beschleunigen? scheint mir nicht leicht zu entscheiden. Ich glaube, dass, besonders bis man eine befriedigende Höhe erreicht zu haben meint, das letztere der Fall ist. Die Schrift heftet zwar allerdings, aber das Hangen des Volks am einmal Sprachüblichen und das Forttragen derselben Wörter und Formen in der mündlichen Rede scheint noch viel fester und stätiger. Die Schrift heftet die Sprache auf eine Weise, welche die Betrachtung über sie weckt. Gerade die Betrachtung aber führt zur Ummodelung. Zugleich bringen Schrift und Literatur allemal mehr Leben und Regsamkeit in die geistige Thätigkeit, erzeugen mehr Bestrebungen, die Sprache und ihre Form geltend zu machen, und je vielfacher, je mehr auf sie selbst gerichtet ihr Gebrauch ist, je häufiger sie sich neuen Begriffen, neuen Wendungen anschmiegen muss, desto weniger kann sie dieselbe bleiben. An hinlänglichen Beobachtungen fehlt es hierbei noch. Sie könnten aber in Amerika angestellt werden, wo man in noch lebenden Sprachen von Stämmen, welche nie Schrift gekannt haben, Werke von Missionarien des 17. Jahrhunderts besitzt. Diese, mit der Sprache der heutigen Eingebornen verglichen, könnten zu interessanten Aufschlüssen führen. Zu solchen Vergleichungen, die man z.B. mit Eliots um 1661. erschienener Uebersetzung der Bibel in die Massachusetts Sprache vornehmen könnte, würde die MissionarienSchule in Connecticut eine leicht zu benutzende Gelegenheit an die Hand geben. Einigermassen beweisend ist schon, dass keiner solchen Veränderung dieser Sprache, auch nicht von dem schätzbaren neuesten Herausgeber der Eliotschen Grammatik, Herrn Pickering, erwähnt wird. Wo Nationen, wie die alten Gallier und Britten in den Druiden Instituten, und soviel sich aus einigen Angaben schliessen lässt, auch die Mexikaner, das Gedächtniss an die Stelle der Schrift setzend, Dichtung oder Philosophie in mündlicher Ueberlieferung besassen, konnte dies in dem geschichtlichen Gange der Sprache neue Verhältnisse hervorbringen.

137. Der Veränderung, die eine Sprache durch Verrückung des Wohnplatzes einer Nation erfährt, habe ich schon (§. 126. 127.) gelegentlich erwähnt. Dieser Einfluß ist natürlich immer mit dem der Zeit verbunden, und gewöhnlich treten auch an dem neuen Wohnort nähere Berührungen oder selbst Mischungen mit fremden Sprachen, immer neue Lebensverhältnisse hinzu. Geschieht die Verrückung des Wohnorts in eine weite Entfernung, wie bei unsren Colonisationen in andren Welttheilen, so umgiebt den Pflanzer eine fremde Natur, neue Gegen-

stände müssen benannt, alte Wörter nach neuen Begriffen gestempelt werden. Dies abgerechnet wird die Abweichung der Sprache des neuen Wohnsitzes von der in dem alten natürlich zur dialectartigen Verschiedenheit. Sie wird auch grösser oder geringer seyn, je nachdem die Verpflanzung in einen Zeitpunkt fällt, wo die Muttersprache einen geringeren oder höheren Grad der Festigkeit erlangt hat. Die Beschaffenheit des neuen Dialects hängt endlich von dem bestimmten Theile des Mutterlandes, der natürlich schon da seine Mundart besitzt, ab, von dem die Colonie ausgieng, so wie ganz vorzüglich von dem Bildungsgrade derer, welche sie ausmachen. Die anziehendste Erscheinung dieser Art bieten unstreitig die Nord-Amerikanischen Freistaaten dar. Auf beiden Seiten des Oceans sieht man Englische Nation und Sprache, durch alle Einflüsse einer grossen und hervorstechenden Literatur gebildet, und durch alle Fortschritte der Civilisation bereichert, mit einer politischen Verfassung, welche der Rede in Aufstellung und Behauptung der Grundsätze einer edlen und menschenfreundlichen Freiheit ein weites und fruchtbares Feld einräumt. Lieber die Verschiedenheiten dieses Englisch-Amerikanischen Dialects giebt es eigne interessante Schriften.[108] Ueber den Spanisch-Amerikanischen Dialect ist mir keine ähnliche Arbeit bekannt. Diese Erscheinungen der neueren Zeit, bei denen sich der Einfluss des veränderten Wohnsitzes erst wenige Jahrhunderte lang beobachten lässt und wo die getrennten Sprachtheile in unausgesetztem Verkehr mit einander geblieben sind, erlauben indess keine sicheren Schlüsse auf die Wirkungen der Völkerverpflanzungen in der früheren und vorzüglich der entferntesten Geschichte. In der damaligen Abgeschiedenheit der Völker konnte und musste beinahe die Macht dieser Einwirkung grösser seyn. Da, wo eine solche Erörterung vorzüglich wichtig seyn würde, bei den Zügen der Völker, welchen die alten classischen Sprachen ihr Daseyn verdanken, gehen uns zu sehr die geschichtlichen Angaben dazu ab. In

108 *Memoir on the present state of the English language in the United States of America by John Pickering* in den *Memoirs of the Amerikan Academy of Arts und Sciences.* Cambridge. 1809. *Vol. 3. Part 2. p. 439. – A vocabulary or collection of words and phrases, which have been supposed to be peculiar to the United States of America, by John Pickering.* Boston 1816. Von dieser letzteren Schrift kenne ich bloss den Titel aus dem *Catalogue of the library of the American philosophical society.* Philadelphia, 1824. (*p.* 227.) und weiss daher nicht, inwiefern sie ein neues Werk, oder nur eine Umarbeitung der obigen Abhandlung ist.

Amerika finden sich interessante Beispiele weitgewanderter Völker, die an mehreren Orten Spuren ihrer Sprache hinterlassen haben. Am sichtbarsten ist dies bei den Kariben der Fall. Leider aber ist gerade der grammatische Bau ihrer Sprache sehr wenig bekannt.

138. Das mächtigste Princip in der Veränderung der Sprachen und ihres Gebiets ist die Mischung der Nationen. Alles in der Art ihrer Verbreitung über den Erdboden hängt natürlich von der Verbindung und Trennung gleich und verschieden Redender ab. Wie weit sich die Mischung der Sprachen erstreckt haben möge, lässt sich im Einzelnen nicht entscheiden. Bei dem Völkergewühle, das beständig auf dem Erdboden geherrscht hat, bei der Reihe von Jahrhunderten, die für unsere Geschichtskunde in Nacht begraben liegen, ist wohl mit Sicherheit anzunehmen, dass es auch unter den uns für einfach geltenden Sprachen keine einzige reine und unvermischte giebt. Auf der andren Seite finden sich, um gleich die beiden Extreme einander gegenüberzustellen, auch Sprachen, die in roher Verwirrung aus Wörtern und Wendungen ganz verschiedner bestehen, und nicht Sprachen einer Nation, sondern rohe Austauschmittel zwischen Menschen verschiedener sind, in die Classe der Sprachen zu setzen, die (§. 85.) besondren Gewerben und Beschäftigungen eigen sind. Hierhin ist neben andren die *lingua Franca* in den Häfen des Mittelmeeres zu rechnen. Aber auch Volksdialecte von vielfacher und verwirrender Mischung kommen in Gegenden vor, wo Nationen verschiedener Sprachen an einander stossen.[109] Diese Fälle übergehe ich hier ganz und rede nur von der Mischung, als einem Entstehungsgrunde der Sprachen überhaupt, und so, wie man sie auch in hochgebildeten Sprachen antrifft.

139. Zuerst muss man unterscheiden, ob die Mischung der Sprachen bloss aus dem häufigen Verkehre mit Fremden, oder aus wirklichem untermischten Zusammenwohnen, der Einverleibung verschiedener Volksstämme in denselben politischen Verein entspringt. Im ersteren Fall dringt das fremde Element natürlich weniger tief in die Sprache ein, und verbreitet sich nur auf die Gegenstände dieser Gemeinschaft. Wo aber verschiedene Volksstämme wahrhaft zusammenfliessen, oder doch Theile desselben Staatskörpers werden, da entstehen sehr verschiedenar-

---

109 Mehrere Beispiele der einen und der andren Art dieser Mischsprachen werden in Balbi's *introduction à l'atlas ethnographique p.* 37-39. angeführt, wo aber das Einzelne sorgfältige Prüfung fordert.

tige Verhältnisse nach dem Uebergewicht, welches die Sprache des einen über den andren erhält. Der schwächere Stamm wird genöthigt die Sprache des stärkeren anzunehmen, und dieser drückt sich nun in zwei 341 Sprachen aus, wie es in Biscaya, Nieder-Bretagne und Wales geschieht, und bei so vielen Amerikanischen Völkerschaften der Fall war, und noch heute selbst ohne politischen Zwang ist. Dann stirbt die Sprache des schwächeren Stammes entweder ganz aus, wie es der Cornischen, Alt-Preussischen und mehreren Asiatischen und Amerikanischen gegangen ist, oder sie erhält sich in immer kleiner werdendem Umfang, wird auch mit Ausdrücken der vorherrschenden Sprache vermischt. Zugleich aber nimmt auch diese Elemente von ihr in sich auf. Ob das Uebergewicht hier immer von dem äusseren der physischen Macht zu verstehen ist? kann zweifelhaft scheinen. Man pflegt sogar im Gegenteil zu behaupten, dass die in Bildung mehr fortgeschrittene Sprache die weniger ausgebildete verdrängt, und durch diese geistige Herrschaft den Besiegten oft an dem Sieger rächt. Man kann als Beispiele hiervon die Zurückdrängung der einheimischen Sprachen in Hispanien und Gallien, als diese Länder Römische Provinzen wurden, und das Vorherrschen des Lateinischen im Romanischen anführen. In der höheren Cultur und Civilisation liegt der Grund jener Erscheinungen gewiss, der Gedanke unterwirft sich die Masse, und man braucht sich die Colonien, die Gesittung unter rohe Völker bringen, nicht gerade zahlreich zu denken. Nur in der Sprache möchte ich den Grund nicht gerade suchen, und ich halte es für nothwendig, das hier zu bemerken, wo es gerade auf die Erforschung des ihr Eigenthümlichen ankommt, und es daher wichtig ist, es mit der Wahrheit des über sie Behaupteten genau zu nehmen. Die eine angeblich rohere Sprache Redenden hangen darum mit nicht minder grosser Liebe an ihr, es muss erst eine gänzliche Umwandlung mit ihnen vorgehen, ehe sie für die feineren Schönheiten einer cultivirteren Sprache Empfänglichkeit gewinnen. Dagegen weichen die, welche diese sprechen, wie wir an einer Menge von Beispielen sehen, sehr leicht bei Vermischung mit roheren Mundarten von ihrer Reinheit ab. Daher setzt Niebuhr, wie er[110] von der zauberischen Gewalt der Griechischen Sprache über fremdet 342 Völker redet, und sie mit treffenden Beispielen belegt, sehr richtig »und Nationalität« hinzu. Welches Verhältniss unter sich mischenden Sprachen entsteht, welche die Oberhand gewinnt, hängt von der Art ab, wie sich

110 Römische Gesch. I. 62. 63.

das gemeinsame Sprechen gestaltet, und diese von der Lage, in welche die sich mischenden Nationen gegen einander treten, von der Eigenthümlichkeit ihres Charakters, der Art des sich unter ihnen bildenden Zusammenwohnens und des politischen Bestandes, den jeder beider Theile für sich bewahrt, von der Sprache nur, insofern sie natürlich dies Alles begleitet, oder höchstens bloss mittelbar. Im abendlichen Europa hatte die Römische Verfassung, die sich vor allen des Alterthums durch Consequenz und Festigkeit auszeichnete, Zeit gehabt tiefe Wurzeln zu schlagen. Die dort Fuss fassenden Völker waren keineswegs so barbarisch, als die Römer sie zu schildern bemüht waren; sie besassen übrigens auf gleichem Stamm mit der Römischen emporgewachsene Sprachen. Ueber die Türken vermochten Griechische Civilisation und Sprache in Jahrhunderten nichts. Die Sprachen hangen immer auf das Innigste mit der Geschichte der Nationen zusammen. Es sind aber in dieser Hinsicht auch bei bekannten Erscheinungen, wie z.B. der Untergang des Griechischen und Römischen ist, noch eine Menge von Punkten aufzuhellen übrig. Viele aber dürften auch immer unerklärlich bleiben. Wie unbegreiflich ist, um nur dies Beispiel anzuführen, der schnelle Untergang des Iberischen und Keltischen im grössten Theile der Spanischen Halbinsel, da noch zu Strabo's Zeit (also am Anfange unsrer Zeitrechnung) Turdetanische Sprache und Literatur im südlichsten Spanien blühten.

140. Dass sich die Mischung der Sprachen vorzüglich in ihrem Wörtervorrathe zeigen muss, begreift sich von selbst, da in diesem sehr verschiedne Elemente neben einander bestehen können. Ob der grammatische Bau je wahrhaft gemischt sey, ist eine schwerer zu beantwortende Frage. In gewissem Verstande ist auch dies unläugbar. Die Wörter verschiedenartigen Ursprungs werden, wie wir von Persischen und Englischen gesehen (§. 118.), wohl verschieden flectirt und grammatisch behandelt. Die Römer, die Dichter vorzüglich, nehmen auch in bloss Römische Worte Griechische Constructionen auf, behalten auch Griechische Flectionen bei. Alles dies geht aber dennoch nicht eigentlich tief in den grammatischen Bau ein. Wenn das, was ich oben (§. 110.) über denselben, als die wahre Sprachform, den wahrhaft individuellen Drang des Gedankenausdrucks gesagt habe, richtig ist, so lässt sich in diesem auch nur solche Vermischung denken, welche die ursprüngliche Einheit nicht wesentlich stört. Indess ist es doch sehr wichtig bei der Erörterung der Sprachen die Aufmerksamkeit noch genauer auf diesen Punkt zu richten, da man allgemeinem Raisonnement in den Sprachen niemals zu sehr

vertrauen muss. Wo die zusammenfliessenden Sprachen schon an sich gleichartig sind, droht der Einheit von der Vermischung auch des grammatischen Baues geringere Gefahr. Wenn, wie ich die Vermuthung bei den Sanskritischen Sprachen geäussert habe, Mundarten in Eine Sprache zusammengehen, so ist eine solche Vermischung unläugbar vorhanden. Sehr viel anders ist schon der Fall der lateinischen Töchtersprachen, obwohl auch da Sprachen desselben Stammes zusammentraten.

141. Es ist eine sehr interessante Frage, ob sie eine Mischung Germanischen und Römischen grammatischen Baues verrathen? Um dieselbe gründlich zu beantworten, muss man, glaube ich, unterscheiden, ob man von wirklicher Einführung Germanischer grammatischer Laute in diese Sprachen, oder von blossem Einfluss der verschiedenen grammatischen Ansicht redet? Die erstere würde ich durchaus läugnen. Raynouard[111] glaubt die unregelmässige Bildung des Praesens des Romanischen Verbum *aver* aus dem Gothischen *aigan, haben,* herleiten zu können, aus dem er auch alle Einmischungen von *g* in die Flectionen dieses Verbum erklärt. Dies wäre höchst merkwürdig, da alsdann concrete Beugungsformen diesen Sprachen gemeinschaftlich wären. Denn Raynouard vergleicht das Romanische *ai* (1. pers. sing. praes.) und *aic* (1. pers. sing. praet.) mit dem Gothischen *aih*, und, wie es scheint, auch *aguem* (1. pers. plur. praet.) mit *aigum*. Ich möchte indess die Richtigkeit dieser Bemerkung bezweifeln.[112] *Ai* scheint ebenso aus *aver* entstanden, wie *sai* aus *saver, dei* aus *dever,*[113] *as, a* und *an* bieten kaum eine entfernte Aehnlichkeit mit den entsprechenden Gothischen Formen *aiht, aih* und *aigun* dar. Im Praeteritum *agui, aguest, ac, aguem,* dem Conjunctiv desselben *agues cet.,* dem sogenannten zweiten Conditionalis *agra* und dem Participium *agut* verschwindet der Diphthongus ganz. Da überhaupt *aver,* mit Ausnahme sehr weniger Beugungen, den Stammvocal von *habere* durchaus festhält, *aigan* dagegen, das ein anomalisch als Praesens gebrauchtes ablautendes Praeteritum eines Verbum der 8. starken Conjugation ist, deren Vocale im Praesens *ei,* im Part. praet. *i* sind, nie ein blosses *a*

---

111 *Elémens de la gramm. de la langue Romane avant l'an 1000. p.* 76.77.

112 A. W. v. Schlegel (*Observations sur la langue et la littérature Provençales. p.* 35.) hat diese Behauptung bereits widerlegt. Ich habe indess doch noch bei ihr länger verweilt, weil es mir der Mühe werth schien, in Einiges dabei einzugehen, was er nicht berührt hat.

113 Raynouards *gramm. de la langue des Troubadours. p.* 208. 209.

haben kann, so halte ich diesen Umstand für entscheidend, jede Vergleichung beider Verba aufzugeben. Die Aehnlichkeit des Gothischen *aih* mit dem Romanischen *aic* scheint mir daher zufällig, und dies nur eine Abkürzung von *agui*. Die Ansetzung eines *c* ist ausserdem, wenigstens im Praesens nicht ohne Beispiel im Romanischen; *vauc* für *vau, tenc* für *ten*.[114] Sollten nicht auch *cug* und *aug* (die Participia von *cuidar* und *auzir*), die Raynouard für Verwandlungen von *id* und *z* in *g* hält,[115] so erklärt werden müssen? Denn das Spanische *caigo (cado)* und *oigo (audio)* beweisen keinen Uebergang von *d* in *g. d* ist da ausgefallen, wie man aus den übrigen Beugungen sieht, und *g* im Praesens zwischengeschoben, wie im Romanischen *c* angesetzt wird. Dies beweisen *traigo (traho), salgo (salire)* und andre. Indess bleibt immer das *g* in der Romanischen Conjugation, da wo es nicht Stammconsonant des Verbum ist, in den Endungen *gui*,[116] *gra, gut,* sehr sonderbar, und es ist zu bedauern, dass sich Raynouard nicht ausführlicher darüber auslässt. Ich halte *agui* nur für eine veränderte Aussprache von *habui*. Der Hauch, der *ui* begleitete, konnte leicht von *b* zu *g* abirren, wie *w* und *h* auch verwandt sind. Dass man auch *avut* für *agut* findet,[117] scheint dies zu beweisen. Wäre das letztere Gothischen Ursprungs, so wären hier Participia zwei ganz verschiedener Wörter. Gleicher Art ist *agues, habeas,* und daraus vermuthlich *agra* und *agut* entstanden. Unter den Verben, die ihren Conditionalis in *gra* und ihr Participium in *gut* bilden, giebt es zwar mehrere, die sich füglich einzeln erklären lassen, wie *beure, begra* aus Verwandlung von *b* in *g, cogler, colgra* aus Versetzung des *g, tener, tengra* aus einer, auch in andren Sprachen nicht ungewöhnlichen Annahme eines *g* nach einem Nasenlaut. Da aber bei andren keine solche Erklärungen möglich sind, wie bei *plazer, plagra, poter, pogra, voler, volgra*,[118] und da alle diese Conditionale auch eine zweite Form in *ria* bei sich haben, so halte ich die in *gra*, so wie die Participien in *gut* für Verbindungen mit dem

114 Raynouards *gramm. de la langue des Troubadeurs. p.* 210.

115 *l. c. p.* 210.

116 Raynouard a. a. O. *p.* 183. *nt.* I. redet von Verben in *er* und *ir*, die ihr Praeteritum in *gui* machen. Ich finde aber keine Beispiele solcher Verba angeführt.

117 *l. c. p.* 176.

118 Raynouards *gramm. de la langue des Troubadours. p.* 223.

Hülfsverbum *aver*. Im Spanischen *anduve* und Italienischen *apparirebbe* ist diese Zusammensetzung unverkennbar.

142. Die Häufigkeit der von den Grammatikern als unregelmässig angesehenen Verba, und ihre systematische Bildung, welche sie in eigne Classen abzutheilen erlaubt, könnten auf die Vermuthung führen, dass die Eigenthümlichkeit des Gothischen, den Unterschied des Praeteritum vom Praesens durch ablautenden Stammvocal zu bezeichnen, vorzüglich auf das Spanische eingewirkt habe; *sabe* und *supe* könnten an *binde* und *band* erinnern. Genauere Erwägung macht aber auch dies sehr unwahrscheinlich. Die Vocalveränderung in den Spanischen unregelmässigen Verben ist hauptsächlich zwiefacher Art. Die eine beruht auf Lautgewohnheiten, die ursprünglich gar nicht die Conjugation angehen, allein auf sie angewandt, und zur Unterscheidung bestimmter Personen und Tempora gebraucht werden. Die zweite hingegen zeigt sich wirklich nur zwischen dem Praesens und Praeteritum und den aus dem einen und andren abgeleiteten Tempora. Zu der ersteren dieser beiden Arten rechne ich die Verwandlung von *e* in *ie* und *o* und *ue*. Es giebt keinen Redetheil, in dem sie nicht vorkäme, und ursprünglich halte ich sie nicht bloss für einen durch die Natur der nachfolgenden Sylben bewirkten Umlaut. Denn sie findet sich nicht nur bei volltönenden und gewichtigen Endungen, wie *ciegamente*, sondern auch bei einsylbigen Wörtern, wie *pues*. Diese Diphthongisirungen scheinen mir eine Verbreiterung und Verderbniss der ursprünglichen hellen und reinen Vocale. Solche sind Volksmundarten gewöhnlich, und die erste und hauptsächlichste Stufe des Ueberganges von der Lateinischen zu den neueren Sprachen war gerade, dass, bei der Zerrüttung des gesellschaftlichen und Culturzustandes, die Sprache zu dem Volke herabsank. Raynouard bemerkt[119] nach Sanchez, dem Herausgeber einer Sammlung von Gedichten vor dem 15. Jahrhundert, dass man *ue* mit *o* reimen liess, ein klarer Beweis, wie schwankend noch damals diese Aussprache war. Noch merkwürdiger und doch für den Einfluss der Nachsylben sprechend ist, dass diese Reime nur von ein- oder zweisylbigen Wörtern, wo *ue* in der ersten Sylbe steht, und nur mit Wörtern, wo *o* sich in der Endsylbe findet, *muerte, fuerte, fuent* mit *carrion, campeador, sol*, angeführt werden. Vermuthlich sprach man da *mort, fort* und behielt nur die Schreibung in *ue* bei. In der Conjugation aber widerstanden auch in den Verben,

---

119 Raynouard's *gramm. comparée des langues de l'Europe Latine. p.* XXXI.

auf welche diese Aussprache übergieng, die gewichtigen und helltönenden Endungen, wie *-amos, drè, è,* der Veränderung des Stammvocals, und nur die leichteren, wie o, e, *an,* Hessen dieselbe zu, wie Bopp schon bei *duerme* bemerkt hat. Auf diese Weise beschränkte sich diese Umbeugung des Vocals auf das Praesens und den Imperativus und berührt auch in diesen nicht die beiden ersten Personen des Plurals. Sie wird dadurch mittelbar zur grammatischen Unterscheidung, dass sie aber nicht wahrhaft dies zur Absicht hatte, beweisen *tengo, tenga, ten, vengo, venga, ven,* verglichen mit *tienes* u.s.w. Obgleich die 1. pers. sing. indic. und das Praes. Conj. so wie der Imperativ, ausser den zwei ersten Pluralpersonen, in den unregelmässigen Verben dieser Gattung immer den Diphthongus haben, fällt er hier wegen des Gewichtes der zwei Consonanten *ng* und des Nachdrucks des einsylbigen Imperativs hinweg.[120] Diese Art der Vocalveränderung ist daher weder dem Lateinischen, noch Gothischen zuzuschreiben, sondern liegt, unter der Mitwirkung allgemeiner Lautgesetze, ganz eigentlich in dem Uebergange von der älteren zur neueren Sprache. In dieselbe Classe zähle ich auch *decir* und *reir,* wo der Stammvocal *i* der alten Sprache im Infinitiv, den beiden ersten Pluralpersonen des Praesens und der zweiten des Imperativs *decimos, decis, decid* in e übergeht, wovon der Grund nicht leicht anzugeben seyn möchte. *Pedir, deservir, conseguir* u.a.m. sind nur darin in einem andren Fall, dass umgekehrt der Vocal jener vier Ausnahmen bildenden Beugungen der lateinische Stammvocal *(petere, servire, consequi)* ist.

Die zweite Art der Vocalveränderung, die aber eine viel kleinere Anzahl der Verba trifft, scheidet wirklich das Praesens vom Praeteritum und die von beiden herkommenden Tempora durch den Vocalwechsel von einander. Der Wechsel geht von

a auf *i; hace, hizo.*

120 Die Französische Sprache bewahrt diese Lauteigenthümlichkeit, ob ihr dieselbe gleich nicht fremd ist, nicht mit derselben Regelmässigkeit. Sie bildet auch *viens, viens, vient, venons, venez, viennent,* lässt aber die Diphthongisirung auch bei den schwachen Endungen *viendrois* u.s.w. zu. Was ich aber hier eine Ausnahme dieser zuerst von Bopp (Jahrbücher für wissenschaftliche Kritik. 1827. S. 251. u. f.) entdeckten Lautgewohnheit nenne, kann auch als eine Einwendung gegen diese Behauptung angesehen werden. Hierüber mich näher auszusprechen, wird in der Folge ein schicklicherer Ort seyn. Hier berühre ich diesen Punkt nur als eine wahrscheinliche Erklärungsart.

a auf *u; cabe, cupo; sabe, supo; trae, truxe,* was aber schon dem neueren *traxe* gewichen ist.

e auf *i; queremos, quisimos; venimos, vinimos.*

o auf *u; podemos, pudimos; ponemos, pusimos.*

Caber und *saber* ändern auch in der 1. pers. sing. praes. ihren Stammvocal, ohne anscheinenden Grund, von *a* in e um *(quepo, sè),* was dann auf das immer von dieser Person gebildete Praesens conjunct. *(tengo, tenga, salgo, salga)* und die Personen des Imperativs, die eigentlich nur dies *tempus* sind, da ihm selbst bloss die beiden zweiten Personen angehören, übergeht. Des Uebergangs von *e* auf *u* habe ich nicht erwähnt, da ich ihn nur in *tener (tenemos, tuvimos)* kenne, und hier leicht, wie in *anduvimos* an eine Zusammensetzung mit *aver* gedacht werden kann. Noch giebt es aber die merkwürdige Erscheinung, dass dieser Wechsel die ersten zwei Personen des Praeteritum unberührt lässt, und nur bei den dritten eintritt, von diesen aus aber sich über die ganzen abgeleiteten Tempora erstreckt; und zwar findet es sich so zwischen *e* und *i, hiere, herimos* (Praesens) *herì* u.s.w. (Praeteritum) *hiriò, hirieron, hiriese* u.s.w. und so mehrere andre Verba, zwischen *o* und *u, muere, morimos* (Praesens) *morì* u.s.w. (Praeteritum) *muriò, murieron, muriese* u.s.w. Ebenso geht *dormir* und beide haben die Eigenheit, dass auch die beiden ersten Pluralpersonen des Praes. Conjunct., die sonst immer dem Praesens folgen, das *u* annehmen, *muramos, durmamos.* Einen verschiednen Vocal in den dritten und übrigen Personen des Praeteritum hat auch *pedir* mit einer Reihe andrer Verba; *pedì* u.s.w., *pidiò, pidieron.* Es stimmen auch in ihnen die ersten Personen des Praeteritum mit den beiden ersten des Plurals des Praesens überein. Der Unterschied dieser Verba von den obigen besteht nur darin, dass sie im Singular des Praesens und der letzten Person des Plurals keinen gebrochnen Vocal, sondern ein reines *i* haben, und die beiden ersten Personen des Plurals dies *i* ausnahmsweise in *e* verwandeln, folglich die letzten Personen des Praeteritum mit dem Singular des Praesens übereinstimmen. Die diesen Verben zum Grunde liegenden lateinischen haben zum Theil *e (petere, pido, pedir),* zum Theil *i (tingere, tiño, teñir)* zum Stammvocal. Die Verwechslung dieser Lateinischen Laute mag zum Gebrauch beider in der Spanischen Conjugation dieser Verba Anlass gegeben haben. Wenigstens sehe ich keinen ändern Grund. Dass aber das *i* hier nie anders in *e* übergeht, als da wo die nachfolgende Sylbe ein *i* hat, erklärt sich aus der Verwandtschaft dieser Vocale und ist also wieder eine Wirkung des nachfolgenden Lauts auf den vorhergehenden. Merkwürdig ist, dass hier dieselben Personen des Praesens des Indicativs und die dem Imperativ allein eigenthümlichen (im Conjunctiv ist es anders) in Absicht des Stammvocals gleichförmig bleiben, als bei der Umbeugung in *ie* und *ue*, obgleich der Grund hier nicht derselbe seyn kann; *pido, pides, pide, pedimos, pedis, piden, cuezo, cuezes, cueze, cocemos, coceis, cuezen, pide, pedid, cuece, coced.* So gern und fest heften sich Lautverschiedenheiten an grammatische Bedeutsamkeit, oder vielmehr so übereinstimmend ist in den Sprachen die Wirksamkeit des grammatischen Begriffs und des Lautgefühls. Was in dieser zweiten Art der Vocalveränderung dem Ablaut wirklich ähnlich sieht, betrift nur sehr wenige Verba, und kann sehr leicht aus dem auch im Lateinischen in *facio, feci, capio, cepi* u.s.f. vorhandenen entstanden seyn. Auf jeden Fall reicht dies zu seiner Erklärung hin. Dass bisweilen der Ablaut nur die dritten Personen trifft, ist sowohl dem Lateinischen, als Gothischen fremd, und eine Eigenthümlichkeit der neueren Sprache.

Die unregelmässigen Spanischen Verba geben also gar keine Veranlassung an einen Einfluss des Gothischen auf ihre Bildung zu denken.

143. Ganz anders kann es sich aber mit den Fällen verhalten, wo nicht concrete grammatische Formen oder eigenthümliche Lautbehandlungen übergegangen seyn sollen, sondern der fremde Einfluss nur in der Anwendung grammatischer Ansichten beruht. Allein auch von dieser Gattung scheint mir nichts Germanisches sehr tief in die Grammatik der lateinischen Töchtersprachen eingedrungen zu seyn. Raynouard schreibt es Gothischem und Fränkischem Einflusse zu, dass man die Pronomina *ille* und *ipse* auf eine Weise brauchte, aus welcher die Artikel des Romanischen hervorgiengen.[121] Da nämlich die Germanischen Sprachen Demonstrativ-Pronomina als Artikel brauchten, so führten sie, indem sie Lateinisch Sprachen, diese Gewohnheit in die fremde Sprache über. Hierbei muss man aber annehmen, dass die Römischen Provincialen, denen dem Lateinischen nach diese grammatische Ansicht ganz fremd seyn musste, sklavisch der fremden folgten, und auch unter sich diese Art zu reden beständig beobachteten. Denn sonst hätte der Artikel unmöglich allgemein werden können. Eine solche Passivität gerade der grössesten Volksmasse lässt sich, meines Erachtens, nicht mit dem Uebergewicht, ja man möchte wohl sagen, der Alleinherrschaft des La-

---

121 *Elémens de in grammaire de la langue Romane avant l'an 1000. p. 44-49.*

teinischen in der Grammatik der Romanischen Sprachen in Einklang bringen, und es ist mir vielmehr sehr wahrscheinlich, dass, ohne alle Mischung mit Fremden, die Römischen Provincialen von selbst zum Artikel gelangt seyn würden. Ich suche nämlich die Entstehung desselben im Verfall der Bildung und der Abnahme des Sprachsinns. Wenn das grammatische Bewusstseyn der Einheit der Periode nicht recht lebendig ist, so sucht man nach äusseren Hülfsmitteln der Verdeutlichung. Es ist dann natürlich, den Substantiven ein Pronomen vorausgehen zu lassen, das gleichsam die Stelle der zeigenden Gebehrde vertritt. Auch unter uns bedient sich das Volk dieser Pronomina häufiger, als die gebildete Sprache. Dieselbe Erscheinung konnte daher und musste gewissermassen eintreten, so wie man anfieng minder gut und minder richtig lateinisch zu schreiben. Mitwirken musste allerdings das Beispiel der fremden Eroberer, wären aber die Provincialen nicht auch für sich in denselben Hang verfallen, so dürfte jener Gebrauch des *ille* nie häufig genug geworden seyn um das Pronomen zum Artikel abzuschleifen. Schon A. W. v. Schlegel bemerkt, dass die Sprachen, sich selbst und dem natürlichen Wechsel aller Dinge überlassen, auch ohne fremde Beimischung, einen natürlichen Hang besitzen zu analytischen zu werden.[122] Dies ist aber nichts anders, als das allmäliche Abnehmen des formenzusammenhaltenden Sprachsinns. Dagegen leitet[123] er das mit *haben* zusammengesetzte Futurum des Romanischen von dem Gothischen ab, das auch eines einfachen Futurum ermangelt, und auch bisweilen *haben* zur Bildung dieses Tempus anwendet. Allein auch diese Mischung Germanischer und Römischer Grammatik scheint mir nicht so gewiss und fordert wenigstens nähere Bestimmung. Auch hier hätten sich die Römischen Provincialen ganz negativ verhalten und der fremden Ansicht unbedingt folgen müssen, was mir durchaus unwahrscheinlich vorkommt. Schlegel zeigt sehr richtig die Gründe, warum das lateinische Futurum bei dem Verfall der Sprache leicht untergehen konnte. Sie liegen in der Schwierigkeit, die feinen Unterschiede zwischen dem Lateinischen Futurum in *bo* und dem Imperfectum, und zwischen dem in *am* und dem Praesens Conj. festzuhalten. Wie aber die Grammatik einmal in Verfall gerieth, musste die Wirkung auf die Provincialen dieselbe seyn. Es muss hier ausserdem in Betrachtung kommen, dass ein Futurum, das man, seiner

---

122 *Observat. s. la langue et in littérat. Provençales. p.* 18.

123 *l. c. p.* 33. 34.

Bildung nach, als ein eignes und einfaches Tempus ansehen kann, überhaupt in der ganzen Sprachenkunde eine höchst seltne Erscheinung ist, wenn es nur überall ein solches, das nämlich auch ursprünglich Futurum gewesen wäre, giebt. Die beiden Futura des Sanskrits sind zusammengesetzt, die Griechischen und Römischen zum Theil dies, zum Theil nur Umbeugungen des Praesens oder des Conjunctivs zum Futurum. In den Semitischen Sprachen ist es sehr klar, dass eigentlich kein Futurum vorhanden ist.[124] Im Griechischen ist neben diesem Tempus eine Art es durch ein Hülfsverbum zu bilden in vollem und beständigem Gebrauch. Die Römischen Provincialen konnten also, wie auf den Artikel, so auch auf ein Futurum durch ein Hülfsverbum verfallen. Dass sie gerade *haben* wählten, kann von den Gothen, die dies bisweilen thaten, entlehnt seyn. Aber es ist auch an sich eine natürliche Begriffsverbindung, und denkt man an Gothischen Ursprung, so ist es sogar auffallend, dass nicht auch die andren Gothischen Hülfsverba des Futurum, *munan*, *wiljan*, *skulan* in die neue Sprache übergiengen, und dieser der im Gothischen häufige Gebrauch des Praesens für das Futurum fremd blieb. Nimmt man aber auch den Gothischen Ursprung an, so zeigt es sich hier recht, dass die Römische formenbildende Grammatik die Oberhand hatte. Denn im Gothischen bleiben die Hülfsverba immer getrennt, im Romanischen treten zwar auch Wörter zwischen den Infinitiv und das ihn zum Futurum stempelnde Hülfsverbum. Aber die Richtung der Lateinischen Conjugation ist doch unverkennbar. Denn jene Einschiebungen haben keinen Bestand, und die Personen des Hülfsverbum verschmelzen in Eine Form mit dem Infinitiv. Die Gothen hätten daher nichts, als eine Redensart dazu hergegeben, und Schlegel bemerkt sehr richtig, dass, da doch die Germanischen Einwandrer lange Zeit beide Sprachen zu reden fortfuhren, es sonderbar wäre, dass nicht Redensarten sollten von der einen in die andre übergegangen seyn. Er führt bei dieser Veranlassung einige scharfsinnig ausgewählte Beispiele solcher Redeweisen an.[125] Die

---

124 Man sehe Ewalds kritische Grammatik der Hebräischen Sprache §. 111. u. f. und §. 278., wo die Behandlung der Modus und Tempusbildung mir ein sehr nachahmungswürdiges Beispiel abzugeben scheint, wie die Grammatik nicht nach den herkömmlichen Begriffen, sondern nach dem eigenthümlichen Geist jeder Sprache betrachtet und bearbeitet werden muss.

125 *Observat. sur la langue et la littérat. Provençales. p.* 34. 35.

Untersuchung der Lateinischen Töchtersprachen scheint mir daher die Behauptung zu bestätigen, dass die Mischung der Sprachen zuerst von der Mischung des Wortvorraths ausgeht, meistentheils dabei stehen bleibt, bisweilen aber sich von da auf Redensarten, Fügungen der Redeweise und grammatische Ansichten erstreckt, nicht leicht aber wirkliche concrete grammatische Formen zusammenbringt, es müssten denn diese sich ausschliesslich an die Wörter ihrer Sprache heften, wodurch nicht sowohl Mischung, als vielmehr grössere Scheidung der Elemente entsteht. Man darf indess hierbei auch nicht die besondre Natur dieser Romanischen Sprachen vergessen. Ihre sie charakterisirende Eigenthümlichkeit gieng nicht aus der Mischung Germanischer und Römischer Rede und Sprache hervor, sondern aus der durch die siegreiche Einwandrung fremder Stämme bewirkten Zerstörung des politischen Bestandes, der darauf folgenden Zerrüttung des ganzen Culturzustandes, und der diese Katastrophen begleitenden Verderbniss der Sprache. Sie sind nicht sowohl Erscheinungen der Sprachvermischung, als des Sprachverfalls, so glänzend sie sich auch wieder aus diesem neu entwickelt haben. Ausserdem kennt man den Zustand nicht, in dem sich, schon vor aller Einwanderung, die Römische Sprache im Munde des Volks in OberItalien, Gallien und Iberien befinden mochte. So entstand das, was Schlegel mit Recht sehr auffallend nennt,[126] die Entwicklung eines Systems analytischer Sprachen aus dem Zusammentreffen von Völkern synthetischer, um mich hier seiner Terminologie zu bedienen.

144. Verlauf der Zeit, Verrückung des Wohnplatzes, Mischung der Völkerstämme sind gleichsam die natürlichen, in dem gewöhnlichen Gange der Schicksale der Sprachen und Nationen liegenden Entstehungsgründe ihrer Umwandlungen, die allgemeinen Kategorien, auf welche sich diese zurückführen lassen. Jedes dieser drei verschiednen Momente 354 steht in einem besondren Verhältniss zur Sprache, und übt für sich einen eignen und bestimmten Einfluss auf dieselbe. Nicht immer aber lässt sich dieser in einem einzelnen gegebenen Falle rein abscheiden, da oft mehrere Veränderungsursachen zusammentreffen. Allein ausser diesen drei allgemeinen Entstehungsgründen neuer oder umgewandelter Sprachen giebt es noch einen andren, in sich mächtigeren, aber gewöhnlich von einem oder mehreren jener begleiteten, nämlich die geschichtlichen Ereignisse, welche den Zustand der Nationen, und mit ihm den der

---

126 *Observations sur la langue et littérat. Provençales. p.* 21.22.

Sprachen verändern. Da sie aber immer durch individuelle Umstände specificirt sind, so lässt sich ihr Einfluss nicht im Allgemeinen bestimmen. Jeder Fall muss einzeln betrachtet werden. Die Classificirung der Sprachveränderungen erfordert gleiche Behutsamkeit, als die der Sprachen selbst. Indess unterscheiden sich doch auf den ersten Anblick zwei, die Schicksale der Sprachen hauptsächlich bestimmenden geschichtliche Umwälzungen, das Entstehen neuer Nationen und das Untergehen bisheriger. Von beiden ist im Vorigen ausführlich gesprochen worden. Sie sind aber nicht immer körperlich, sondern vorzüglich geistig und moralisch zu nehmen. Eine Nation entsteht oder geht unter, wenn sie einen neuen Nationalbestand gewinnt, oder ein vorhandener sich auflöst. Da die Sprache mit den geistigen Fortschritten der Völker im engsten Zusammenhange steht, so ist die Zerrüttung des Culturzustandes der wahre Untergangspunkt ihres Wesens. Es verschwindet alsdann die gebildete Sprache, und nur die Volksdialekte bleiben übrig. Mit diesen aus älterer Zeit her nicht immer hinlänglich bekannt, hält man bisweilen für neu, was wirklich alt ist, setzt in die Classe der Sprachumwandlungen, was in die der Sprachverschiedenheiten derselben Nation gehört.

145. Auf diese Weise hat man Einiges in den neueren, durch Verderbniss der älteren entstandenen Sprachen zu erklären versucht. Ein treffendes Beispiel hiervon giebt[127] im Neugriechischen die Bildung der 2. pers. sing. praes. indicat. pass. in *esai*. Sie ist offenbar der Analogie der übrigen Personen desselben Tempus und dem Sanskritischen Verbum gemässer, als die in der Griechischen Schriftsprache gewöhnliche Ausstossung des Consonanten und Zusammenziehung der Vocale. Auch Buttmann[128] vermuthet, dass diese Form in *ungebildeten* Dialekten fortdauernd in Gebrauch gewesen seyn möge. Sie ist also ein in das Neugriechische übergegangener Archaismus der Volkssprache. Dagegen scheint mir die Neugriechische Endung der 3. pers. plur. praes. *oun*, statt *ousi* auf keinen unbekannten Dialect der alten Sprache hinzudeuten.[129] Den beiden Sanskritischen Endungen *anti*, und *an* des Praesens und Augment-Praeteritum entsprechen die Griechischen des Praesens und Imperfectum *ousi* (ursprünglich *onti* lateinisch *unt*) und *on*. Das Neugriechische *oun*

127 Davids *synoptikos parallêlismos tês Hellênikês kai Graikikês glôssês. p.* 30. 31.

128 Ausführliche Griechische Sprachlehre. I. 354. Anm. 8.

129 Vergleiche David (*l. c. p.* 29.), der dies anzunehmen scheint.

ist entweder eine Veränderung des helleren Consonanten *s* in das dunklere *n*, oder ein Verkennen des eigentlich Charakteristischen in der Personenendung des Praesens und Imperfectum, woraus Vermischen beider hervorgieng, indess sich doch der durch das ganze Praesens herrschende vollere Vocallaut erhielt. Das Letzte ist das Wahrscheinlichere, da das alte Imperfectum in der neueren Sprache untergegangen ist, und die erste der beiden Annahmen nur dann natürlich erscheint, wenn die Bildung der neueren Sprache von *onti* statt *ousi* ausgegangen wäre, so wie im Neuhochdeutschen das Gothische *and* zu *en* geworden ist, der Doppelconsonant aber sich vom Sanskrit an durch das Gothische, Alt- und Mittelhochdeutsche hindurch erhalten hat, ja in *sind* noch fortlebt.

146. Nach dieser Betrachtung der verschiedenartigen Möglichkeit geschichtlichen Zusammenhanges unter den Sprachen lassen sich nun über ihre Verwandtschaft folgende Sätze aufstellen.

1. Sprachen, in welchen Gleichheit oder Aehnlichkeit concreter grammatischer Bezeichnungen sichtbar ist, (und nur solche) gehören zu demselben *Stamm*.

2. Sprachen, welche, ohne eine solche Gleichheit concreter grammatischer Bezeichnungen, einen Theil ihres Wörtervorraths mit einander gemein haben, gehören zu demselben *Gebiet*.

3. Sprachen, welche weder gemeinsame grammatische Bezeichnungen, noch gemeinsamen Wörtervorrath besitzen, allein Gleichheit oder Aehnlichkeit in der grammatischen Ansicht (der Sprachform dem Begriff nach) verrathen, gehören zu derselben *Classe*.

4. Sprachen, welche sich weder in den Wörtern, noch den grammatischen Bezeichnungen, noch der grammatischen Ansicht gleichen, sind einander fremd, und theilen nur das mit einander, was allen menschlichen Sprachen, als solchen, gemeinsam ist.

147. Um etwas irgend sicheres über die Verwandtschaft der Sprachen festzustellen, scheint es mir durchaus nothwendig, die verschiedenartigen Aehnlichkeiten, welche sich unter ihnen finden, zu sondern, und den Einfluss, welchen jede auf den wirklichen oder idealen Zusammenhang der Sprachen ausüben kann, einzeln zu bestimmen. Dies habe ich hier zu thun versucht, und es kann nur darüber Zweifel entstehen, ob die Classification richtig gemacht ist? Ich habe den geschichtlichen Zusammenhang zum Haupt-Eintheilungsgrund gewählt. Er erstreckt sich über die Sprachen desselben Stammes und desselben Gebiets, ist aber wenig-

stens unerwiesen bei denen derselben Classe. Als einzigen Beweis des geschichtlichen Zusammenhanges habe ich den Laut angenommen. Bis dahin dürften leicht alle, welche sich mit Untersuchungen dieser Art beschäftigen, mit mir einig seyn. Dagegen kann Verschiedenheit der Meinung sehr leicht bei der von mir zwischen Stamm und Gebiet gemachten Unterscheidung eintreten. Die Wichtigkeit der Untersuchung des grammatischen Baues der Sprachen für die Beurtheilung ihrer Verwandtschaft wird von den Sprachforschern sehr ungleich beurtheilt. Einige und zum Theil solche,[130] welche dem Sprachstudium die wichtigsten

130 Klaproth. *Asia polyglotta. p.* IX. X. Ich gestehe aber, dass mich die wenigen dort angeführten Gründe durchaus nicht überzeugt haben. Man würde, heisst es an der angeführten Stelle, schwerlich darauf gekommen seyn, zu erkennen, dass das Deutsche und Persische zu demselben Stamme gehören, wenn man bloss die Grammatik beider Sprachen verglichen hätte. Mir scheint dagegen, dass es nur an Ungeübtheit in solchen Untersuchungen hätte liegen können, wenn dieser Zusammenhang, den die Grammatik so deutlich ausspricht, und schon das einzige Verbum *seyn* beweist, verborgen geblieben wäre. Indess möchte ich auch nicht gern von einem unmittelbaren Zusammenhange des Persischen mit dem Deutschen reden, da man unter dem letzteren gewöhnlich unsre heutige Sprache versteht. Die Stammverwandtschaft mit dem Persischen liegt im Sanskrit, und zunächst muss man daher das Persische auch mit den ältesten Germanischen Sprachen vergleichen. Es bleibt indess allerdings wahr, dass die Vergleichung der Wörter *leichter*, als die des grammatischen Baues ist. Dagegen lässt sie es auch oft sehr zweifelhaft, ob die Verwandtschaft zweier Sprachen eine des Stamms, oder nach meiner Terminologie des Gebiets ist, d.h. ob sie in ihrem innersten Wesen so übereinstimmen, dass sie, das Wort im weiteren Sinne genommen, eigentlich Eine Sprache ausmachen, oder ob bloss die eine Wörter der andren in sich aufgenommen hat. So wäre es doch gewiss ein Fehlschluss gewesen, wenn man das Persische wegen vieler darin aufgenommener Arabischer Wörter hätte für eine Semitische Sprache erklären wollen. Ich bin indess weit entfernt, darum das Verfahren zu tadeln, die Verwandtschaft der Sprachen vorzugsweise nach Wörtervergleichungen zu bestimmen, und werde gleich zeigen, wie diese indirect auch wahre Stammverwandtschaft beurkunden können. Auch kommt hier in Betracht, dass Klaproth den Ausdruck *Stammverwandtschaft* bloss der *allgemeinen Sprachverwandtschaft*, von der ich weiter unten reden werde, entgegensetzt, zwischen dem Familien- und Gebietszusammenhange aber wenigstens an dieser Stelle gar nicht unterscheidet. In diesem Sinne ist es allerdings richtig, dass auch ein abweichender grammatischer Bau nicht zum Beweise

Dienste geleistet haben, verwerfen dieselbe nur so eben nicht als ganz unnütz, halten sie aber für keineswegs entscheidend. Andre sprechen zwar dies nicht geradezu aus, wenden sich aber bei Untersuchungen über Sprachverwandtschaften doch gleich zur Vergleichung der Wörter. Denjenigen, welche von der Wichtigkeit grammatischer Untersuchungen zu diesem Zweck günstiger urtheilen, kann es doch eine zu enge Bestimmung scheinen, dass nur solche Sprachen zu demselben Stamme, derselben Familie gehören sollen, welche Aehnlichkeit in wirklichen, concreten grammatischen Bezeichnungen haben.

148. Ich halte dagegen gerade den so bestimmt von mir zwischen Sprachstämmen und Sprachgebieten gemachten Unterschied für wesentlich und nothwendig, indem er bezweckt, dass aus einer Erscheinung nicht mehr, als sie wirklich anzeigt, geschlossen wird. Die grossen[131] Verschiedenheiten der Urtheile über die Verwandtschaften der einzelnen Sprachen scheinen mir, wo sie nicht aus mangelhafter Untersuchung entspringen, vorzüglich daher zu kommen, dass man sich weder das, was man sucht, den Begriff und die Art der Verwandtschaft, noch die Art der Beweiskraft vollkommen klar gemacht hat. Beides kommt wohl zum Theil daher, dass diese Erörterungen meistentheils zu historischen, seltner zu linguistischen Zwecken angestellt werden. Dem Geschichtsforscher genügt es oft zu wissen, dass Völker zusammengehören, sie mögen nun eigentlich zu demselben Stamme gehören, oder sich nur mit einander vermischt, oder zu einem Ganzen vermischt haben. Den Sprachforscher aber kann dies nicht befriedigen. Er verlangt zu wissen, ob zwei Sprachen in Eine zusammengeflossen sind, oder nur Eine und eben dieselbe sich umgewandelt hat, und im ersteren Fall welche der beiden das Uebergewicht erhalten hat? Ihm ist also die Frage wichtig, ob zwei Sprachen, wie z.B. die Persische und Gothische, oder die Persische und Arabische sich bloss auf einem Flecke des Erdbodens berührt haben, oder ob sie mittelbar oder unmittelbar durch Umwandlung Einer Sprache zu der

gegen die Schlüsse dient, die man aus der Uebereinstimmung der Wurzeln zweier Sprachen ziehen kann.

131 Ein Beispiel solcher Verschiedenheit kann man in Rasks Brief an Nyerup (Rask über das Alter und die Aechtheit der Zend-Sprache. S. 61-80.) und Klaproths *Asia polyglotta* und *tableaux historiques de l'Asie* sehen. Rask schrieb aber jenen Brief längst vor dem Erscheinen dieser Werke, und vor seiner eignen Asiatischen Reise.

Gleichartigkeit, welche in ihnen liegt, gelangt sind? Er hat dabei nicht bloss diesen einzelnen Fall, sondern tiefere und genauere Einsicht in die Natur der Sprache überhaupt zum Zweck. Zu einem Stamm, zu einer Familie kann ich nun Sprachen nur insofern rechnen, als die, nach der oben (§. 110.) gemachten Ausführung, die Einerleiheit der Sprachen bedingende Form bloss soweit in ihnen verschieden ist, dass darin ein sich durch Gleichheit des Lautes als geschichtlich beurkundender gemeinschaftlicher Urtypus sichtbar bleibt. Dies aber kann nur aus der Untersuchung des grammatischen Baues hervorgehn. Wörtergemeinschaft kann aus Familienverwandtschaft, aber auch aus blosser Berührung entstehen, und das eine und andre beweisen. Sie lässt also die Art des Sprachenzusammenhanges gerade in dem Punkte, welcher für den Sprachforscher der wichtigste ist, unentschieden. Worauf es nur freilich hauptsächlich ankommen würde, ist, ob sich Beispiele fänden, wo, bei mangelnder Aehnlichkeit des grammatischen Baus, aber vorhandener Wörtergemeinschaft, ein Zusammenhang zwischen zwei Sprachen bestände, der sich deutlich als Familienzusammenhang ankündigte. Selbst dann aber müsste dieser doch auf andrem Wege bewiesen werden, und die in der obigen Classification gemachte Sonderung bliebe gleich nothwendig.

149. Die Gränzen bei der Bestimmung desselben Stammes so enge zu ziehen, wie ich gethan habe, halte ich gleichfalls für richtig, und selbst wenn dies zweifelhaft seyn sollte, würde es mir zweckmässig scheinen. Nach den bisher mit der Zusammenstellung von Sprachfamilien gemachten Versuchen ist es weit mehr wichtig, bloss und allein bei dem wirklich Gewissen stehen zu bleiben, und dem Zusammenfassen zweifelhafter oder zufälliger Aehnlichkeiten zu wehren, als gefährlich der Aufdeckung wahren Zusammenhanges den Weg zu versperren. Gäbe es Sprachen desselben Stammes, die gar keine Spuren der Gleichheit concreter grammatischer Bezeichnungen enthielten, so müssten sie doch in sehr specieller Gleichheit grammatischer Ansichten übereinkommen, und nach der obigen Eintheilung zu derselben Classe gehören. Sie würden daher eine Instanz gegen die zwischen Stamm- und Classenzusammenhang gemachte Unterscheidung bilden. Dass sich eine solche irgendwo finde, halte ich weit eher für möglich, als dass, wovon im vorigen Paragraphen die Rede war, Sprachen von ganz verschiedner Grammatik desselben Stammes seyn könnten. Es ist dies daher ein Punkt, welcher der Aufmerksamkeit der Sprachforschung empfohlen bleiben muss. Im-

mer aber legt nur der Laut Zeugniss von wirklich einmal gemeinschaftlich gewesener Rede ab, und beurkundet dadurch geschichtlichen Zusammenhang, und es ist schwer zu begreifen, wie, wenn ein solcher Zusammenhang vorhanden gewesen wäre, nicht auch und sogar ganz vorzüglich die grammatischen Laute davon die Spuren an sich tragen sollten. Gleichheit grammatischer Ansicht, selbst in ganz speciellen Fällen, kann aber bei Nationen, die nie mit einander in Berührung standen, aus allgemeiner Gleichheit der Anlagen und Einwirkungen entspringen. Dies nicht mit einander zu vermischen, wird daher immer sehr schwer seyn. Einen solchen Fall, der, wäre er der einzige seiner Art in der Sprache, gerechte Zweifel erregen würde, bietet die Vergleichung des Finnischen und Ungrischen dar. Beide Sprachen dulden in einem Worte nur Vocale gleicher Natur, und ändern die der Anfügungssylben nach diesem allgemeinen Gesetz um. (§. 93.$^{b.}$) Diese Lautgewohnheit nun würde ich durchaus für keinen Beweis geschichtlichen Zusammenhanges zwischen den beiden Sprachen halten. Es ist nicht allein natürlich, sondern das Beispiel vieler Sprachen beweist es auch, dass das Ohr ein gewisses Aehnlichmachen der Vocale in den verschiednen Sylben desselben Wortes liebt. Allein die Uebereinstimmung geht hier weiter. Das Finnische und das Ungrische erkennen mit kleiner Verschiedenheit dieselben Vocale für zusammengehörend und verschieden, und für gleichgültig an, die Ungern *a, o, u* als starke Vocale, *e, ö, ü* als schwache, *i,* ^{1}*e* als gleichgültig in der Mitte liegend; die Finnen dieselben als starke und gleichgültige, und *a, ö, y* als schwache. Da aber in dieser Vertheilung und Verwandtschaft der Vocale etwas durch die Natur der Sprachwerkzeuge allgemein Gegebenes liegt, so würde ich diese Uebereinstimmung, wenn sie die einzige zwischen den beiden Sprachen wäre, nicht für einen hinreichenden Beweis ihrer Stammverwandtschaft halten. Es tritt hier das oben (§. 112.) über den Unterschied des Lautsystems von concreten Lauten Gesagte ein. Ich lasse daher vorläufig die oben (§. 146.) gemachte Eintheilung ungeachtet der dagegen erhobenen Zweifel bestehen, und bleibe nur aufmerksam, ob sich die zwischen der ersten und zweiten, und zwischen der ersten und dritten gezogenen Gränzen bei Vergleichung der einzelnen Sprachen bewähren.

150. Unter dem Ausdruck, dass Sprachen zu demselben Stamm gehören, verstehe ich, dass ihre Form, dies Wort im oben ausgeführten Sinne genommen, entweder wesentlich dieselbe, oder eine dergestalt veränderte sey, dass sich die Veränderung als ein Uebergang von der einen in die

andre nachweisen lässt. Das Wort in seinem erweiterten Sinne genommen, sind Sprachen desselben Stammes nur Eine und eben dieselbe Sprache. Sprachen desselben Gebiets hingegen sind und bleiben verschiedene Sprachen, haben wesentlich verschiedene Form und verschmelzen dieselbe nicht mit einander. Der Begriff der menschlichen Fortpflanzung ist sehr oft auf die Sprachen sehr unrichtig angewendet worden. Selbst auf Nationen findet er nicht vollkommene Anwendung, da viele andre Dinge, als die Abstammung auf die Nationalität einwirken und bei der Vermischung mit Fremden diese sich bald mehr abgesondert unter sich, bald mit den ursprünglich Eingeborenen fortpflanzen. Auf Sprachen aber passen diese Begriffe noch weniger. Wenn Sprachen untergehen und in veränderter Gestalt wieder aufleben, wie es bei dem Griechischen und Lateinischen der Fall war, oder wenn sie, in andre Gegenden verpflanzt, mit andren Elementen gemischt, zu andren werden, wie man sich dies vom Sanskrit und Gothischen denken kann, so ist dies nur im uneigentlichsten Verstande eine Erzeugung zu nennen. Alles Entstehen der Sprachen aus einander ist nur ein Anderswerden unter anderen Umständen.[132] Die Ausdrücke Mutter- Töchter- Schwester-Sprachen sind daher nur ganz uneigentlich zu nehmen, und werden besser vermieden.

151. Die Uebereinstimmung, welche Sprachen zu Einem Stamme rechnen lässt, kann sehr verschiedene Grade haben, nach welchen dieselben enger zusammengehören, oder einander ferner stehen. Man hat daher für diese verschiedenen Grade Bezeichnungen aufgesucht, den Stamm in Zweige, Familien, einzelne Sprachen und Mundarten getheilt. Dies kann allerdings mannigfaltigen Nutzen gewähren, allein zu wissenschaftlicher Genauigkeit wird man darin schwerlich jemals gelangen. Das Schlimme ist nämlich, dass es an einem irgend sichren Eintheilungsgrunde fehlt, und sich weder das Mass und die Art der Wörtergemeinschaft, noch der Grad der grammatischen Uebereinstimmung angeben lässt, warum zwei Sprachen nicht zu derselben Familie, sondern nur zu demselben Zweig, nicht zu demselben Zweig, sondern nur zu demselben Stamme gezählt werden können.[133] Nur bei Bestimmung der verhältniss-

132 Schon Klaproth (*Asia polyglotta. p.* [43.].) hat das Unpassende der Anwendung dieser Begriffe auf die Sprachen gerügt.

133 Rask, der in seinem Briefe an Nyerup (in der durch v. Hagen veranstalteten Uebersetzung seiner Schrift Ueber das Alter und die Aechtheit der Zend-Sprache. S. [63].) es Adelung zum Vorwurf macht, die Anlegung eines

mässigen Uebereinstimmung mehrerer gleichartigen Sprachen kann hierin das Gefühl allgemeiner Sprachähnlichkeit mit einiger Richtigkeit entscheiden. Sehr schwer aber würden bei mehreren Stämmen die z.B. als zu gleichen Familien gehörend angegebenen Sprachen einen gleichen Aehnlichkeitsgrad unter sich bewahren. Aus diesen Gründen, die ich 363 gleich in der Folge noch in ein helleres Licht stellen werde, versuche ich diese Unterabtheilungen, von denen sich, meinem Urtheil nach, niemals alle Willkühr entfernen lässt, gar nicht, und halte es für nützlicher und belehrender, in stammverwandten Sprachen nur genau darauf zu achten, welche Verschiedenheiten Folge der Zeit, oder der Eigenthümlichkeit des besondren Volkstamms, oder endlich der Mischung mit Fremden sind. Die mit Sicherheit zu machenden Hauptabtheilungen bleiben immer die im Vorigen angegebenen: Sprachen, die eine in die andre übergehen, und Sprachen, die, gleichsam dem Raum nach verschieden, nach Art der Dialekte von einander abweichen. In dem ersteren Fall ist wieder das Herabsteigen von einem Culminationspunkt und das Aufsteigen zu demselben zu unterscheiden, die Zerstörung eines kunstreichen grammatischen Baues und das Entstehen eines solchen durch das Zusammentreffen bildender Ursachen. Doch ist in den Sprachen nie weder plötzlicher Uebergang, noch Stillstand. Ihre Umwandlungen schlingen sich in ununterbrochner Reihe fort, und bilden, wie das Sprechen selbst, ein Continuum. Die Gränzen, die man in ihrem Laufe zwischen ihnen zieht, sind nur Behelfe der Wissenschaft, daraus entstehend, dass die allmälichen Veränderungen unbemerkt bleiben, sowohl wenn sie Erscheinungen vorbereiten, als wenn sie den Zustand, der noch bestehend scheint, schon umzugestalten beginnen.

152. Die Sprachen, welche sich nur Wörter durch wechselseitigen Verkehr mittheilen, und nicht desselben Stammes, sondern nur desselben Gebiets sind, bilden ihrer Natur nach niemals eine Reihe, und geben daher keine Veranlassung, sie durch Unterabtheilungen von einander abzusondern. Die sich in ihnen findende Mischung macht vielmehr eine Nebenabtheilung von der nach der Stammverwandtschaft aus. Die Sprachen desselben Stammes, oder die Mundarten derselben Sprache

solchen Fachwerks vernachlässigt zu haben, geht, wenigstens an dieser Stelle, über die Ausmittelung eines sichren Eintheilungsgrundes stillschweigend hinweg. Ich kann daher nicht gleichen Werth mit ihm auf diese Abtheilungen legen.

sind entweder reine oder gemischte. Da die Mischung die Folge geschichtlicher Ereignisse ist, so vermischen sich ohne Unterschied Sprachen

desselben Stammes und Sprachen verschiedener.

153. Bei den Sprachen derselben Classen hört der Einfluss des geschichtlichen Zusammenhanges auf. Er ist entweder gar nicht vorhanden,
oder nicht erweisbar, oder macht, auch als vorhanden erwiesen, hier
nicht den Eintheilungsgrund aus. Denn wir haben weiter oben (§. 116.ᵃ·)
gesehen, dass sogar stammverwandte Sprachen zu verschiedenen Classen
gehören können. Die Sprachform, welche hier den Eintheilungsgrad
abgiebt, wird mit Beibehaltung derselben grammatischen Laute, indem
sie dieselben nur nach einer andren Idee verknüpft, zu einer andren.
Diese rein idealische und wissenschaftliche Eintheilung richtet sich nach
den Verschiedenheiten, welche die Sprachforschung unter allen bekannten
Sprachen entdeckt. Es kann daher auch erst bei der Uebersicht des allgemeinen grammatischen Baues aller Sprachen und seiner verschiedenen
Arten ausführlicher von ihr die Rede seyn.

154. Dass auch Sprachen ganz verschiedener Stämme, die sich niemals
weder unmittelbar oder mittelbar berührt hätten, und ausserdem zu
verschiedenen Classen gehörten, dennoch in ihrem Bau gewisse allgemeine Aehnlichkeiten haben müssten, folgt von selbst aus der Einerleiheit
der menschlichen Natur und der menschlichen Sprachwerkzeuge. Es
zeigt sich auch factisch in der Möglichkeit, sich von jeder Sprache aus
mit jeder verständigen zu können. Die Gesetze des Denkens sind bei
allen Nationen streng dieselben, und die grammatischen Sprachformen
können, da sie von diesen Gesetzen abhangen, nur innerhalb eines gewissen Umfangs verschieden seyn. Wirklich lassen sich in jeder Sprache,
auch im Chinesischen alle auffinden, in jeder die Arten sie zu bezeichnen
oder stillschweigend anzudeuten oder vorauszusetzen angeben, die ide-
elle Verschiedenheit liegt nur, da jede dieser Formen verschiedene Ansichten zulässt, in der unter diesen gewählten. Auch der Umfang der
Tonreihe der Sprache und die Hauptgattungen der Töne sind dieselben,
und also auch da ist die Verschiedenheit innerhalb bestimmter Gränzen
eingeschlossen. Ebenso als man behaupten kann, dass jede Sprache, ja
jede Mundart verschieden ist, kann man, von einem andren Standpunkte
aus, den Satz aufstellen, dass es im Menschengeschlecht nur Eine Sprache
giebt und von jeher gegeben hat. Um zu der einen oder der andren
dieser Folgerungen zu gelangen, kommt es nur darauf an, bei der Betrachtung der Eigenthümlichkeiten der einzelnen Sprachen ihre Verschie-

denheiten oder ihre Aehnlichkeiten aufzufassen, da sie immer beide zugleich besitzen, vermittelst jener sich bis ins Besonderste hin spalten, vermittelst dieser sich bis zur Einheit verbinden. Da aber diese Einheit nur auf dem formalen Verhältniss der Sprache zu den Bedingungen des Denkens beruht, so führt sie durchaus nicht auf die Annahme einer Ursprache. Die grammatische, von der hier die Rede ist, würde dieselbe seyn, wenn auch alle Sprachen von ursprünglich zugleich, aber getrennt vorhanden gewesenen abstammten, und niemals in Berührung mit einander getreten wären.

155. Eine andre Frage aber ist es, ob die Einheit aller menschlichen Sprachen sich auf besondre grammatische Bezeichnungsmittel, und namentlich auf einzelne grammatische Laute erstreckt. In gewissem Verstande ist auch dies offenbar, auch in Absicht der technischen Bezeichnungen und der Laute der Grammatik können die Sprachen nur innerhalb gewisser Gränzen verschieden seyn. Die Frage erlaubt aber auch eine speciellere Fassung. Die Pronomina, um dies Beispiel anzuführen, sind, insofern man die persönlichen des Singulars, und vorzüglich die der beiden ersten Personen nimmt, ebenso als andre Grundwörter der Sprache anzusehen. Sie greifen aber immer tief in den Charakter der Grammatik ein, da in allen Sprachen gewisse Formen entweder sichtbar von ihnen gebildet sind, oder einen solchen Ursprung vermuthen lassen. Wäre eine grammatische Lautgleichheit unter den Sprachen vorhanden, so dürfte sie sich vorzugsweise in den Pronominallauten finden, da die Pronomina (mit dem Ueberreste der Sprachen in dem Zustande, in dem wir dieselben kennen, verglichen) gewiss zu den ältesten Wörtern gehören, und bei der tiefen und im ganzen Menschengeschlecht gleichen Beziehung, die sie auf das Bewusstseyn der Persönlichkeit haben, wenig Veranlassung zur Verschiedenheit in der zu ihrer Bezeichnung ergriffenen Lautanalogie geben. Auf dem ganzen Erdboden müsste, scheint es, das *Ich* und das *Du* ziemlich gleichförmig lauten. Stammten aber alle Sprachen von Einer ab, so würde in diesen Urbegriffen und Urlauten am wenigsten Abweichung zu erwarten seyn. Es ist daher gewiss nicht unwichtig, durch eine Vergleichung der Pronominallaute zu sehen, ob bei einer grossen Anzahl von Sprachen, oder bei solchen, die dem Stamm und Gebiet nach sehr von einander entfernt sind, die nämlichen vorkommen, oder ob wenigstens alle auf ein gewisses Lautgebiet beschränkt sind. In diesen beiden Fällen würde es zwar unentschieden bleiben, ob der Grund der Uebereinstimmung die allgemeine Einerleiheit der

menschlichen Natur, oder ein besondrer geschichtlicher wäre, aber dies
letztere würde mehr Wahrscheinlichkeit im Ersteren gewinnen.

Biographie

1767   *22. Juni:* Wilhelm von Humboldt wird als älterer Sohn des Kammerherrn Alexander Georg Freiherrn von Humboldt und Bruder Alexander von Humboldts geboren.
Von dem aufgeklärten Pädagogen J. H. Campe und dem späteren Mitarbeiter des Freiherrn vom und zum Stein, Chr. Kunth, wird der junge Humboldt erzogen. Dann studiert er an der Göttinger Universität Jura und lernt bei dem Philologen Heyne die klassischen Altertümer und die Philosophie Kants kennen. Er verkehrt im Salon der Henriette Herz.

1779   Tod des Vaters.

1789   Er erlebt Paris am Vorabend der Revolution.

1790/91   Nach einer Reise durch Süddeutschland und die Schweiz ist Humboldt am Berliner Kammergericht tätig. Anschließend treibt er philosophisch-ästhetische und sprachwissenschaftliche Studien. Mit Jacobi, Schiller und Goethe ist er befreundet.

1791   Humboldt scheidet aus dem Staatsdienst aus.
Er vermählt sich mit Karoline von Dacheröden, der Tochter des in Erfurt wohnenden ehemaligen preußischen Kammerpräsidenten. Aus dieser Ehe gehen acht Kinder hervor.

1792   Erste Arbeit an »Ideen zu einem Versuch, die Grenzen der Wirksamkeit des Staates zu bestimmen«; diese Schrift erscheint in ihrem vollen Umfang erst 1851.

1793   »Über das Studium des Alterthums und des griechischen insbesondere«.

1794/95   Humboldt ist Mitarbeiter an Schillers »Horen«. Danach steht er mit diesem in ständigem Briefverkehr.

1795   »Über den Geschlechtsunterschied und dessen Einfluß auf die organische Natur«.
»Über die männliche und weibliche Form«.

1798   »Über Göthes Herrmann und Dorothea«. Es handelt sich bei diesem Werk in Wirklichkeit um viel mehr, als der Titel besagt: um eine vollständige Gattungspoetik.

1801   »Die Vasken oder Bemerkungen auf einer Reise durch

Biscaya und das französische Basquenland im Frühling des Jahrs 1801«.

1802 Humboldt wird preußischer Ministerresident in Rom.

1806 »Latium und Hellas oder Betrachtungen über das classische Alterthum«.

»Über den Charakter der Griechen, die idealische und historische Ansicht desselben«.

1807 »Geschichte des Verfalls und Unterganges der griechischen Freistaaten«.

1808 Die Preußische Akademie der Wissenschaften wählt den in Rom weilenden Humboldt zu ihrem Mitglied.

1809 Auf Veranlassung des Freiherrn vom und zum Stein wird Humboldt als Leiter des Kultus- und Unterrichtswesens in das preußische Innenministerium berufen. Er konzipiert die Berliner Universität, die nach ihm »Humboldt-Universität« genannt wird. Auf ihn geht auch die humanistische Gymnasialbildung zurück.

»Über den Entwurf zu einer neuen Konstitution für die Juden«.

1810 Die Berliner Universität wird gegründet.

Humboldt wird zum Staatsminister ernannt. Er geht als Gesandter nach Österreich.

1813 »Denkschrift über die deutsche Verfassung«.

1814/15 Neben Hardenberg vertritt Humboldt Preußen auf dem Wiener Kongreß.

»Denkschrift vom 9. November 1814«.

1816/17 Humboldt wirkt als Mitglied der deutschen Territorialkommission in Frankfurt a. Main.

»Über Preßfreiheit«.

1817 Er geht als Gesandter nach London.

1818 »Über Friedenschlüsse mit den Barbaresken und die Anknüpfung von Verbindungen mit den südamerikanischen Kolonien«.

1819 Humboldt wird Minister für die ständischen und kommunalen Angelegenheiten. Kurz darauf entläßt man ihn, da er sich über die Karlsbader Beschlüsse ablehnend geäußert hat.

1820 »Über das vergleichende Sprachstudium«.

1822	»Über die Aufgabe des Geschichtsschreibers«.
1825	»Über das Entstehen der grammatischen Formen und ihren Einfluß auf die Ideenentwicklung«. In diesem Zusammenhang steht auch »Über die Verschiedenheiten des menschlichen Sprachbaues und ihren Einfluß auf die geistige Entwicklung des Menschengeschlechts«.
1829	Tod seiner Frau.
	Humboldt beschließt fortan jeden Tag mit einem Sonett, in das er die Eindrücke des Tages in ein Bild faßt; insgesamt entstehen so 1183 Gedichte.
1829/30	Auf Wunsch des Königs richtet Humboldt das von Schinkel erbaute Museum in Berlin ein.
1830	Humboldt erhält seinen Sitz im Staatsrat zurück.
	»Über Schiller und den Gang seiner Geistesentwicklung« ist eine bis heute lesenswerte, da Schillers Entwicklung insgesamt korrekt wiedergebende Abhandlung.
	»Rezension von Goethes zweitem römischem Aufenthalt«.
1832	»Auf Goethes Tod«.
1835	*8. April:* Wilhelm von Humboldt stirbt in Tegel bei Berlin.
1836-40	»Über die Kawi-Sprache auf der Insel Java ...« (posthum).

Lektürehinweise

Universalismus und Wissenschaft im Werk und Wirken der Brüder Humboldt, hg. v. K. Hammacher, Frankfurt am Main 1976.

Wilhelm von Humboldt. Vortragszyklus zum 150. Todestag, hg. v. B. Schlerath, Berlin, New York 1986.